献给路易莎

骑行200年

车轮上的社会史

孔德艳——译

［英］

迈克尔·哈钦森 ——— 著
Michael Hutchinson

Re:Cyclists
200 Years on Two Wheels

Fig. 1.—Bicycle.

社会科学文献出版社
SOCIAL SCIENCES ACADEMIC PRESS (CHINA)

RE:CYCLISTS :200 YEARS ON TWO WHEELS

by

MICHAEL HUTCHINSON

目 录

引　言
走进酒吧的男子

　　人生的许多重大转折总是发生在不经意间。一次机缘巧合的邂逅，抑或一通不期而至的电话，都可能对人生产生重大影响，但通常要经过几个星期、几个月甚至更长的时间才能发现这份缘分的美妙。比如，当一位陌生的女大学生把头探进我房门内，让我把音乐声音关小点的时候，我根本就不会想到在接下来的20年里会跟这个女孩生活在一起。相反，我不耐烦地皱起眉头跟她说，我在听音乐鬼才莱昂纳德·科恩（Leonard Cohen）的歌，谁都不能妨碍我，最起码她这种不懂欣赏的平庸之辈不能。她翻了个白眼，摔上门走了，我当时以为事情就这样过去了。

　　反之，有些糗事想躲也躲不过。就比如说，我在1999年6月6日中午的遭遇。

　　那天，我刚参加完在北约克郡举办的全国自行车锦标赛。那是一个温和的夏日，比赛异常激烈。赛后，我非常累，还有点脱水。但我非常高兴，因为我刚刚获得了第五名，而且距登上领奖

台只有几秒之差，那也是我当时的个人最好成绩，要知道我为这次比赛进行了非常周密的计划和艰苦的训练。所以，我感到很开心，很满足，隐约还有点忘乎所以，总之精神处于极度兴奋的状态。就这样我走进酒吧，站在吧台那里等着柜台里边的人给我拿房间钥匙。

我是从赛场直接过来的。确切地说，我没来得及摘掉计时赛专用头盔——头盔后面拖着一条长长的"尾巴"，前面是镜面挡风板。我还穿着比赛服，衣服非常紧，而且白色的地方还有点透。腿光溜溜的，脚上蹬着一双银色的赛车鞋，简直是科幻片超级英雄即视感，但这种美感却被硬碳纤维鞋底破坏了，因为我只能迈着小碎步走路，才能保证不在大理石地面上滑倒。

周日中午饭点，酒吧里人特别多。鞋子清脆的咔嗒咔嗒声伴着小碎步立刻吸引了所有人的注意。人们说话的声音渐渐低了下去，有的人甚至张着嘴忘了说话。柜台里边，倒啤酒的人连啤酒从杯子边缘流到托盘上都没觉察到。幸亏中午的时候酒吧里没人玩飞镖，不然恐怕也得凝结在半空了吧。这就跟视频特效一样，人们都定格在原地，只有摄像机镜头在工作。

我咔嗒咔嗒地穿过这座静得甚至有点尴尬的酒吧，跟老板要了3号房间的钥匙。他把钥匙从挂钩上取下来放在吧台上。然后，我冲口而出："给我一杯希克斯顿 XB 苦啤（Theakston's XB）。"我觉得这样或许可以缓解一下尴尬的气氛，人们会笑笑就过去了，然后将我高高举起，再然后酒吧里会响起一片祝贺声。

不过，事情并没有朝我预想的方向发展。当时，我就感觉自己像是 20 世纪 70 年代中期的一代摇滚宗师大卫·鲍伊（David Bowie），但区别在于他的经典形象是专业团队设计的，而我现在却只能在这个酒吧里假装镇定地喝完这杯苦啤。大人叮嘱孩子别再盯着我看，但他们自己却毫不掩饰地盯着我。

我还要装作若无其事。这可能是我有生以来第一次陷入这种尴尬的境地，但偶尔调皮一下也很有意思。那天上午，可能是在比赛过程中，或是从比赛终点骑回酒吧的几十英里路上，也可能是在我走进酒吧的那一刻，整个人好像嘭地一下被"我是自行车手我骄傲"的情绪点燃了。我热爱自己现在所从事的职业，我也深爱着和我一起为这项运动而奋斗的人。如果有人不愿看到我穿着看得见打结的体毛的超紧超透赛车服，那就别看。于是，我就站在那里端起啤酒，带着不以为然的神态，"我说朋友，总有一天你们会喜欢上我的"。我是对的，其他人都是错的。这感觉很爽。

不然我能说什么？肾上腺素的作用，加上欣喜若狂的情绪可能会对别人做出过激的举动。就算我当时没感到尴尬，可事后回想起来也是真够尴尬的。但自豪感是发自内心的。我是一个骑行者，没什么能跟它相提并论。现在仍然是这样。

我不是从小就开始骑自行车的。家里也没有人参加过自行车赛，我的起步比较晚，并且完全是因为一次偶然的机会才开始接触自行车。当时我女朋友的父亲借给我一辆他自己骑过的自行车，让我骑一骑。然而，我只骑了不到 10 英里，就觉得余生要与它为伴了。那是一个幸福的夏天，我有时候绕着伦敦的公园随便骑骑，有时候干脆从伦敦一直骑到萨里郡或萨塞克斯，就穿着

一件跑步背心和一条旧的运动裤，但这却是我一生中最快乐的时光。

当开始骑行，我感觉自己的幸福感一直在蹿升，我还发现自己不只喜欢骑，而且骑得不错。于是，我开始看相关的杂志和书籍；我也会站在寒风料峭的路旁看英国自行车公路赛，形成了两人一狗的观赛阵容，之前看比赛的可是只有一人一狗。我从初学者到成为一名忠实的自行车爱好者只用了大约6个月的时间。对我来说，只要是跟自行车有关的东西，都会让我感到兴奋，都想去试试。

自行车能对人产生这样的影响，我一点都不觉得惊讶。简单如自行车，伟大如自行车，骑上它就能感受更炫、更快、更灵活的自己。自行车不是人工智能，所以它不会把人与周围的环境隔离开来。调查结果显示，骑自行车的人可以分为60多种不同类型，包括职业自行车运动员，骑车到村口商店买东西的人，还有市内骑友，他们只是想在天气好的星期天下午穿上复古骑行服，骑车到咖啡馆，把自行车往旁边一靠，坐外边喝杯咖啡。骑行者从一种类型跨越到另一种类型，很简单，只要改变一下骑行目的就可以了。有时还可以同时跨越多种类型，一次骑行通常也存在多种类型交叉转换的情况。

让我不骑自行车是不可能的。就算我不再骑自行车，在有新身份之前，我仍然是一名骑行者。自行车曾是我养家糊口的工具。它原本不在我的人生规划内，但现在我怎能拒绝这个机会呢？除此之外，还有什么能让我这么乐此不疲？我参加了多年的职业自行车赛，退役后开始为自行车杂志撰写文章。我合作的杂志叫《自行车运动周刊》（*Cycling Weekly*），其前身是创立于1891年的《自行车运动》（*Cycling*），杂志创办时正值"便士法新"（penny-farthing）走下神坛，"安全自行车"（safety bicycle）崭露头角的年代。

我谨对我的同事们表示敬意，从某种程度上来说是他们创造了办公室中最有价值的地方——档案室。除了圣诞节这样的传统节日，100多年来杂志社的发行工作从未中断过。杂志社现在仍保留着复印本，以6个月为单位装订成册。我经常像一个时空旅行者那样徜徉在这些档案资料中。我可以整个下午都待在档案室里，查阅资料，去了解两次世界大战间隔期的某个年份的自行车运动情况，追溯自行车运动员的人生起伏，看看巡回赛报道记者的历程，了解自行车专用道、强制性车灯及头盔等问题引发的争议。通过别人的眼睛来看待过去，这是一种很特别的体验，更何况他们跟我一样首先是一名骑行者。虽然他们生活的时代跟现在不可同日而语，但有时候他们关注的东西却跟现代人很接近。所以，我很高兴可以用熟悉的视角去回顾自行车的发展历程。

一直以来，杂志将他们的报道范围定位为"自行车竞技运动和时尚消遣"。这个简单的表述，一次又一次出现。它听起来像是应该出现在某种布道经文里的句子：自行车运动的两个领域，通常是同一批骑行者、俱乐部、撰稿人关注的焦点。此外，它可以自动把过去和现在有关骑自行车的最具代表性的信息进行分类：竞技比赛的热血沸腾和消磨时间的惬意自得。

这也是我对骑行者先辈如此感兴趣的原因，也是我想更全面

地了解他们的原因。实际上这是一部个人史，这样说有两方面原因。首先，从感性上来说，这完全是以我个人的好奇心为线索的一部历史传记。其次，从理性上来说，这又是一部关于一群跟我相似的人的历史。比如，参加自行车赛的运动员；把阳光明媚的夏日午后约朋友一起骑车视为人生一大乐事的人；在自行车运动相关杂志工作，但不局限于死啃档案资料，而是力所能及地做一些实际工作的人。

我真正关心的是骑自行车的人，而不是自行车本身。我跟其他思维正常的人一样，看到1963年Campagnolo Record变速套件的大特写也会热血沸腾。有一次，当我看到一位只会说意大利语的老人骑着一辆漂亮的复古斯内利（Cinelli）SuperCorsa公路车时，我打了个手势，以表达我的钦佩之情，可能动作有些夸张，只见老人紧紧抓住自行车车把，大声呼救。

我也曾在复古自行车赛上骑过复古自行车。我穿着配套的复古骑行服骑完全程。但是，我总是忍不住回到骑车的人身上，而不是他们骑的自行车。参加复古自行车赛时，会让人产生一种奇妙的错觉，就好像时间停驻，而我们穿着斜纹软呢骑行服，站在乡间小路旁，用老式的自行车打气筒给没气的轮胎打气。你似乎穿过时间的长河看到了这辆自行车的第一任主人，你知道他刚买这辆自行车时的心情，你知道那是一种怎样的感觉，你知道他会说出怎样的话，你也知道不管他再怎么下狠心，都不可能决绝地把一辆30磅重的公路车扔得远远的，毫不留恋。

当然，在骑行者的历史上也有一些重要的转折点，更凸显了科技水平相比其他方面的重要性。自行车刚出现的年代尤其如此。比如 19 世纪 80 年代，从便士法新到安全自行车的转变对骑车人群和骑行路线都产生了深远的影响。但总体上，对于自行车来说，最值得注意的不是它的变化有多大，而是变化有多小。假如骑一辆 120 年前的自行车，你会发现它跟现代自行车的主要差别只在于精细化程度和装饰效果。所以，我没有用过多篇幅来阐述不同合金钢的奥秘，或者历史上谁第一个发明了滚珠轴承（ball-bearings）自行车这个令人着迷但又令人伤脑筋的问题。

一直以来，骑行者都喜欢鄙视别人，说他们"不是正经骑行者"。我心甘情愿地接受了这个天然选择的结果。骑行者（cyclist）是指过去或现在将自行车竞技和消遣作为一种身份特征的人对自己的称呼。这个概念中没有涵盖那些单纯把自行车作为交通工具的人。在大多数自行车运动的历史中，都没把将自行车作为一种交通方式的人计算在内，就跟乘火车去上班的人不会把自己当成火车迷一样。在这里，我很乐意承认我就是一个穿着防风衣拿着水瓶和笔记本站在站台尽头等车的火车迷。

这是一个属于骑行爱好者（cyclist-spotter）的时代。随着骑行者数量的不断增加，自行车竞技和消遣俨然已经成为一个世纪以来最令人向往的活动。虽说盲目自信不管什么时候都很危险——历史上有前车之鉴，历史书也告诉我们要引以为戒。我看过许多关于自行车运动的历史书，它们都有一个雷打不动的特点，那就是在最后一章都会用类似"迎接自行车运动的明天！"这样的标题，满怀信心地宣告自行车运动终将统治世界。我相信

实际肯定比这要复杂得多，但我觉得这么说没什么问题，那就是自行车骑行者以后所面临的环境肯定比他们在过去相当长时间里所经历的情况要好很多。

之所以说现在是骑行爱好者的时代，还有一个原因是许多人都在谈论自行车运动。虽然历史上对于自行车运动的最早起源仍然存在争议，但19世纪末20世纪初的自行车运动却有着非常翔实的记载——数不清的书籍和杂志，记录了关于自行车运动的各种信息，比如赛事，再比如贵族骑行者遍游欧洲大陆的教育旅行。到了20世纪，随着自行车运动的不断成熟和演变，这些活动都逐渐不见了踪影。但到了20世纪中期，除了《自行车运动》杂志外，就找不到更多的报道了。值得庆幸的是，老一辈自行车骑行者还未老去（这不是开玩笑，他们真的没有老），所以我还有机会跟他们中的许多人坐下来聊聊被历史遗忘的那些年里自行车运动到底经历了什么。

每次跟他们聊天都受益匪浅，看古书、旧杂志或老照片，每分每秒都是享受。我找到了关于昔日自行车运动健将更详细的资料，同时也发现了一些不太为人所知的骑行者。这些经历让我感觉自己比以前更像一个骑行者，当然被载入骑行史册也让我倍感自豪和荣幸。假如，在我走进约克郡那家酒吧的时候，我对自行车运动的看法跟现在一样，那么我很可能就会在酒吧里当众坦率地说出我的感受，但这样一来，当我想起紧身骑行服没法装钱包时，那种大写的尴尬肯定更让在场的人难忘。

01 火山大爆发
1817

　　谈到自行车就不得不提到一座火山，一座威力无穷的火山。这座火山发生了有史以来最大规模的喷发，不仅推动了自行车的发明，而且导致了第一批骑自行车的人的出现。这座火山就是位于印度尼西亚的坦博拉火山（Mount Tambora）。1815 年 4 月，火山突然喷发——更准确地说是火山爆发，正是因为这次激烈的爆发，24 立方英里 * 的火山岩和火山灰被喷射到空中。火山的高度也因此降低了 5000 英尺 **。它的名气虽然没有旁边的喀拉喀托火山（Krakatoa）大，但威力却大了许多。据说，当时火山爆发的声音在 1600 英里 *** 外都能听到，这个距离比从伦敦到伊斯坦布尔还要远。

---

* 1 立方英里约等于 3.4 立方公里。——译注（书中脚注无特殊说明皆为译注，后不再标示）

** 1 英尺约等于 0.3 米。

*** 1 英里约等于 1.6 公里。

这次火山爆发之所以被历史铭记，是因为它改变了地球的气候。火山灰和二氧化硫喷射到大气层中，导致全球气温急剧下降[1]，因此人们把 1816 年称为"无夏之年"。那一年粮食歉收，从而导致欧洲频发暴乱。意大利和匈牙利下起了彩色雪。爱尔兰农作物大规模减产，雪上加霜的是还暴发了斑疹伤寒，导致 10 万人丧生。世界各地不同程度地经受了洪水、雪崩、饥荒和内乱的洗礼。

这次火山爆发带来的也不全是负面影响。在约瑟夫·马洛德·威廉·透纳（J. M. W. Turner）的作品中，我们可以看到橙黄色的天空，烟雾缭绕，显然这不是他凭空想象出来的，相反，这幅画非常真实地再现了火山灰进入大气层后形成的景象。与此同时，瑞士的夏日户外聚会忽然销声匿迹，人们的活动从户外逐渐转向室内，还专门组织了一次恐怖小说评选活动。玛丽·雪莱的《科学怪人》（Frankenstein）和拜伦勋爵的短篇小说就是这次另类活动的产物，直到今天它们仍是现代吸血鬼故事的灵感来源。与此同时，在阴冷潮湿的德国森林中，一个人在很偶然的情况下发明了自行车，更确切地说，是跟自行车非常相近的东西。

这位发明家的名字是卡尔·弗里德里希·克里斯蒂安·路德维希·弗赖赫尔·德赖斯·冯·绍尔布隆（Karl Friedrich Christian Ludwig Freiherr Drais von Sauerbronn），他是自行车运动史上最值得铭记的人。如果依照当时的惯例，要把他的名字刻在车身上，实在不是件易事。人们通常叫他冯·德赖斯男爵（Baron von Drais）。在当时，骑车要戴上丝巾和单片眼镜，这装备简直就跟飞行员要去击落索普维斯骆驼战斗机（Sopwith Camel）时的穿戴一样。

1816年，冯·德赖斯男爵是巴登林业局的高级官员——这个职位在当时享有很高的社会地位。坦博拉火山爆发带来的影响日益凸显，他发现马匹突然不够用了。马匹不仅得不到充足的草料，而且有时甚至会因为食物缺乏而被护林员杀掉用来充饥。我们不能确定他发明自行车的具体出发点是什么，只是因为他要找一种可供选择的个人交通工具，又或者是在马匹短缺的情况下只能另寻他法把伐倒的木材拉出森林。他想到的办法是给木头装上轮子，然后把木头拖出去，在此过程中他发现，只要能控制住前轮的方向，就能保持木头的平衡。

不管出于何种原因，最终他制造出了一种叫作"德赖斯双轮木马"（draisine）的装置［也被称为"竹马""洋马""奔跑机""代步器"，或者最初为了便于出售随便取了个顺口的名字——"人力两轮马车"（pedestrian curricle）］。顾名思义，它实际上就是一条木头横梁，前后各加装了一个车轮，一看就是跟森林有着密切渊源的物件。骑坐在这个装置上，用双脚蹬地产生的反作用力推动它向前行进，感觉就跟现在的婴儿学步车差不多。

实际上，把它用于运输并没有想象的那么美好。试想19世纪初的时候，马路上布满了很深的车辙，所以让它保持直立也不是一件容易的事情。最早的时候，冯·德赖斯男爵骑10英里用了1小时——这个速度实在算不上很差了——但他也只能骑10英里，因为在他的家乡曼海姆，当时就只能找到这么多平坦

德赖斯双轮木马

的路。[2] 在大多数马路上，走路反而更快一些，并且到地方之后，不管做什么也都不会那么手忙脚乱。

德赖斯双轮木马并不是这么多年来发明的第一种人力驱动装置。只不过，在它之前的大多数人力装置在实用性上都存在着更大的缺陷。轿子的起源可以追溯到几千年前，但它的前提是稳定的奴隶供应，而作为大宗运输工具就会面临可持续性问题，因为这要涉及奴隶们怎样分工协作的问题。

德国人让·奥奇（Jean Hautsch）发明的人力车更诡异。17世纪60年代的时候，他为丹麦国王专门设计了一辆车，在车的框架内安装了一个隐藏式结构，把儿童关在里边为车辆提供动力。这样的设计就是为了勾起人们的好奇心，因为外边的人根本看不到这辆车实际的推进方式，所以给人一种神秘感。当时一位亲眼见过这辆车的人说，它每小时可以走 3000 步，估计大概能达到每小时 2 英里，由于车辆本身可能已经很笨重，所以很考验这些丹麦儿童的耐力。

　　人力装置就这样缓慢地向前发展。18 世纪，出现了许多靠成年仆人驱动的马车，实际场景是，他们在曲轴上跳上跳下，用手臂转动它，主人负责掌控方向，（可能还会）为他们加油鼓劲。这时的人力车普遍存在一个根本性缺陷，就是它们的本质还是四轮马车，并且沿袭了同样的体积和重量。真正的变化只是仆人代替了马，但人能提供的动力比马要小很多，并且他们不可能喜欢在马车的曲轴上热火朝天地上蹿下跳，还会被路边的人取笑。

　　但是，关于这类机械装置的说法并不都令人信服。比如，一位叫布兰查德（Blanchard）的法国发明家提到，在本杰明·富兰克林担任美国驻法大使期间，曾搭乘他设计的无马马车从巴黎去凡尔赛。这位发明家还说这段路总共用了 1 小时 45 分钟，也就是说大约每小时 12 公里，可谓速度惊人。但是，富兰克林好像从来没有对外提起过这件事，也没有对无马马车表现出多大兴趣。这位发明家的这番话是在富兰克林去世 15 年后才说出来的，所以在这种情况下，就要考虑这个说法的可信度了。[3]

　　德赖斯双轮木马跟上述人力装置的最大区别在于它的重量比较轻，更像是成人版的儿童玩具，而不是以人代马的装置。后来，冯·德赖斯男爵开始出售这个装置，跟略显荒唐的前期人力

装置不同,它真正受到了人们的欢迎。冯·德赖斯男爵很快就将它带到了有"19世纪初的加利福尼亚"之称的巴黎,并在当地掀起了一股热潮。在手忙脚乱的开售会上,他忘了询问专门雇来演示的工人是不是会骑东西,而是把精力都放在了吸引人们的注意力上。有人嘲笑他,也有人称赞他。他瞄准年轻人群体,唤起了他们对德赖斯双轮木马的兴趣,同样是这样的一群年轻人在两个世纪后成为购买小型折叠式滑板车、赛格威电动代步车以及悬浮滑板的主力。

这为此后两百年里自行车的普及埋下了伏笔,但在当时德赖斯双轮木马却是人见人厌。其实,主要问题还是当时的道路条件不允许。道路上都是车轮碾过之后留下的车辙、马蹄践踏后的坑坑洼洼,所以在19世纪初,除了极少数道路,就算不是泥地,也基本上不适合骑这种钢铁轮子加木头横梁的装置。所以,当时买了德赖斯双轮木马的花花公子们都跑到人行道上和公园里去骑,这些地方的路面要相对平整一些,并且骑起来的速度也能快很多。到了1819年,米兰、纽约、伦敦、巴黎和加尔各答等地全城或者部分地区纷纷禁止市民骑德赖斯双轮木马。[4]

然而,实际受到的嘲弄比大家想象的要少得多。即使是来自权威评论员的普遍看法,似乎也是一种温和的好奇,甚至可能还掺杂着一丝狂热。巴黎一家杂志放言:"可敬的冯·德赖斯男爵万岁!我们要感谢他带给我们全新的娱乐话题!……时尚界的编年史家们快点削尖你们的笔尖吧!"[5]

花花公子们在人行道和公园骑德赖斯双轮木马

　　在某种程度上，正是德赖斯双轮木马的"时尚性"让它在巴黎受到关注。当时的时尚人士怎会错过这么新鲜的东西。你可以去风景宜人的公园租借，也可以在剧院演出的时候骑。从作为实际交通工具来看，相比现代自行车，它更接近滑板。冯·德赖斯男爵仍骑着德赖斯双轮木马兢兢业业地做着他的林业检查工作，而别人则拿骑德赖斯双轮木马作为娱乐，在朋友面前显摆炫耀，但也仅此而已。

　　但在其他地方，人们对它可就没那么宽容了。德赖斯双轮木马首次登陆英国的时候，碰到的第一件事，就是冯·德赖斯男爵遭遇了伦敦马车制造商丹尼斯·约翰逊（Denis Johnson）的迎头

痛击。他剽窃了德赖斯双轮木马的设计理念，还申请了专利，并把原来的木头车架升级为钢制车架，再一转手卖给被嘲笑为"黑爵士三世"的摄政望族，小赚了一笔。

在伦敦遭遇的第二件事则是，英国时事评论员对此并不是很好奇，也没有一点兴奋，跟法国评论员的反应截然不同。街童、讽刺画家和其他舆论影响者对德赖斯双轮木马只有一个反应：指着车笑得眼泪都流出来了。但约翰逊却表现出浓厚的兴趣，并且接连开办了两所骑行学校，政府部门也很关注这个装置，觉得应该禁止人们在人行道上骑德赖斯双轮木马，但这种狂热也只是昙花一现，归根结底是伦敦人脸皮薄，不好意思骑着它上路。

德赖斯双轮木马在美国也遇到同样的情况。《巴尔的摩电讯报》（*The Baltimore Telegraph*）报道了德赖斯双轮木马传入本地的消息，称"这是一种叫脚蹬两轮车（velocipede）的奇怪的两轮装置……要愚蠢的人类自己推，而不是马"[6]，字里行间，嘲讽之意可见一斑。

但也有些许迹象预示了这个装置潜在的价值及其衍生物的光明未来，尤其是它具有出色的运动能力，在从伦敦到布莱顿的比赛中，德赖斯双轮木马战胜了马车。[7]但两年后，也就是1819年，这一切都沉寂了下去。最终，德赖斯双轮木马在人们的嘲笑声中渐渐退出历史舞台。

冯·德赖斯男爵去世时，贫困潦倒。他一生都致力于发明创造，展示了他在这方面的巨大天赋——从带键盘的打字机、速记机，到把钢琴曲谱记录到纸上的工具，再到对那些错过火车但又想赶上火车的人可能有帮助的人力轨道车，他从不在乎这些工具表面看上去有多滑稽。但他也确实没有商业头脑，并且一直不想通过这些发明获取财富，包括原始的德赖斯双轮木马，非常容易仿制，也非常便于改良。1839年他的父亲过世后，他的生活变得更加不安定。此外，他对政治一无所知，他宣布放弃自己的爵位，支持共和党，但他站错了队，最后保皇党取得了胜利。后来，两轮车之父晚景凄凉，差点因精神失常锒铛入狱。1851年，冯·德赖斯男爵去世，终年66岁，去世时身无分文。[8]

不幸的是，在接下来的40年里，人们基本上遗忘了德赖斯双轮木马。19世纪上半叶，蒸汽机车和公营铁路的发展使交通运输领域发生了翻天覆地的变化，也让人们对旅行产生了极大的热情，旅行不再是让人极度不舒服、危险和全程都依赖马匹的事情。整个世界都为大型机械带来的无限可能所折服，自然也不会有人再想起那个简单、轻便、廉价的德赖斯双轮木马。这里出现了一个非常奇怪的历史错层，蒸汽火车和铁路的发明居然先于脚踏自行车，尤其是自行车的发明基本上没有用到任何当时人类未知的技术。

正是因为这个错层的存在，才导致自行车史上的德赖斯双轮木马遭受了短暂的冷遇——它没有脚踏板，所以从严格意义上来讲，它不能算是自行车。但是，它本来应该得到更好的发展，这毕竟也是人类具有突破性的发明创新。自行车的决定性因素并不是有没有脚踏板，不然傻子都知道怎么蹬踏板。真正的决定性因素是利用前后两个轮子来保持平衡的反常规、反直觉的设计。这

一点让骑自行车看起来像是被施了魔法。但这都不是重点。按理说，它应该更像危险的马戏表演，只有那些愿意坚持潜心学习几个月甚至几年的人才能学会。学骑独轮车的时候，我觉得我真的没办法做到。所以，学骑自行车应该也和这差不多。

随着德赖斯双轮木马的消亡，在相当长的一段时间里，人力运输装置领域仍不断涌现出比较分散的发明创新，但人们进行发明的指导原则是"可以随便发明自己喜欢的东西，只要不是自行车就行"。当时，规模化工程才是主旋律——铁路机车、工厂——轻巧简易的东西往往得不到应有的重视。

《机械师杂志》(*Mechanic's Magazine*)和其他期刊刊登了许多旨在将铁路革命带入无马马车的机械设计。这些机械大多是英国业余搞小发明的人和工匠制造的，而不是专业工程师设计的。但是，这些发明几乎无一例外地一次又一次重复着之前人力马车的设计误区。全部使用重型五金器具，并且数量繁多。所以，这类机械装置实际制造出来的数量极少，都是不切实际的空想，没有充分考虑质量等因素的影响及在重力和惯性作用下重量过大的问题。

1839 年的"梅里韦瑟先生的三轮马车"(**Mr Merryweather's Pedomotive Carriage**)就是其中比较具有代表性的发明。它实际上是一辆三轮车，前轮比现代自行车的车轮大不了多少，但两个后轮却非常高，达到一人多高。整辆车的总长度大约 12 英尺，由一人驱动，站在两个后轮中间的蹬踏板上踩踏板。天知道这辆车有多重，就算是换成碳纤维，都会感觉很笨重，更何况是用钢和木头材料制造的。

踏板是驱动这种马车最常见的动力方式——它们在实际应用中具有加速的作用。很明显，它的缺点就是实际操作起来很累。同年，梅里韦瑟先生开始出售这种装置，他的资深机械师巴德利先生（Baddeley）也设计了一辆车，取名为"手摇运动车"（Manumotive Exercising Carriage）。这辆车的尺寸同样夸张，由一个坐着的人操作后轴上的手摇曲柄来提供动力。它的设计原理是按照圆周运动持续转动曲柄，这样比在踏板上跳上跳下产生的推动力更均匀、更高效。这一论点很有说服力；但问题的关键在于要想用手驱动一辆100多公斤重的马车（大胆猜测）在坑坑洼洼的马路上行进，简直就是天方夜谭。事后来看，巴德利先生竟然没有从手摇驱动一步跨到进行圆周运动的脚踏板，有点出人意料。

第一个实现这一跨越的人是威廉姆斯先生（Williams）。他是最早提出我们现在称之为传统踩踏技术的先辈之一，但他仍在钻研怎么把它融入千奇百怪的工程狂欢中去。威廉姆斯设计的装置有两名骑手，其中一人站在前轴上一边踩踏板，一边用手控制方向。另一个人坐在距离他6英尺远的末端，借助实际上相当于传送带的装置用手转动前轴，同时用脚控制另一个轴的方向。

这无疑是一项颠覆传统的发明，在顶部还装了一把旋转式阳伞，这么做的具体原因不清楚，可能是把它当作风扇，或者想尝试某种气流驱动的永动部件，又或者是想让马车整个飞起来。威

廉姆斯那充满创意的脑袋到底在想什么，想必你一定想知道。这个发明堪称奇迹。安德鲁·里奇（Andrew Ritchie）在著作《马路之王》（*King of the Road*）中大呼威廉姆斯的人力车"不可思议"，显然他是真的觉得"不可思议"。[9]

实际使用中，这种人力车的速度可以从 0 快速增加到 30 英里 / 小时，至少在平坦的马路上是这样。下坡的时候，它会跑得更快——快得不是一星半点，若有人想单凭 19 世纪的制动技术骑车下坡，就可以体验从正常速度到狂飙的变化，所以他需要的滚珠数量应该比执行阿波罗 11 号登月任务的宇航员多。

我们从来不缺发明和探索，左一个右一个的装置层出不穷。但是，真正意义上的自行车呢？两个轮子、一个车座、车把和几个脚踏板？德赖斯双轮木马加上脚踏板就是我们不断探索的自行车，这两部分都有现成的技术支撑，并且喜欢搞小发明的人也都同时掌握了这两种技术，但把这两个东西组合在一起历经的时间比我们预计的要更长一些。

然而，令人吃惊的是具体经历了多长时间，历史书上居然没有明确记载。我们也不知道究竟是谁把这两个东西整合在一起的。自行车历史上最让人沮丧的就是没人知道什么时间、在哪里、由谁将脚踏板与双轮车整合在了一起。我们也搜集到许多申诉、反诉资料，还有大量所谓的证据，但最终我们还是没有定论，并且可能永远也不会有定论。

真相往往会因为种种原因而被掩盖，比如沙文主义神话、家庭忠诚、欺诈、修正主义，但有一点可以肯定的是第一个制造出脚踏两轮装置的人肯定不是受传统历史青睐的人。所以说，发明者不是达官贵族，也不是被载入史册的伟大发明家。或许只是一位住在某个小地方的工匠——铁匠、木匠或者车轮匠。在大众传播出现前的时代，谁会知道一个在作坊里劳作的普通人创造出了什么？特别是这个普通人没有那么世故，没有将他创造的东西公之于世，申请专利或作为商品进行交易。

我非常喜欢这种历史带来的神秘感。这项伟大的人类发明颇具讽刺意味，它是一个虽未被历史完全遗忘但却没有被第一时间关注到的人发明的。自行车是一个深含民主基因的物品，更确切地说，它的发明不是某一个人的功劳。顺便一提，列奥纳多·达·芬奇跟自行车没有关系。他可能发明了其他任何东西，但绝不可能发明了自行车。20世纪70年代，我们在公开发表的达·芬奇作品中找到了一副有名的自行车草图，该设计融合了链条传动装置，跟现代自行车很相近。后来，很快作为假消息被推翻。经查，这是20世纪60年代末或70年代初意大利僧侣在对达·芬奇文稿进行修复时，一位文稿修复师趁乱用棕色蜡笔在文稿原有的两个圆圈周围留下了一些线条。因为这位文稿修复师不得不在草图原有线条周围绘制，所以，在现在看来这个设计非常古怪。草图中画的机械装置无法控制方向，也就没有办法保持平衡，这表明这位修复师并不是很了解自行车的原理，这对意大利人来说真是非常尴尬。[10]

尽管我们不知道发明者究竟是谁，但我们可以找出两三个最

有可能发明自行车的人。英国人一直盛传自行车的发明者是一位叫柯克帕特里克·麦克米伦（Kirkpatrick MacMillan）的苏格兰铁匠，他生活在邓弗里斯郡附近的考特希尔（Courthill），发明时间是 1840 年前后。传说中的机械装置实际上就是德赖斯双轮木马，然后稍微做了一些调整，后轮通过与前轮旁边的踏板相连接的两根连接杆驱动。这一说法有两个证据，但坦率地讲，这两个证据都不太有说服力。

第一个证据，（有些人可能想将其归为"他们是故意这么做的"）在格拉斯哥的一次庭审上，一位绅士因为在人行道上骑车撞到一名儿童被罚款 5 先令。[11] 同时这里有两个关键问题。第一个问题，这位绅士姓甚名谁？报纸上对此只字未提，只是说他从格拉斯哥骑到了老卡姆诺克（Old Cumnock），40 英里只用了 5 小时。他骑着世界上第一辆自行车从考特希尔前往格拉斯哥时，老卡姆诺克——确切地说是麦克米伦营地——是一个比较合适的歇脚点。但是，许多评论家提出质疑，在维多利亚时代，法院书记员会把铁匠不写成"铁匠"而写成"绅士"吗？这个问题到现在都没讨论出个所以然。

第二个问题，这位绅士／铁匠到底坐在什么上才让高巴尔斯（Gorbals）的行人那么惊恐？报纸上的报道也含糊不清，只是说有一辆"脚踏两轮车"，"靠轮子移动，用双手转动曲柄轴控制转向。"这里的"双手"有违常理，所以一般的解释是记者把"双脚"误写成了"双手"，或者他对未亲眼见过的装置的描述存在认知误区。不过只有在你对麦克米伦的自行车深信不疑时，才会得出这样的推断。在我看来，从其关于德赖斯双轮木马怎么用前轮转向控制车身平衡的描述，一看就知道是个不懂机械原理的人——"手把"不是专业人士常用的词。当然，不管怎么说，记者们都迈出了勇敢的一步，他们不再单纯地拘泥于描述自行车的外形，而是开始挖掘自行车起源的证据了。

麦克米伦的机械装置是最早的自行车的第二个证据是，多年后一位自称见过这辆自行车原型的麦克米伦后人绘制的图纸。另外，19世纪90年代，他还接受一个自行车展的委托，仿造了一辆自行车。很明显，这很大程度上是为了维护他们家族、邓弗里斯郡乃至苏格兰对这项发明的合法权益。[12] 这样做很有可能是完全合法的，但各方之间的利益冲突也不容小觑。

委托制造复制品的人是托马斯·麦考尔（Thomas McCall），他在19世纪60年代制造了一些类似的机械装置。有人声称这是麦克米伦20年前作品的仿制品，甚至也有人认为，真正的发明者就是麦考尔本人，尽管他自己从来没有这么说过。可见，说情况扑朔迷离是很委婉的说法。

柯克帕特里克·麦克米伦在苏格兰发明（也可能没有发明）自行车的同时；名叫亚历山大·勒菲弗尔（Alexandre Lefebvre）的人在法国发明了（也可能没有发明）自行车。发明时间都是1840年左右，勒菲弗尔发明的自行车跟麦克米伦发明的自行车极为相似（不是疑似），这是一个木制德赖斯双轮木马，前后车轮大小差不多，还搭载了用于驱动后轮的踏板装置。

米肖自行车

1860 年，时年 55 岁的勒菲弗尔移民旧金山，据说还带去了一辆自行车，后来他把这辆自行车捐给了旧金山博物馆。在19 世纪 90 年代的一次采访中，他一位返回法国的前学徒说在1843 年曾亲眼见证了这辆自行车的制造和试骑过程，并画出了这辆自行车的设计草图。[13] 但他知道的也就这么多，从而也无法证明这辆捐赠给旧金山博物馆的自行车不是勒菲弗尔到达旧金山后制造的。为此，一位历史学家开展了一项严谨的实证调查研究，结果表明这辆脚踏两轮车非常重，55 岁以上的人很难驾驭。[14]

即使有了这一证据，我们仍无法确定发明自行车的可能是或者不可能是谁。法国至少还有两个人不得不提，当然如果把皮埃尔和欧内斯特·米肖（Pierre and Ernest Michaux）父子拆开算，那就是三个人。1860 年前后，父子俩为德赖斯双轮木马的前轮曲轴装了脚踏板，并且将其称为"米肖式路线"（Michauline）——但这个名字并没有叫太长时间。

接下来，你就会知道米肖自行车（我没有叫它米肖式路线）具体长什么样了——像极了你在生日卡片和马克杯上看到的有点俗的"自行车时代"插画，还带着点石器时代的气息。这辆自行车经过了无数次设计创新和改良，但都没有从根本上改变设计思路，或者说克服固有的设计缺陷。米肖自行车采用木头框架和马车车轮，脚踏板安装在前轮的曲轴上，后轮略小于前轮，车架上安装了车座，同时车座与车架之间填充了中间厚两端薄的板簧，因此具备了最基本的悬浮功能。"轮胎"实际采用的是铁箍带，可以保护木头边缘。这种轮胎有两个缺点，一方面会增强路面不平和石子带来的颠簸感，另一方面又会极大降低在硬路面（比如说铺鹅卵石的路面）上骑行时的抓地力，所以，防震的唯一办法就是从自行车上跳下来。在稍微软一点的路面上骑行时，就不会出现上述两个问题，但是，自行车会陷进车辙里，基本上没办法前进。

第三个可能（也可能没有）为法国发明了自行车的是米肖父子的助理：皮埃尔·拉勒芒（Pierre Lallement）。拉勒芒声称米肖父子公司生产的自行车实际上是他发明的，皮埃尔·米肖强行占有了他的发明成果。[15]

真正的发明者可能是他们三个，或者是其中两个，又或者是其中一个，当然也可能都不是。也许他们三人互相剽窃，也有可能是他们三人联手剽窃了别人的发明成果，比如勒菲弗尔、麦克

米伦或者某位不为人知的工匠——很有可能他发明了世界上最伟大的机械工具，自己却没有意识到。

如果真的是皮埃尔·拉勒芒发明了自行车，那这一定是一次个人才能的非典型性爆发。如果他毕生唯一的追求就是不靠这项发明赚钱，那他未来几年就不会过得这么波澜壮阔。

19世纪60年代中期，自行车的理念开始在时尚之都巴黎汇集了一些人气。巴黎是一座不断追逐时尚和新鲜感的城市，对于德赖斯双轮木马来说，巴黎也是世界上唯一一座有着不同态度的城市，虽然有来自法律的嘲讽和敌视，但也成了市民们绕不开的话题。天时地利人和俱全，所以总会有天定之人从夹缝中看到机会，跟有没有米肖家族无关。

而此时的拉勒芒觉得这是移民美国淘金的大好时机。1866年，他几经辗转之后抵达康涅狄格州，同年获得了自行车的专利，并开始投入生产。这项发明让人们"群情激昂"，就跟40年前对德赖斯双轮木马的反应一样——这个装置遭到了各种冷嘲热讽。于是，不服输的拉勒芒对它进行了改良，但嘲讽之声不减反增。如果东部沿海地区有人想要自行车，那么皮埃尔·拉勒芒肯定会想方设法地避免遇见他。

后来，他以实际价值的零头把自行车专利卖了，随后返回巴黎。等他回到巴黎才发现这座城市的自行车热潮正进行得如火如荼，米肖父子显然也投身其中，赚得盆满钵满，钱多得简直都不知道怎么花了。拉勒芒当然不甘示弱，立马成立了自己的公司，跟米肖父子争夺市场，他的自行车取名为"安西安娜两轮自行车"（Ancienne Compagnie Vélocipèdenne），希望通过全新的现代品牌运作模式确立优势。[16]

由于拉勒芒灰头土脸地从美国返回了法国，他想利用自行车在新世界发家致富的梦想破灭了。自行车热潮横穿大西洋席卷了时尚之都巴黎。与此同时，美国东海岸也出现了自行车热潮。这也让拉勒芒曾经拥有但后来转卖的专利变成了炙手可热的财产，正如我们所见，它成为 19 世纪美国各大企业的核心业务之一。

鉴于拉勒芒在空前繁荣的市场条件下都能一次又一次遭遇滑铁卢，所以当你听说拉勒芒的安西安娜自行车公司经营不善的时候，可能就不会太惊讶了。所以，很可能自行车也不是他发明的，即使人们倾向于是他发明了自行车，从而使自行车的起源披上一层浪漫主义的色彩——超凡脱俗的发明家最终还是敌不过商场的狼性文化。我个人认为，最有可能发明自行车的应该是皮埃尔·米肖。最起码米肖制造出了相对容易骑的自行车——跟麦克米伦和勒菲弗尔发明的自行车不同，这辆自行车没有牵制前轮的踏板连杆，所以你可以正确控制自行车的方向（骑这种早期的交通工具急转弯的时候可能要先下车，抬起来，把车头调整到你想去的方向）。

自行车在历史上经历了许多发展阶段，各个阶段的名字往往都可以回溯。虽说它们代表的是一定阶段的最新技术水平，但归根结底它们只是自行车。便士法新就是其中的一个发展阶段——在链式传动安全装置出现后，自行车才真正地演变成"普通"自

行车，随后才演变成备受诟病的"便士法新"。

米肖公司面向世界推出的自行车影响最为深远——它可能（不）是世界上第一辆自行车，但正是这辆自行车引发了一场自行车竞技运动、消遣、交通运输领域的革命。但这并没有妨碍后人给它取了一个沿用至今的名字：震骨车（boneshaker）。

02 惊世骇俗的巴黎人与第一次世界自行车赛
19 世纪 60 年代

正如亲眼所见，震骨车真的是一种非常惊世骇俗的存在。而且在现代人眼里，它充分吸纳了"两轮平衡"这个有点荒谬的想法。便士法新的外形体现了一丝现代感——钢制车架，并且跟现代自行车有着不容忽视的相似之处。但是，震骨车使用木头制成，外观上更具中世纪风格。便士法新会让你联想到铁架桥和蒸汽机车，而震骨车则会让你想到牛车和犁。所以，不要鲁莽地去试骑这种自行车。它们的整体尺寸要比你想象的大很多。我中等个头，这种自行车的车座差不多能到我肩膀位置。后轮跟前轮尺寸相当，所以你想像骑便士法新那样从后面爬上去是不可能的。如果没有马夫帮你扶着自行车，你就只能先助跑，然后利用惯性跳上车座，幸运的是，没人愿意让我用一辆有着 150 年历史的自行车去尝试。

如果说有什么不同的话，那就是你骑上去会感觉它比外观更具中世纪遗风。我骑过一辆，嘎吱作响，就像大帆船在大风中发

难以驾驭的震骨车

出的声音，并且各个零部件只是松散地连在一起，让人有点担惊
受怕。可能新的时候还好一点——我当然不会幻想有着 150 年历
史的蒸汽机会像放在展厅里似的那么崭新光洁。事实上，这不过
就是一个松松垮垮装配在一起的噪音制造机。再加上在柏油路上
打滑弹跳的"钢铁轮胎"（iron 'tyre'），不甚稳当的骑行姿势，
身体保持笔直，双脚尽量向前伸，整个体验就是非常没有安全
感。由于车身太高，所以停车和下车都不太方便。但最起码我知
道怎么骑自行车，这大概也可以算是自行车吧，但骑这种自行车
更像是在聚会上炫耀的独家绝技，而不像是交通工具。至于 1866
年改良后，骑行感觉如何我就不得而知了。如果有谁——就跟

过去人那样——上过几次课后，就敢骑这种自行车从伦敦去布莱顿，我只能说我从心底敬佩他。

尽管如此，皮埃尔·米肖制造的机械装置还是逐渐流行了起来。到 1868 年，也就是德赖斯双轮木马征服巴黎大街小巷的 50 年后，这座城市又迎来了一场两轮车热潮。年轻人骑着震骨车沿着塞纳河畔窄窄的石头围墙前进。到了晚上，车前缀着提灯的震骨车就像一群萤火虫在公园和林荫大道上穿梭。巴黎上流社会人士经常聚集在一起看比赛，室内骑行学校应运而生。在掌握了基础知识之后，你就可以学习一些骑车技巧了，比如站在车座上，用一只脚踩踏板，以及我们今天所说的"定杆"（track stand）——在自行车处于静止状态时保持车身平衡的技巧。

为了用到震骨车，当时出现了一种叫"自行车体操"（gymnastic cycling）的表演，还有各种类型的游戏和娱乐活动。这种趋势的主要影响是它为女性骑自行车提供了契机——19 世纪 60 年代的巴黎人从骑自行车的女性身上获得了超出想象的性满足。更有甚者，有人甚至专门雇用女性到自家客厅骑震骨车（"坦率地说，长官，这位可爱的小姐只是在给我演示怎么骑自行车"[1]）。

当时的一家杂志评论说，在巴黎，骑脚蹬两轮车"跟跳舞或者骑马一样是一项基本技能"——虽然它还提到了骑行者在街道上横冲直撞给"老人和气喘患者造成了惊吓"[2]。

这股自行车热潮席卷的下一座城市是纽约——大家还记得，

在皮埃尔·拉勒芒沮丧之余,一路向东返回巴黎的时候,自行车正裹挟着不可阻挡的火花向西而去,他总是能做到一次又一次与大西洋两岸的淘金机会擦肩而过。纽约的自行车热潮简直就是巴黎的翻版。体操表演、音乐会、骑行学校,恼怒的长胡子老人向在百老汇大道上骑车的年轻人挥舞着拐杖,此情此景简直一模一样。《科学美国人》(Scientific American)杂志也火了起来,为这股热潮摇旗呐喊,甚至说"靠双脚走路已经过时了"。自此以后,自行车独步天下。[3]这位编辑很可能邀请了一位骑两轮自行车的法国女子一起共进午餐。

在美国,表演水平提高了一个档次。汉隆兄弟(Hanlon Brothers)多年以来一直经营着一家杂技团,他们开创了一种全新的表演形式,就是演员们穿着花哨的服装进行惊险的特技骑车表演,叫作汉隆炫彩狂舞(Hanlon Superba),正是这种特技表演刺激了自行车的需求。首先弗雷德里克·汉隆(Fredrick Hanlon)本人差不多可以称得上是纽约骑两轮自行车技术最好的人,他自诩为"世界两轮自行车之王"。他们的表演集惊险和震撼于一体,但同时汉隆兄弟也是精明的商人。他们先是通过表演积攒了大量人气,后来华丽转身,成为美国最著名的自行车制造商之一,并且还持有纽约最大骑行学校的大部分股权。[4]

美国自行车发展的另一个标志性特征就是专利律师。据报道,当时在美国专利局等待专利审批的机械装置就有400多种,并且每周还会收到80封新的专利申请函。[5]但是,除了拉勒芒的

A velocipede riding school as depicted in the frontispiece to volume 10 (1869) of The New York Coach-Maker's Magazine.

纽约的骑行学校

原授专利，这些专利都没有赚到大钱。这项专利被自行车制造商卡尔文·惠蒂（Calvin Whitty）以 2000 美元的低价购入。惠蒂具有法国人拉勒芒所缺乏的商业头脑，他购入专利后立即通知其他制造商，他们正在侵犯他的专利权，并且开始对在美国出售的自行车收取每辆 10 美元的专利权使用费。鉴于售出的自行车数量，他就好像控制了流淌黄金的阀门。[6]

1870 年，普法战争突然爆发，巴黎的自行车热潮也因此戛然而止。纽约的自行车热退去的速度更快——经过一年的空前狂热后，在 1869 年夏天突然销声匿迹。就连汉隆兄弟也取消了自行车杂技表演，重拾传统的抛小矮人的空中飞人表演（此外，他们

还发明了安全网，空中飞人表演出现后着实让人们对演员的安全担心了很长一段时间）。

* * *

在英国，又是另一番景象。诚然，自行车的发源地可能是法国，它可能激发了美国人的想象力，但英国才是它成长的地方，因为英国人给了它应有的关心和关注，让它逐渐成为一种超越时尚的存在。

这可能是因为维多利亚时代英国人的观念比较保守，又或许是因为人们对三轮或四轮人力车早有兴趣，但人力车出现的时间太长了，长到足以抵消人们对震骨车的新奇感，但不管什么原因，自行车在英国就这样悄无声息地出现了。在某种程度上，沿着19世纪的马路咔嗒咔嗒地骑着铁轮自行车，悄悄地从行人身边掠过，这是英国早期自行车骑行者都想做的事。

人们普遍认为第一个把巴黎风震骨车带到英国的人是罗利·特纳（Rowley Turner）。在此之前可能就有人骑这种自行车，但人们之所以记得特纳是因为他具备一个得天独厚的优势——他是考文垂缝纫机公司驻法国代表。

从机械性能和制造工艺角度来看，19世纪的自行车与同时期缝纫机的基因相似度高达95%。缝纫机在19世纪上半叶取得了长足发展，使用的金属制品和滚珠轴承跟自行车相似，尺寸也大致相同。因此，工人只要会制造缝纫机，就能轻松地制造出自行车。另外，19 世纪 60 年代后期，缝纫机成为英国国内最早的机械装置之一——而且在当时来说也非常时尚——所以作为成功的缝纫机公司，他们深谙销售和市场营销策略。因此，因研发出辛格缝纫机而家喻户晓的艾萨克·辛格（Isaac Singer），设计出世界上第一个分期购买协议，绝对不是巧合。

特纳常驻巴黎负责缝纫机销售，与此同时他对自行车产生了浓厚的兴趣，于是投资建了一所骑行学校和一家工厂。此外，他还注意到，巴黎的自行车制造商制造的自行车一直供不应求，于是他就把这个发现跟考文垂工厂的产能过剩联系在一起。1868年，他买了一辆米肖震骨车，通过海运加铁路千里迢迢地运回了伦敦，他骑着这辆车穿过伦敦桥，沿着齐普赛街（Cheapside）一直骑到尤斯顿火车站（Euston Station）。他的这一举动一时间引起了巨大轰动。人们从来没见过这种东西。特纳是专业级的骑行者，在他手上，这个惊心动魄、极难对付的机械装置可以最大限度地展现它本身的优点。人们对这辆自行车的反应就像看天外来客一样。在尤斯顿，尽管特纳是英国铁路工业历史上第一位骑自行车的人，但相比现代骑行者，他在铁路员工中引起的恐慌程度要轻得多。虽然特纳没有为自行车买车票，但他还是坐上了去考文垂的火车，到达目的地之后，他跟之前一样骑车去工厂，展开了又一轮宣传攻势。[7]

罗利·特纳的想法其实非常简单，就是制造自行车，然后出口到巴黎。如果事实证明英国也有市场，我想肯定不会有人拒绝，但这不是他决定这么做的根本原因。他只是想通过引发自行

车热潮来创造收益，当然进展很顺利。但特纳进口的自行车为考文垂缝纫机公司的一位创始人带来了灵感，同时缝纫机技师詹姆斯·斯塔利（James Starley）成为第一位名副其实的自行车设计天才。他让自行车改头换面，使它不再只是成年人的玩具。

斯塔利生于萨塞克斯，他的父亲是一位农场主。他没有受过工程设计方面的专业培训——他就是经常不由自主地想去搞点发明创造。他的第一项发明是一台捕鼠机，把锋利的伞骨跟后弯柳条组装在一起，只要老鼠站到杠杆上，就会被刺穿。他哥哥笑话他说，只要能用这个蠢到哭的东西捉到老鼠，他就把老鼠吃下去。结果第二天一大早，他的哥哥就被一声"早餐准备好了！"惊醒了，只见小小的詹姆斯站在床边，手里还晃着刚刚捉到的那只啮齿动物。

斯塔利在 16 岁的时候来到伦敦。他在伦敦刘易舍姆区工作期间发明了"小黄鸭平衡器"——这个装置就是利用鸭子自身的重量开门，把刚从河里游泳回来的鸭子放回农场，但它又可以有效阻止重量相对较小的老鼠跟鸭子一起混入农场。这项发明非常复杂，当时用过的人都无法对它进行准确的描述，所以人们也无法对它的工作原理有一个初步的了解。斯塔利哥哥的描述让它听起来比 iPhone 的运行机制还难理解。这个东西并不是必需品，他就是因为觉得好玩才发明的。[8]

对于从法国运来的两轮自行车，斯塔利做的第一件事就是给它们装上辅助踏板，这样就算是身手没有杂技演员灵活的人也可以轻松地爬上自行车（比如身材魁梧的斯塔利）。这可能只是一

詹姆斯·斯塔利（1830-1881）

个微不足道的小细节，但有了它，斯塔利就可以把自行车的前轮设计得更大一点，同时车座又不至于太高让人够不到地面，当然，轮子越大，脚踏板转一圈带动自行车前进的距离就越远。

此外，斯塔利还缩小了后轮的尺寸，以减轻自行车的总重量，同时也让人能更轻松地骑到自行车上。我想大家都能明白他这样设计的目的。1869 年，他在英国投放了这辆改装自行车的第一则广告，开始出售一种前轮直径达 48 英寸的自行车，这也为便士法新的发明奠定了基础。[9]

出口业务一派欣欣向荣。离开考文垂口岸的自行车一批比一批更完善。骑自行车在离家乡更近的地方渐渐流行起来，特别是考文垂、利物浦和起步较晚的伦敦。虽然跟法国或美国相比，英

国早期骑自行车的目的略有不同。法国或美国人骑自行车是为了娱乐消遣，严格来说，这是花花公子和浪荡闲人感兴趣的东西；但到了英国，发明中不自觉地融入了保守的民族文化，因此，人们更倾向于选择斯塔利式自行车，并且立刻开始评估骑自行车去其他地方的可能性。

这款自行车的早期使用者中有一个叫约翰·梅奥尔（John Mayall）的人，他是在看完罗利·特纳在伦敦旧街体育馆的现场示范后买的自行车（又一次宣传攻势）。后来梅奥尔在亲眼看到特纳经过短暂助跑跳上车座后，记录下了他当时诧异的心情。"……他坐在前后排列的两个轮子上，在场馆里转来转去，就在我们以为两个轮子就要倒了的时候，他迅速跳了上去。他简单地为我们解释了骑行中不让自行车倒下的注意事项，首先控制好车把，但当时我们都被那个场景深深震撼了，根本就没记住他说了什么，更别说理解了。"[10]

梅奥尔觉得自行车应该属于远方，而不只是家乡体育场的跑道，所以那年隆冬时节他打算骑车去布莱顿。第一次他只骑到了红山——大约骑了 25 公里，然后坐火车回的家。第二次他将目的地定在了海边，《泰晤士报》还对此进行了报道——《两轮自行车的超级盛宴！》（"Extraordinary Velocipede Feat!"）。实际上，梅奥尔是和罗利·特纳一起出发的——但到了克劳利（Crawley）后，罗利·特纳丢下他（和另外一个朋友），自己先骑车走了，这也为以后的绅士骑行定下了一个标准——先到者胜出，不互相等待。《泰晤士报》在报道中称，梅奥尔到达布莱顿时整体状态良好，不仅享用了晚餐，而且"还赶上了在大礼堂举办的库恩音乐会下半场"[11]。

他用超过 14 小时骑行了 56 英里。为了便于理解，我们可以做个对比，相同的里程，蒸汽机车（搭载 11 名乘客）用时不到 10 小时，而乘坐马车的话只需不到 4 小时（途中需更换马匹）。梅奥尔完成这次骑行一个月后，一对兄弟用步行完成了这一距离，所用时间为不到 12 小时，要说他们这么做的目的是什么，显然他们就是喜欢这种逆袭自行车的成就感（1906 年《自行车运动》杂志的复印本中专门有一个名单，列出了许多伦敦到布莱顿的用时记录，包括 1906 年的最好成绩——乔治四世骑马用了 5 小时 30 分钟，第二名是福勒，用时 12 小时 15 分钟，当时福勒头顶两加仑的坛子从伦敦走到布莱顿，杂志没有细说其中原因，也是吊足了读者的胃口）[12]。

梅奥尔的这次骑行算不上是一次惊艳四座的运动壮举——不过几周时间，相同里程的自行车骑行纪录就被缩短到了 9 小时多一点——但它却吸引了广泛的关注，也为自行车运动在英国的发展方向定下了基调。在梅奥尔骑车到布莱顿两个月后，又有三人从利物浦出发骑行到了伦敦，用时仅 3 天——尽管在伍尔弗汉普敦到伯明翰的途中有人朝他们扔石子——《泰晤士报》认为这次骑行过程有报道的价值。[13]

在英国，最早期的骑行者是一个存在个体差异的群体——实际上自行车本身没有阶级地位之分，涵盖了有能力买自行车的人（当时并不是特别便宜）、体格健壮的人，以及勇敢接受挑战、有

决心学骑车并且不服输的人。中产阶级年轻人是中坚力量，比如书记员、工程师、商人和店主。维多利亚女王的小儿子利奥波德王子也有一辆自行车，但没有证据能证明他会经常骑——自行车没有迅速在贵族间流行起来就说明他可能大多数时候只是在皇家花园里骑骑而已。在伊顿公学，自行车非常受欢迎，为此校方不得不明令禁止。但是其他公立学校的态度比较包容，学生们可以一路骑车去乡间，也有学生因探索震骨车越野赛这样的危险运动而受伤。

回想起来，早年的赛事可以用单纯又混乱来形容。显然，自行车是一种承载着浓厚个人兴趣的装置。人们用它可以做很多事情：杂技、锻炼身体、交通工具，是可以与铁路和工厂比肩的又一项现代发明。但是，自行车最能体现自身优势的用途是什么，这个问题不是立刻就会有答案。当时的道路情况千差万别，骑着臀部没有避震装置的自行车，要把它作为快速、廉价的长途交通工具，不仅要视力好，而且还要皮糙肉厚，就是字面意思。

1869年春天，骑行者们终于都到外面的马路上骑车了，之前一个冬天，他们都是在体育馆平滑的跑道上苦练骑行技术，然而上路之后才发现，在城市的街道上骑自行车根本没什么享受可言，这或许是导致纽约震骨车热潮快速退去的一个主要原因。想想那些第一次到户外马路上骑车，回头还抱怨没想到路上骑自行车这么颠的骑行者，就让人忍不住发笑，但没有150年的经验做铺垫，他们又怎么会知道呢？

显然，自行车一个比较直接的用途就是比赛。否则还能用来干什么？鉴于震骨车骑行者的状况，很难想象发明自行车比赛的时间居然比造出人类第二代自行车历经的时间还要长。的确很难想象，但也难以证明，因为早期自行车赛车手更热衷于比赛，而不是保持纪录。至少对于"谁赢得了第一次自行车赛"这个问题，答案是相对比较统一的。

人们普遍认为人类历史上第一次自行车赛是 1868 年 5 月 31 日在巴黎圣克卢公园（Parc de Saint-Cloud）内的道路上举行的，赛程全长约 1200 米。当时有报道称，赛事规定参赛选手须按照骑马比赛规则穿戴丝巾和高筒皮靴，另外还描写了围观群众，许多女观众站在椅子上，冲着赛道一边鼓掌欢呼，一边大笑。不知道是巴黎的女性平时习惯随身带着椅子，还是赛事主办方提供的椅子。第一次自行车赛的冠军得主是来自英国贝里圣埃德蒙兹（Bury St Edmunds）的詹姆斯·摩尔（James Moore），他定居巴黎多年，巧的是他就住在米肖自行车工厂的街对面。

这是公认的比赛版本，但人们忽略了一条信息。官方的赛程表显示，摩尔获胜的比赛是日程表上的第二场比赛，也就是轮径 1 米以上的自行车赛。"轮径 1 米以下"自行车赛在此之前举行，并且根据巴黎一家报纸的报道，这场比赛的获胜者是查尔斯·邦（Charles Bon）。[14]

但是，詹姆斯·摩尔很早就宣称自己赢得了第一次自行车赛，这不可能是他自己编造的信息，毕竟当时比赛的时候有那么多参赛选手，更不用说场边站在椅子上挥舞着手帕的女人们，

詹姆斯·摩尔（1849—1935）

除非他们都对邦的胜利视而不见。可能第一场比赛只允许骑小轮子的老式德赖斯双轮木马参赛？也可能比赛没有按照官方公布的顺序进行？要知道这并不是一次组织有序的现代自行车赛——或者是因为某位参赛选手迟到又或者因为参赛自行车出现故障而更改了比赛项目的顺序。也可能在两个项目的比赛中，摩尔的速度最快，并且把他们当成了同一比赛项目不同预赛组的选手？这场比赛的报道文章指出，小轮自行车赛的冠军获得了一枚银质奖牌，而大轮自行车赛的冠军获得的是一枚金质奖牌，从而表明这两个项目的比赛有主次之分——我们的猜测在下午就得到了印证，在稍后进行的"自行车大奖赛"中，冠军获得的奖牌是金牌。

不管真相如何，后来摩尔被授予了一枚奖牌，宣告他是第一次自行车赛的获胜者，人们也普遍接受这个结果。而且似乎没人站出来说邦才是自行车比赛的第一个冠军。之所以没有因此而产生争论，可能是因为当时人们都在期盼有一位旷世英雄力挽狂澜，成为这项全新竞技运动的第一次比赛的冠军，而摩尔恰好填补了人们的这种心理需求，特别是他后来经过不断征战逐渐成为这项运动的明星之后。

　　在巴黎自行车赛一年后，摩尔以无可争议的优势赢得了世界第一次长距离公路自行车赛的冠军，即1869年11月的首次巴黎－鲁昂公路赛。在19世纪冬天的北欧公路上行进123公里，不管用什么交通工具都是一件充满挑战的事情，但当时100多名参赛选手就这样站在起跑线上，直面泥泞、车辙和撞车事故。

　　比赛除了明文禁止用狗拉车，或者用船帆增加动力，其他的想用什么都行。这时候的比赛还是混乱无章的，这是一项运动在早期阶段必然要经历的状况，也就是说几乎没有规则，因为当时人们根本就没发现要靠规则来约束的问题。比如最早的飞行比赛，也是没有约束机制的混战。

　　当时有骑着两轮、三轮、四轮自行车参赛的骑行者，甚至还有许多骑独轮车的勇士。[15] 当时至少有4名女选手与男选手同台竞技。不知道是因为法国人不像其他国家那样对女子参赛这件事那么恐慌，还是因为法国人觉得看这样的比赛跟去音乐大厅看女子自行车表演一样刺激，不过真正的原因，我想大家都能猜到。

　　比赛过程中有许多选手没能完成全部赛程。最后到达鲁昂的

1869 年巴黎 - 鲁昂自行车公路赛

只有 34 名选手——其中包括一名女选手，她参赛的时候使用了一个具有误导性的绰号（我觉得是故意这样做的）"美国小姐"（Miss America），实际上她是一名英国籍选手，不过这也说明在当时女子参加自行车赛不是那么体面的事情[16]（"美国小姐"后来好像嫁给了考文垂缝纫机公司的罗利·特纳，可见特纳不仅仅是一位在巴黎卖英式自行车的外地人[17]）。

摩尔很轻松就赢得了这场比赛——总用时 10 小时 40 分钟，速度很快，差不多相当于 11.5 公里 / 小时。但试想下，比赛时全程下雨、坑坑洼洼的马路和小齿轮铁轮震骨车，无疑为推动长距离公路赛成为主要比赛项目开了一个好头。

此外，第一次比赛后的庆功宴后来也成了固定传统，但摩尔在鲁昂参加庆功宴的时候，他的自行车被当地人偷走了，后来也一直没找到。这总让人觉得有点遗憾，如果自行车没有被盗，自行车历史学家就可以不用围绕这辆自行车是否首次装配了滚珠轴承这个问题展开旷日持久的争论。但是，这类细节问题不会占用本书太大篇幅，所以关于是否第一次应用了滚珠轴承的问题我们就到此为止。

　　摩尔经过不懈努力，终于成为第一批明星自行车运动员之一。他赢得过许多荣誉，1873 年，他创下了 1 小时自行车赛距离纪录（14.5 英里），1874 年又获得伍尔弗汉普敦自行车计时赛冠军[18]（虽说这个时代还没有公认的国际性监管组织，但在当时，只要承办方想举办自行车赛且有充分的能力来实施，他们就可以把自己组织的赛事称作"世界锦标赛"。当时摩尔最起码战胜了大多数英国自行车赛的夺冠热门选手）。1877 年，28 岁的摩尔宣布退役，在他的赛车生涯中，凡是参加的项目大都获得了冠军，退役后他成了一名赛马训练师。

　　虽说巴黎－鲁昂公路赛有点像无拘无束的茶会，但至少对现代比赛产生了深远影响。假如时光能倒转，我们可以回到圣克卢的第一次自行车赛当日，会发现赛事日程上共安排了四场比赛。第三场比赛是"自行车慢骑赛"。顾名思义，当时喜欢这种传统自行车慢骑赛的人有乡村居民、自行车性能测试员和世界各地希望降低儿童自行车风险的父母。《法国小日报》（*Le Petit Journal*）说这次比赛"特别有意思"，并且还着重报道说除了 J. 达伦特里（J. Darentry）所有参赛选手都摔倒过，但这篇报道最后没说谁赢得了这场比赛。[19] 显然，这不是下午的大奖赛——可能是达伦特

里得到的奖牌没有那么大的报道价值。但这也是自行车运动会成年组的组成部分。

就在早期竞技性自行车运动前途未卜之时，他们做了各种尝试。虽然巴黎－鲁昂公路赛取得了巨大成功，但很显然组织公路赛仍然困难重重——任何一个因素没有达到最佳状态，都组织不起来。现在可以在体育馆内举行的看起来很新奇的比赛——比如自行车慢骑赛、静态平衡、车技挑战赛——在当时自行车流行的地方也非常受欢迎。这类比赛筹划简单，观看方便，并且跟竞技性比赛的理念不谋而合，即参赛选手的主要目的就是证明自己具备在自行车上保持直立的能力。

在英国，许多新奇的活动都热衷于借鉴中世纪的竞技运动元素，比如马术竞技、骑马投环、掷标枪。其中有一项特别令人惊叹的活动，就是骑在自行车上用大刀搏击，就好像古罗马时期逼迫基督徒决斗一样，不过前提是他们能置恪守健康和安全法规的民族形象于不顾。这种比赛最后没有真正流行起来，我想这可能跟没有现代人会把飞碟射击和蹦床运动结合在一起的原因一样。

尽管如此，你观念里认为是比赛的活动还是逐渐站稳了脚跟。有人宣称，英国举办的第一次自行车赛只比世界第一次自行车赛圣克卢自行车赛晚了 24 小时，地点是伦敦北部威尔士竖琴酒吧附近的一块场地，很好找，就在今天伦敦 M1 高速公路附近，靠近布伦特购物中心（Brent Cross Shopping Centre）。[20]这片区域现在是威尔士竖琴水库所在地（有历史学家对这次比赛提出了质疑，原因是在现有资料中没有找到关于它的任何信

息 [21]）。

　　没人能确定自行车竞技运动未来的发展方向和组织形式，但不代表人们就会因此犹豫不决，裹足不前。当时人们对自行车的热情非常高涨，一项全新的运动正等待它的伯乐。或者它只是表演行业一个新的分支？又或者两者兼而有之？

　　不管是哪种，每次的自行车活动都会吸引大量观众。1869 年，《竞技场》（The Field）带着强烈的鄙视写道："一次自行车比赛的举办确实会吸引众多忠实的英国自行车爱好者，反正他们也日复一日，年复一年地到处去凑热闹。"[22] 1869 年 4 月在利物浦，一座体育馆举办了一场别开生面的晚会，一票难求，"骑马投环、掷标枪，展示在各种模式下控制自行车平衡的综合能力"，但一群自行车演员在一晚上要完成从"一般骑行"到"骑车掷标枪"等一系列表演，我觉得对观众来说还是有一定风险的。[23]

　　有观众，就有收益。维多利亚时代的自行车赛独宠业余选手，但没人认为这一原则也应沿用到赛事承办方身上。1869 年 6 月，在伊斯灵顿农业大厅（Islington Agricultural Hall）举办的一场比赛的发起者为冠军提供了价值 20 英镑的奖杯，并且还投入了 500 英镑布置看台，门票 1 先令 1 张，照样获得了可观的利润。在自行车赛刚开始的前一两年，许多或者说大多数早期的骑行者都是职业赛车手，至少按照维多利亚时代绅士标准来衡量的话是这样。当时的自行车价格比较高，具有号召力、能增加承办方门票收入或者某个自行车制造厂销量的年轻运动员，跟自己买自行车以业余运动员身份参加比赛的年轻人不是一类人。因此，对职

业运动员的一般赞助形式是免费提供比赛用自行车，就是说制造商付钱给自家工厂的机械师，让选手用为他量身打造的自行车去参加比赛。

在伊斯灵顿，所谓赛道就是绕场馆一圈，在距离各个角落几码*处放上一盆花，作为界线标记，选手需从花盆外侧过弯道——但赛道的使用成本相当可观，这里一般用来举办马匹和牲畜展览会。一场比赛要绕场馆九圈。

当然，这是室内自行车场地赛的开端，距整个自行车运动的发明只一步之遥，《竞技场》报道称，许多参赛选手几乎不会骑自行车："至少一半的参赛选手只能吃力地爬到自行车上，甚至直道时都无法坐到自行车上。"[24]

此时已经成功举办了多次公路赛，观众规模也在逐渐壮大。当时观看比赛都是免费的，而且还有很多撞车事件可以欣赏。1869年4月，从切斯特到利物浦的自行车赛引起了空前轰动，当时仅聚集在默西河渡口等待过河去终点看比赛的就有3000多人，更别提挤在比赛沿线的草丛和树篱里的人了。这次比赛共有13名选手参加，最终获得冠军的是来自利物浦自行车俱乐部的亨利·伊顿（Henry Eaton）。比赛全程13英里，他用时1小时30分钟，其中因为路上观众拥堵和猛烈的逆风耽误了一些时间（更触目惊心的是，自行车赛创办后，居然在那么短的时间里就开始为骑行速度慢找借口了）。

---

*　1码约等于0.91米。

但是，最开始的时候，室外自行车赛主要都是在公园里举行，比如伦敦南部的水晶宫（Crystal Palace）和伍尔弗汉普敦的莫里诺克斯公园（Molineux Gardens）。有时候就直接在草地或者运动场上圈出一块地方作为临时赛道，或者就借用公园内的道路作为赛道。室外空间相对比较开阔，可以把赛场与普通行人隔离开来，所以在公园里举办比赛可以收门票，同时还可以搭配其他能带动观众消费的活动。它们有时候是独立举办的自行车赛；但通常是某大型赛事的分赛场。例如，1869 年 9 月，维克特勒避难所（Licensed Victuallers' Asylum）在罗德板球场举办了"盛大庆祝晚宴暨自行车和板球比赛"，听起来确实很惬意。[25]

爱尔兰差不多跟英国同时开始组织自行车赛，但有时候赛场比较混乱，大多数情况下，比赛都是在临时划出的赛道上举行的。有一次在贝尔法斯特凯夫山（Cave Hill）山坡上举行的比赛，许多赛段的野草都有齐腰高，这就意味着参赛选手除了下地推车行走别无选择。几年后，在安特里姆郡科尔雷恩（Coleraine）附近举行了一场比赛，赛道中还有一片刚耕过的农田。

1870 年 9 月，爱尔兰人终于组织了一次像样的公路赛，就在沃特福郡邓加文镇（Dungarvan）附近。这场比赛吸引了几千名观众来到现场，成功将比赛变成了一次公众狂欢节，而道路变成了看台。警察和当地治安官骑马穿过人群，为参赛选手清路。马、自行车还有熙攘的人群，一片混乱，这是现代比赛中看不到的景象，这次比赛的最终获胜者还有其他几名选手差点被护卫队的马踩到。但是，最精彩的是有位热门选手不管三七二十一，把

自行车扛在肩上，抄近路穿过好几片农田。很显然，这就是第一次混合越野赛，但这件事却成功隐瞒了许多年。

虽说这种策略有点肆无忌惮，但说起来其实也没有违反什么规则，或者说就算是违反了规则，也没人在意——按理说这对那些以比赛输赢为赌注的人来说很重要，所以这样的反应有点让人捉摸不透。也许人们认为，如果有人愿意肩上扛着35公斤重还不听话的木头和铁块，跑着穿过田间地头，爬过树篱，无论如何都应该给予认可。

很明显，这类比赛跟你所认为的现代自行车赛相去甚远——除了马，参赛选手全程都由跑步前进的士兵护送，幸亏他们能轻松跟上自行车的速度。[26] 用两个词形容这场比赛，一个是"离奇有趣"，一个是"混乱不堪"，且不能相互中和。

但无论如何，这毕竟只是一个开始，并且还是一个非常令人难忘的开始。前路不乏死胡同（骑马投环和剑术搏击都没能得到延续和传承，但没人觉得可惜），但令人吃惊的是许多自行车比赛如此迅速地修复了之前出现的问题。短短几年内，这种比赛就逐渐演变成150多年后仍在延续的比赛形式——冬季室内自行车赛、长距离公路赛、不守规矩的观众、贪婪的比赛承办方，以及职业化且以销售自行车为最终目的的赞助方案。其中有一些做法借鉴自其他竞技运动，比如赛跑，但大部分都是从无到有逐渐摸索出来的——跟自行车的成本相比，赛跑的固定管理成本根本不值一提。

此外，这时的自行车赛，参赛选手基本上使用的还是非常难驾驭，并且真的不是特别适合在开放公路上骑的自行车，但显然，开放公路才应该是自行车的最终归宿。

值得庆幸的是，人们即将迎来更适合在公路上骑的自行车。便士法新的时代就要到来——便士法新的出现，标志着现代自行车运动的开端：俱乐部、星期天骑行活动、停在咖啡馆小酌、场地自行车赛、公路赛、欢呼助威的观众、与马车车夫的过激冲突……这一切即将来临。

03 维多利亚时代俱乐部成员的尊严

　　每个星期天的上午，人们都会去骑自行车。他们通常会三五成群地在指定地点集合，比如十字路口、公交车站、战争纪念碑或者钟楼下。冬天的骑行活动要比夏天多，清冷的空气中飘散着大家呼出的白雾，霜花覆盖着地面，一片雪白。这种活动不是什么新鲜事，早在 1870 年就有了，并且一直未发生太大的变化。骑行者们一边小声地聊着天，一边等着迟来的伙伴，一方面他们不想吵到周围的住户，另一方面他们心知不是为了聊天才来这里的。

　　我也参加过这种骑行活动，就是没有开始想的那么频繁，我一直都在不停地参加比赛或者集训。但是，在我曾经居住过的伦敦和剑桥，还有一些外国城市，比如悉尼、墨尔本和纽约，我也曾站在某个地方等过同伴，有时候天灰蒙蒙的，有时候温度远低于零度。

　　有时候在一座陌生的城市，我站着等人的时候老是怀疑这里到底是不是约定的集合点，随着其他人接二连三地到达，我才会如释重负。但有时候即使其他人到了也无法保证万无一失。有一次在悉尼，我走错了路口，不巧的是那里正好是另一队人马集合的地方，所以我就跟这帮当地的骑行狂一起骑了100英里，屁股都快裂了，本来我只是想要跟一帮朋友优哉游哉地骑个40英里，然后在海边咖啡馆喝杯咖啡。我也不得不跟他们走，因为出发10分钟后才发现错了，而且我不认识路，想往回骑已为时晚矣。

一般情况下，大家都会提前确定骑行距离、大概的骑行路线及骑行速度，目的地通常是某个地方的咖啡馆，同时知道骑行速度可以让大家对骑行活动心中有个数。一群人一起骑出小城，骑在乡间小路，有时候两个人并排骑行，边骑边聊天，骑行者都非常熟悉这种不紧不慢的节奏——介于快走跟快跑之间，所以这是一般行人无法体会的感受。

这类骑行活动实际上不是为了较量，或者说最起码不应该以此为目的。这就好比爬山的时候，你可能会有一点压迫感，但最先登顶的人通常会在原地等其他人。可见，他们的主要目的是互相陪伴，在咖啡馆里更能体会到这一点。如果是冬天，你们坐在热气缭绕的咖啡馆里，一起喝咖啡，一起吃小零食，那种感觉棒极了。

俱乐部骑行活动是了解自行车竞技比赛和消遣的发展历程的重要线索，骑行传统几乎原样不动地传承了下来，不然你把一帮自行车骑行者召集在一起还能做什么？

要想找第一次俱乐部骑行活动的资料，只要找到第一家自行

车俱乐部就可以了，但就像自行车运动刚出现时的热情泡沫一样，许多俱乐部也来去匆匆，几乎没有什么仪式或宣传。利物浦自行车俱乐部成立于 1869 年 4 月，当年春天该俱乐部组织了几场看着有点疯狂的自行车比赛。但它很可能不是第一家自行车俱乐部——更可能的情况是 1868 年的时候剑桥出现过一家存在时间非常短的俱乐部。[1] 更不用说巴黎了，那里的自行车俱乐部可能出现得更早。

英国现存的（在历史上没有解散又重建）历史最悠久的俱乐部很容易确定。委婉点说，匹克威克自行车俱乐部（Pickwick Bicycle Club）是基于好奇心成立的。1870 年，创始成员在伦敦东部哈克尼唐斯（Hackney Downs）的唐斯酒店召开了一次会议，宣布成立匹克威克自行车俱乐部。

它成立的日期恰逢查尔斯·狄更斯去世，于是创始成员让人形成了狄更斯曾是一名自行车骑行者的深刻印象——虽然这没有任何证据支持，于是他们为俱乐部取了个悼念狄更斯的名字。后来，该俱乐部官网上这样说："匹克威克自行车俱乐部自成立以来，一直活跃在自行车运动的舞台上，从未间断，同时一直以来都以传播友谊和欢乐为目标，积极投身于这项有着深远影响的工作中。"不得不说，近年来没有多少纯粹的自行车运动了。在这里，"近年来"涵盖了 20 世纪和 21 世纪。说到俱乐部的其他活动，多年前我曾应该俱乐部一位成员的邀请，参加了他们的圣诞节午宴，只记得当时浓厚的节日气息，但不管是我还是其他人都不太记得主菜之后发生了什么。

如今，匹克威克自行车俱乐部成了男性餐饮俱乐部，匪夷所思的是，每位成员都使用《匹克威克外传》（The Pickwick Papers）中男性角色的名字作为个人内部代号。这也是成员们在俱乐部内互相称呼的唯一代号。匹克威克自行车俱乐部的成员人数取决于这本书里男性角色的数量，因此为了找到更多的名字，他们还对正文进行了多次微观分析——一位代号为"红鼻男"的会员期限已满；两位不同的"马丁"；另外还有"做爸爸的乔治"和"狼狈的乔治"——现在会员总人数有 185 人。许多人排队等着加入俱乐部，这意味着大多数会员都年龄相仿。这样就不会产生太严重的误导，不会导致再现我受邀参加的那次圣诞节午宴上盖尔斯·布兰德雷斯（Gyles Brandreth）讲的那个笑话：在几位切尔西退伍军人以俱乐部嘉宾身份径直落座之后，他说他以前从未参加过这样的活动，因为这样一个团体的到来拉低了整体平均年龄。

但是，这家俱乐部本质上仍是一家骑行者俱乐部。它的会员包括许多前冠军、记者和赛事组织者。在成立初期，匹克威克确实找到了开展自行车活动的有效方法。该俱乐部会员是大规模自行车骑行者集会的中坚分子，这种集会是 19 世纪七八十年代的一大特色，当然其他早期的伦敦俱乐部也参加了，比如阿里尔俱乐部（Ariel）、米德尔塞克斯俱乐部（Middlesex）和圣乔治俱乐部（St George's）。除伦敦外，同期成立俱乐部的还有：伯明翰、布莱顿、考文垂、北安普敦、谢菲尔德、伍尔弗汉普敦、牛津大学和剑桥大学。

汉普顿宫集会

当时规模最宏大的集会当属每年的汉普顿宫集会——19 世纪 80 年代初，严格有序的自行车骑行者队伍绵延长达 6 英里，由 2177 名骑行者组成，场面非常壮观。这是维多利亚时代最著名的技能展示和盛大庆典。这是骑行者的狂欢，也是展示他们社会地位和绅士尊严的集会。当集会队伍经过时，许多人——我猜就是那些到处看热闹的人——站在街道两旁或者从马车天窗向外看。游行活动一定非常壮观：19 世纪 70 年代中期，震骨车被华丽的高轮车取代，后来被称为普通自行车（Ordinary），又经过一段漫长的岁月，普通自行车又改称为便士法新。它们是维多利亚时代机械设计的突出成就；在许多方面，这个时期都是已知的最美好的自行车时代。

毫无悬念，自行车的前轮设计得越来越大——曲轴直接装在车轴上，脚踏板蹬一圈，车轮就旋转一周，所以要想速度更快，就需要齿轮更大，而唯一的解决方法就是使用更大的车轮。早期震骨车骑行者很清楚这一点。但现在的问题是，若加大木头车轮，总重量就会增加，会超出有效的重量尺寸比。

便士法新背后的技术就是车轮本身（我之所以把它称为便士法新是因为许多我认识的骑过这种复古自行车的人都这么叫。我承认，称之为"普通自行车"可能更有历史厚重感，只是有点太老派了。但如果大家喜欢这种老派的叫法，那我表示歉意）。随着车轮越来越大，使用钢丝辐条可以大大减轻车轮的重量。最早采用这一工艺的是巴黎一位叫欧仁·梅耶尔（Eugène Meyer）的生产商，这种设计深受参赛选手的喜爱。1870 年，伍尔弗汉普敦自行车赛按照车轮轮径对参赛选手进行分组，同时它也见证了自行车轮径的进步，4 月的时候车轮轮径为 36—38 英寸，到了 10月轮径就增加到了 44—46 英寸。[2] 实际上，便士法新的出现就用了一个赛季的时间。

便士法新

若说梅耶尔发明了钢丝辐条车轮，那么早期自行车发明天才——考文垂的詹姆斯·斯塔利则让它大受欢迎。1870年，他在此基础上又设计出阿里尔自行车（Ariel bicycle），并制造出第一辆真正意义上的便士法新。它的出现催生了新的行业标准——重量只有50磅，比其他自行车更轻，但轮子更大，所以速度也更快，价格是8英镑，不算很便宜，但相对于它的性能来说也不能说贵（相对于当时的平均工资，这辆自行车可能相当于现在的4000英镑）。它简直可以跟20世纪60年代的E-type捷豹汽车比肩了。

便士法新都是按照轮径而不是车架尺寸进行分类的，很快自行车骑行者都在腿长可以操控的范围内选择最大的轮径，一般都在48英寸至54英寸。车轮越大，齿轮越大，所以你的腿越长，骑行的速度就越快。约恩·基思-福尔克纳（Ion Keith-Falconer，下文我们还会更详细地介绍）是当时骑行速度最快的骑行者之一，身高6英尺3英寸，所以他可以骑总高60英寸、威风凛凛、遮天蔽日的自行车。[3]相比54英寸的车轮，脚踏板蹬一圈所行进的距离就会多出19英寸（48厘米）——可见轮径大的话，速度快得不是一星半点。

（基思-福尔克纳在剑桥求学期间，曾在给他嫂子的信中写到他要骑着轮径86英寸的自行车往返于附近的特兰平顿村，"……为了娱乐大众……装了几个小的辅助踏板，这样我才能爬到自行车上，出发后我就可以自己控制了。要是不小心跌下来，可能会摔断胳膊腿，所以这种表演只此一次，下不为例。"[4]为了掌控超大车轮，只能在车轮高86英寸的自行车上安装一组笨重的辅助踏板，只有这样才能蹬上自行车，基于以上种种，这辆自行车不适合用于比赛。在没有外力协助的情况下无法上下车，还不如骑长颈鹿，既安全又方便。我觉得只要它速度够快就会有人尝试，仅它本身的缺陷是不会让人退缩的。）

便士法新有一种不可思议的魅力，它独具一格的外形成为复古和另类的代名词。它跟电灯泡或电报机一样都是快速工业化时代的创新产物，但在人们的传统观念里，它就是一个异类，甚至让人觉得这就是一种误入歧途的发明。正如一位朋友所说："在它发展过程中，为什么一直都没人停下来说：'等等——这太傻了！'"

实际上，便士法新能非常好地适应各种骑行环境。当任何一个想在体育馆或者公园外骑自行车的骑行者面临坑坑洼洼、满是车辙的道路时——轮胎是一条坚硬的薄橡胶带——巨型车轮就是可以在各种表面上滚动的万能神物。此外，它不仅比木头车轮轻，而且长辐条钢丝还让它具有非常强的减震功能。

我也曾学着骑过这种自行车，特别是跟我几个月之前骑过的那辆震骨车相比，印象尤其深刻。事实上，我前后学过两次。第一次是在伦敦的一次自行车赛上，当时有许多便士法新骑行者。有位骑行者坚持让我试骑一下，我就停下来说了几句无意冒犯的话（大概意思就是"在它发展过程中，为什么一直都没人停下来说'等等——这太傻了'"）。所以我勉为其难地蹬上一辆便士法新，骑着汇入巴比肯（Barbican）单行车道的车流中，耳边是他

们好心的提醒，这让我感觉自己就像一名空姐，正试图按照空中交通管制员的指示降落一架大型喷气式客机。

第二次是在伍斯特的一座公园里，这次比之前熟练了一些，也没那么慌张了。因为这次有一个叫戴夫·普里斯（Dave Preece）的人的帮助，他曾经骑着便士法新从兰兹角出发，成功抵达约翰欧格罗斯，并且还获得了英国便士法新锦标赛的冠军，现在也还活得好好的。

你首先要使用小后轮正上方的辅助踏板蹬上便士法新。我先把左脚放到辅助踏板上，然后举起双手向前抓住车把，再用右脚蹬地助跑。戴夫说"非常简单"，但说实在的，根本一点都不简单。但是，我最终还是鼓起勇气踏上辅助踏板，向前行进。

到此为止，一切都还不错。接下来，我再加快一些助跑速度，这样当站起来的时候才能有足够的动力和时间，以使我的臀部向前坐到车座上——这并没有听起来那么难，因为辅助踏板的高度恰好能让你行云流水地完成这一系列动作。这时，我以罕见的直立姿态坐在车座上，车把正好在我大腿上方。最后，我找到了我的脚踏板，尽管脚踝附近挨了几次撞击。

戴夫说："骑得不错！"但这时我发现了一件可怕的事情，在你艰难地爬上便士法新的车座后，就会感觉不对劲了。问题一：脚踏板是直接用螺栓固定在前车轴上的。令人郁闷的是后车轮没有链传动装置。每次蹬脚踏板时，就会改变车轮前进的方向，自行车就会突然转弯。为了保持平衡，你就不得不用车把来纠正。然后，你再蹬脚踏板，再扭转车轮方向，如此反复。

对于便士法新的初学者来说，蹬脚踏板和控制方向的相互作用可能会形成一个恶性循环。所以，当我开始向脚踏板施力时，就开始沿着正弦曲线在路上横冲直撞。这种摇摆幅度根本无法控制，我眼睛余光可以看到人们都把孩子保护起来，因为大家都看明白了，这辆有着巨大轮子的怪物随时可能撞到自己的孩子。戴夫可能正双手插兜，吹着口哨，在对面悠然地散步，但我根本就顾不上回头去看。

解决办法就是轻踩脚踏板，这样可以减少施加到车轮上的未知扭矩。这个办法的确奏效，渐渐地慢到身体无法保持直立的程度。我很快就明白了，便士法新非常适合慢骑——重心高，多少有点像把扫把柄竖直放在掌心保持平衡的感觉——但最后你还是会遇到麻烦。

这时你要面临的真正困难来了。比起从便士法新上下来，什么爬到车上、骑行和控制车身平衡，都简单多了。首先要把脚从脚踏板上移开，然后向后伸，找到辅助踏板。在你上车的时候，就会发现辅助踏板其实非常小。下车的时候，要先用脚找到辅助踏板，这就好比你要从屋顶向后退着踩到某个地方，而这个地方刚好是鸟巢前边突出的地方，完全看不到。你根本无暇去看辅助踏板在哪里，否则自行车肯定会突然转向。但你又不能偏离太远，否则的话，就可能把脚伸到辐条里了，这将对自行车造成巨大的损害，当然伤害更大的肯定是骑车的你（并不是说伍斯特公园里受惊过度的人们会因为这种自行车的出现迎风流泪）。但如果你能将脚踩到辅助踏板上，就可以轻松离开车座向后退，然后

平安落地。

记得我第一次下车的时候，根本找不到辅助踏板在哪儿。不过当时正好骑到一个小斜坡——这样我就可以保持一定的动力，不用那么急着找辅助踏板——同时随着坡度越来越陡，自行车行驶速度也越来越快。我看到下了斜坡之后是一片长满草的荒地和一条小河。所以，我就跟骑普通自行车一样，直接一撩腿从侧面跳下车了。但这终究不是一辆普通自行车。我清楚地记得，滞空时间还是挺长的。

我双脚落地，之后随着惯性小跑了一段，并试图抓住戴夫那辆美如画的自行车，不让它摔倒。我觉得这是只有在自行车杂技表演时才用得上的技能。后来，我看了一本 1874 年的古本，印象非常深刻，按照文中说法，我下车的方法是正确的——那时经验丰富的骑行者通常都用这样的方法下车。要是骑它去别的地方，恐怕一路上都得担惊受怕，但也万人瞩目。

当我逐渐掌握了上下车窍门，并且还学会了协调蹬脚踏板跟转向控制的关系后，我变得越来越喜欢这种自行车了。便士法新速度不够快，但能骑着它蹒跚前行也是一件很了不起的事。这种自行车高端大气，而且还很舒服，视野很好，虽然这是性能的需要，因为世界上，生物也好，非生物也罢，几乎没有什么东西不会让人觉得害怕，哪怕只有一点点。

不出所料，便士法新极具吸引力。若你骑着它走在公路上，汽车司机肯定不会超车（他们当然不会超车了。骑在便士法新上的你，在他们眼里就是一个行为无法预知的疯子）。另外，你还会注意到，骑在便士法新上的高度，对自行车来说不常见，但说实在的，真跟骑马没什么两样。我还是倾向于认为，人们之所以能接受便士法新，这种亲切感至少也起到了推波助澜的作用，否则人们可能会觉得离地距离太远，或者觉得像是坐在一个好像不怎么听使唤的物件上边，总而言之，这种自行车只能卖给杂技演员（顺便一提，马是真的对便士法新没什么深刻印象。在它们眼里，估计就像看人骑着焰火一样。我觉得19世纪的马看见它们的时候也没那么轻松）。

这种自行车也存在短板。从理论上来说，虽然齿轮比现代自行车小，但骑着便士法新不适合爬坡。同样，即使只是很小的逆风，也只能推着走。但在自行车全盛时期，当风特别大的时候，经常会出现严重事故，叫作"倒栽葱""摔跟头"或者（我个人觉得更贴切的）"头着地"。你骑着自行车掉进坑里的时候，或者撞到车轮轧不过去的大石头时，简直就是世界末日，自行车直接就不动了。你还坐在前轮上方，重心很高，这时候你还坐得笔直保持着前进的惯性。

你的腿被困在车把下边，所以唯一可以阻止你从车上直接摔下去的东西就是脸。在19世纪坑坑洼洼的马路上骑行更危险，维多利亚时代就有不少骑行者因骑自行车丧命。当时自行车运动期刊上刊登的大部分二手车广告都把"受伤"作为出售原因，可以肯定的是，他们说的一定不是复发性跟腱炎。[5]

然而，这也是自行车运动的一部分——如果你看过当时俱乐部骑行活动的新闻简报，就会发现撰稿人对这种发生在一位或几

便士法新各式摔跤合集

位会员身上的悲剧似乎司空见惯，他们也只会站起来继续为了理想前行。19世纪路面重铺的方法之一就是把大块的石头放在路上，这样过往的马车和手推车就会把它们碾碎——但若是骑着便士法新碰到这样的石头，肯定必死无疑。

骑便士法新下坡，风险更大。若在坡上没办法看清楚整个路面情况，就无法有效控制自行车速度，所以就只能下来推着走。使用刹车或者倒踏脚踏板可以让快速行进的便士法新减速，但这种做法非常危险，因为惯性可能会让你从前轮上面飞出去，要尽量避免发生这种情况。实际骑行中，建议最快速度为15英里/小时，因为再快的话，你想下车的时候就会下不来。当时的自行车运动杂志或书籍都把这个坡路速度作为一般性建议，也是非常合理的建议。

但这并不代表大多数骑行者不会忽视这个建议。当时那些想把双脚从脚踏板和"飞轮"上解放出来的骑行者，都喜欢一种所谓的"安全"技巧（"安全"不是传统观念中的安全），就是把腿放在车把的顶部。这种技巧的想法是，若碰到一块石头，猛摔一跤，你就可以不受车把的束缚直接腾空，然后像猫一样双脚着地。当然，如果一位骑行者把双腿放在车把上，那么他就要完全拜托地形和自行车了，因为他再想把双脚重新放回到疯狂旋转的脚踏板上，就像把脚放进搅拌机一样。

为此，许多生产商想通过可拆卸车把设计为骑行者提供两全其美的方案，既可以使受限的双腿得到解放，又可以让他们随时能安全落地。一幅广告插图对"施罗特拆卸式车把"（Schröter's

Self-Detaching Handlebar）进行了非常形象的展示说明，画面上是一位穿着质地优良的粗花呢骑行服的骑行者面露无奈地飞在空中，悠闲地握着一副车把，车把没有跟任何东西连接。但我想这并没有体现插画师想要表达的那种可靠性。[6]

这不是这种车把想要解决的主要问题，它的目的不是在遇到紧急情况时才想怎么挽救，而是随时拆卸下来，尽可能在一切正常的状态下防患于未然。技术精湛的骑行者可能会从灾难中全身而退——可以放开双手骑便士法新，当时确实还有专门的"无车把自行车"场地赛——但不出所料，大多数骑行者都会从自行车上摔下来。有时候我也忍不住猜想，在《产品责任法》打击不戴头盔参加比赛的行为之前，自行车运动一定遭受了现实更无情的嘲笑。

便士法新为自行车俱乐部的成立创造了条件，在接下来的140 多年里，自行车俱乐部一直是自行车运动传承与发展的支柱。19 世纪 70 年代，英国的自行车俱乐部数量迅速增长——从 1870 年以匹克威克自行车俱乐部为代表的少数几家俱乐部，到 1874 年已经增加到 29 家，1878 年为 189 家。截至 1882 年，俱乐部总数达 528 家，增长速度之快令人瞠目（仅伦敦地区就有 199 家）。不过，当时俱乐部的规模普遍偏小，平均会员人数只有 30 人[7]（许多现代俱乐部仍保持着这种规模——我知道的许多俱乐部去参加比赛的时候一辆车就能拉走所有会员，至少有两家俱乐部只有一位会员——之所以这样是因为会规要求俱乐部会员必须要参加特定的比赛）。

施罗特拆卸式车把的广告插图

　　大多数俱乐部的规模都比较小，但这不代表它们无组织无纪律。政府制定了只有维多利亚时代适用的宪法、法律和法规，大多数俱乐部会对违反规定的人员处以特定金额的罚款，比如有人在骑行活动中超过俱乐部队长（通常会举办争夺队长职位的比赛），或者在参加集体骑行活动时没有穿戴俱乐部队服和徽章，或者在星期天个人骑行的时候穿戴俱乐部队服和徽章，在刚有俱乐部的时候，周末骑行被认为是不合规矩的行为。

多塞特郡的克赖斯特彻奇自行车俱乐部（Christchurch Bicycle Club）是一家非常具有代表性的俱乐部。这家俱乐部成立于1876年，由当地一位名叫欧内斯特·克拉克（Ernest Clarke）的自行车商人和他的三位朋友共同建立，成立后会员人数迅速扩大到25—30人。本地报纸对他们的俱乐部集体骑行活动进行了报道——到利明顿的22英里骑行活动、往返索尔兹伯里的50英里骑行活动，中间会停下来修整吃午饭。顶着月光夜骑在当时也非常普遍。或许这是因为他们不想骑那么快，反正他们总有时间在小旅馆里休息，在那里他们可以开怀畅饮，情之所至还会唱唱歌。经常还会自编自唱一些吐槽俱乐部和队友的神曲。喝酒唱歌，完了之后再披着夜色醉醺醺地骑着便士法新沿坑坑洼洼的马路回家，这不仅听起来很悠闲，而且更像是控制俱乐部会员数量的好办法。

顺便说一句，不要对那些歌的质量期待太高。克赖斯特彻奇自行车俱乐部的合唱歌曲一度非常流行，也是该俱乐部年会的固定节目：

噢，我们是 CBC 快乐的好伙伴，

我们是快乐的好伙伴，我们同根同气，

我们忠于彼此，

队长是我们的兄弟，

我们紧密团结在 CBC。[8]

尽管维多利亚时代的骑行者可以自娱自乐写词编曲，但这并不是说他们都是吉尔伯特和萨利文（Gilbert and Sullivan）[*]。

克赖斯特彻奇自行车俱乐部有一名专职号手，这是一直以来的传统。他的职责是转达队长对骑行活动的指令。在现代俱乐部骑行活动中，队员间的普遍共识也可以实现这一目的，但维多利亚时代的人更拘泥于形式化的东西。在他们眼里，这样可以让事情看起来更有组织性，给人比较正规的感觉，或者只是老派妄自尊大的浮夸本性使然。

克赖斯特彻奇自行车俱乐部的号手自有一套召集规则，仿效军号制定，比如提醒骑行者上车，单排骑车，并排骑车，下车及补给。其他俱乐部的号令规则更是五花八门。[9]人们都说号手是添油加醋惹来众怒的存在。大声鸣响一般是提醒当地村民俱乐部成员就要经过这里了，震耳欲聋的号声通常要持续很长时间，直到附近居民把道路让出来。跟现在一样，这样做让村民们怨声载道：当时一位自行车领队就说自行车骑行者可能会遭遇"乡间智慧"的敌意。[10]

曾几何时，一群穿着花呢夹克、齐膝短裤和长筒袜的年轻人骑着便士法新游荡在乡间小路上，还冲着当地村民吹号子，这画面有点蠢萌。最重要的是这种集体骑行活动在当时还比较稀奇。自从前几年火车出现后（克赖斯特彻奇火车站建于 1862 年），

---

[*] 即维多利亚时代幽默剧作家威廉·S. 吉尔伯特（1836—1911）与英国作曲家阿瑟·萨利文（1842—1900）。他们从 1871 年到 1896 年合作长达 25 年，共创作 14 部轻歌剧。其中最著名的有《皮纳福号军舰》《日本天皇》等。

原来的马路都差不多荒废了。主干道的数量比铁轨多不到哪里去——有一张 19 世纪 80 年代在伦敦北部巴尼特大北路（Great North Road，现在的 A1 高速公路）拍摄的照片，可以看到马路的宽度并没有比两条车辙宽多少，中间长满了荒草。一次俱乐部骑行活动可能骑了许多英里都碰不到一个人。即使碰到，也是笨重的农用挂车。

骑着自行车走在古老的马路上，就像进入了一个鲜为人知的世界，只可惜现在无法去感知了。道路都变得面目全非，即使是家门口的路也不复原来的模样。当时地图很少，并且几乎没有路标。跟当地人打听到的方向和距离——假如你还能找到没有被号手彻底惹恼的人——也不一定完全准确，毕竟大多数人都很少去离家比较远的地方。

虽然工业化进程让城市变得面目全非，但在中世纪的人看来，乡村应该很熟悉。学会骑自行车，然后骑着自行车去探索这个几乎被历史遗忘的世界也是一件很美好的事。跟一群朋友用一天或者几天时间沿着古老的马路骑行——甚至一周的骑车旅行，穿过没有经过工业革命洗礼的村庄和小镇，像极了骑着单车闯进一个梦幻世界。

复古普通自行车骑行者会感觉自己跟这个世界格格不入。你也没必要像个沉溺于过去的怀旧青年，去体味他们的感觉是不是对的。19 世纪 90 年代，当链传动安全自行车问世时，一些便士法新的老骑行者就开始缅怀那个永远回不去的纯真年代了。他们当中不喜欢安全自行车的人也不在少数，从某种程度上来说，安全自行车代表的是英式自行车，不是他们曾经爱上的那种自行车。现在，要找一位上了一定年纪的骑行者没那么难，你不需要多说什么，他们就会主动给你讲"二战"后自行车的发展情况，比如因为汽油配给制度空旷下来的街道，比如在干草堆上睡觉，再比如路边小旅馆。从某种程度上来说，变亦未变。

原来便士法新骑行者经常去骑车的偏远小路终于归于寂静，逐渐被世界遗忘。有些地方仍然坑坑洼洼，有些地方根本不适合骑行。道路是否适合骑行是一直以来困扰着人们的问题，于是克赖斯特彻奇等俱乐部会根据当年每条路的状况来策划骑行活动。冬天常常一连好几个星期不能骑行，俱乐部会员会回到鞋店楼上的俱乐部活动室，看看报纸，打打牌，或者打打台球。活动室里还有拳击台和击剑用剑。框格窗的彩色玻璃上，写着俱乐部的名字。此外，他们还开设了非骑行会员学习班，面向的对象是那些不太在意自行车，只希望能安安静静看报纸，并且偶尔借用俱乐部的剑击剑的人。

俱乐部会员都非常年轻，因为面对不可避免的危险必须要有一颗平常心。俱乐部自行车运动是早期的极限运动之一，但其中一个主要魅力在于能把会员们聚在传统驿站里一起唱歌。

另外，只有富裕到一定程度的人才买得起自行车，由此可见，俱乐部会员都来自城市的中上阶层，俱乐部车队队长也是个生意人。克赖斯特彻奇算不上是上流社会俱乐部，1879 年，小城又迎来了第二家俱乐部——莫迪福德自行车俱乐部（Mudeford

Bicycle Club）。这家俱乐部在招募骑行者的第一支广告中就声明，申请人需提供确实的证据，证明自己的社会地位，并且着重申明"羽毛笔推销员和售货员不可申请"——就是为你我服务的职员和店员。[11] 虽然如此，这两家俱乐部似乎很愉快地共存着，并经常互相参加对方的活动。

对于维多利亚时代的自行车运动来说，社会阶层无疑是非常重要的影响因素。可想而知，在那个时代，左右自行车运动的也不可能是其他因素。骑行者发布广告找骑行同伴的时候（这其实是当时人们经常做的事——你要说明想去哪里，一天打算骑多少英里，看不认识的人里边有没有对这个活动感兴趣的），总是被建议"说明社会地位，方便找到更合适的骑行同伴"[12]。1884 年，自行车旅行俱乐部（Cycle Touring Club，英国一个代表自行车骑行者利益的全国性实体）提高了会费金额，目的就是清理俱乐部内不符合要求的会员。[13]

自行车骑行者和三轮车骑行者之间的关系剑拔弩张，几乎到了水火不相容的地步，乔纳森·斯威夫特（Jonathan Swift）肯定想不到会发生这样的事情。在普通自行车的时代，三轮车之所以大受欢迎，是因为不用先爬到 5 英尺高的轮子上就可以骑上它。胆小的人、年纪大的人，还有那些担心被别人看到穿着马裤骑在便士法新上脸面尽失的人，都可以骑三轮车。乡村医生用三轮车到千家万户出诊，特别是晚上出急诊的时候，骑三轮车就不用仆人套马鞍了。牧师也可以骑三轮车，而完全不必担心会被信众们嘲笑。

就连女性也可以骑三轮车，而不用担心这种行为会对来往的巴黎男性产生什么挑逗性，尽管她们骑的通常是前后双座三轮车，和丈夫、父亲或者兄弟同骑。现在还保存有那个时代女性骑在三轮车上摆拍的照片，她们全都穿着及地长裙，戴着帽子，脸上带着有点忧郁的表情，这是维多利亚时代照片中所有女性的共性〔有一张具有代表性的照片，亚瑟·柯南·道尔（Arthur Conan Doyle）和妻子路易莎（Louisa）从伦敦南诺伍德的家中出来，骑上一辆双座三轮车。柯南·道尔留着小胡子，戴着帽子；路

柯南·道尔与妻子路易莎在三轮车上的照片

易莎则一副被诱拐的表情。这在当时是很普遍的,路易莎坐在前边,她的丈夫在后边控制三轮车方向——这种奇怪的安排是为了恪守维多利亚时代的两条戒律:永远不要背对女性;以及任何事都不可由女性掌控〕。

许多三轮车骑行者都揣着一种情绪,把他们跟速度更快、更勇敢,坦率地说也更猥琐的便士法新骑行者相提并论,在某种程度上损害了他们的体面。于是,骑行者旅行俱乐部(Cyclists' Touring Club,简称 CTC)将三轮车部分单独分离出来,一份发给 CTC 三轮车会员的通知中写道:"自行车骑行者……是对消遣运动的侮辱,而三轮车吸引了王子、公主、公爵、伯爵……很明显,三轮车总体受众的社会阶层要高于自行车,因此需要在骑行活动时为他们提供更好的住宿条件,等等。"[14]

维多利亚女王甚至也拥有一辆三轮车——1881 年她看到怀特岛(Isle of Wight)上有位年轻女孩骑着一辆双座三轮车,然后就下令带这位年轻女孩来见她,还让这位一脸茫然的女孩解释她骑的到底是什么东西。说来也巧,这位女孩正是当地一家三轮车经销商的女儿(至少我觉得这是因为运气——她不可能连续几个星期来回骑着三轮车在奥斯本宫周边转悠)。随即女王定了两辆三轮车。跟大多数三轮车一样,体型非常庞大,骑行者需坐在跟便士法新一样大小的两个后轮中间,用前边的小轮控制方向。女王的三轮车由工厂设计师量身定制,这位设计师当然就是考文垂的发明天才詹姆斯·斯塔利,鉴于这个小小的公关胜利,这个型号的三轮车被更名为"皇家萨尔沃"(Royal Salvo)。不过女王本人很可能从来都没有骑过它们。

这多少有点遗憾，我觉得她一定会喜欢斯塔利最后一件彰显才华的创新——差速齿轮。1877 年，斯塔利制造了一辆两人并排的三轮车。两名骑行者每人控制一个轮子。他跟儿子用这辆三轮车爬坡的时候发现它存在一个缺陷——强壮一些的儿子施加在曲轴上的力量要大一点，因此三轮车在路上左突右撞。测试结果证明这辆三轮车不可能走直线，所以他和儿子不得不下来推着走。推到半路上时，斯坦利突然大喊："我知道怎么回事了。"[15]

第二天一大早 6 点钟，他就去了铸铜车间。8 点坐上去伦敦的火车，很快他就为自己的创意注册了专利。他这次发明的是一个差速器，原理是把力平均分配到各个轮子上，同时在转弯的时候使外侧轮子转动的速度比内侧轮子快。这个非常巧妙的设计方案就是这位来自萨塞克斯农场的男子想出来的（这也为第一辆汽车的发明奠定了基础——大多数骑行者迟早会对它失去兴趣）。[16]

维多利亚女王并不是第一个被三轮车或自行车惊到的人。它们带来的新奇感不亚于多年前的蒸汽机车和后来的汽车或飞机。以爱尔兰为例，1875 年，在邓恩郡有一座叫基利里（Killyleagh）的大型村庄，两位自行车旅行者接受了一位马车车主的提议进行了一次比赛，导致当地交通陷入停滞状态。那时，基利里到处都是慕名而来的游客，他们都是为了来看一年一度的帆船赛的。当自行车骑行者击败马车之后，他们都顾不上看帆船赛了，从海滨跑过来为胜利者欢呼。一年后，科克郡的米尔街（Millstreet）也

发生了同样的事情，一位自行车旅行者报告说有几百人跟着他的自行车跑，还雀跃欢呼。有些人锲而不舍地追出超过1英里。[17]

反观另一位来自都柏林的自行车旅行者，他在沃特福德附近遇到一群老年女性，她们二话不说就用水管浇他，这令他很是费解，"……她们大概不知道用什么词来谴责自行车这种装置和当时骑着自行车的我"。另一位骑车经过这里的旅行者向他解释了她们这么做的原因。前些天的一个晚上，她们正提着黄油、牛奶和鸡蛋赶往当地市场，就在这时她们看到前边黑漆漆的路上发出一些神秘的光亮，悬在半空，一闪一闪，慢慢地向她们靠近。在她们的思想里，这些光亮昭示着妖怪来了。她们被恐惧包围着，慌忙扔掉手里的黄油、牛奶还有鸡蛋，跳进小溪里逃走了。当时没有什么比当地自行车俱乐部的人路过更让人恐惧的了，他们的车灯在半空中忽明忽暗，这时忽然窜出一群浑身湿淋淋的女人，骑行者们吓得撒腿逃命去了。[18]

我们现在再回头看那时年轻的自行车，总感觉有点不可思议，当时它在人们眼中就是一个不伦不类的东西，一度引起了人们的狂躁或恐慌。然而，自行车带来的轰动，特别是俱乐部成员眼中闪烁的光芒，让人感觉似曾相识。同样的自由洒脱，同样的伙伴组队，同样的目标决心，甚至还带点比赛的意味。早期骑行者喜欢星期天早上去骑行，今天世界各地的骑行者们仍保持着这个传统。

04 美国自行车发展和天才艾伯特·波普上校
1870—1900

19 世纪 70 年代的美国自行车骑行者跟同时期的英国骑行者有许多共性。为了实现同样的目标，同样年纪的年轻人骑着同样的高轮自行车穿过同样被遗弃的古老街道。这些骑行者主要集中在美国东部城市，比如波士顿、纽约和费城，多年前昙花一现的震骨车热潮就是在这样的土路烂泥中走来又退去。

但是，两国又有着显著的差异。英国自行车运动的标志性特征之一是在民主与有序的无政府状态之间的夹缝中发展演进。自行车运动是骑行者、自行车制造商和俱乐部共同作用的结果。它就这样自然而然地出现了，几乎没有领袖式人物加以引导。而在美国，他们有艾伯特·波普（Albert Pope）上校力挽狂澜。

人们总是习惯性地过度美化历史上的著名人物，这是一种必然现象。但是，要说没有艾伯特·波普上校就没有 19 世纪的美国自行车运动，那就有点夸张了，我们可以说没有艾伯特·波普上校，美国自行车运动肯定不会是这样的发展轨迹。坦率地讲，

艾伯特·波普（1843—1909）

纵观美国 19 世纪后半叶的自行车运动历史，不管从哪个方面来说，不出十句话总会绕到他身上，可见他的影响之深远，并且不仅局限于北美地区。

艾伯特·波普上校出生于波士顿一个富足的移民开拓者家庭，但在 19 世纪 50 年代他父亲赔掉了大量资产，包括许多不动产。16 岁时，艾伯特·波普迫于生活压力不得不继承家业为生活打拼，因此没有前往常春藤盟校就读，他觉得这是命运的安排。但显然这让他非常沮丧。如果你是一个天马行空的心理学家，就能推测这种人生早期产生的失落感会让他形成赚钱才有安全感的世界观，挣很多钱，谁对他不好，他就用钱砸回去。当然，你肯定有许多证据来证明自己的观点。

但是，他还没开始挣钱，内战就爆发了。于是他加入了马萨诸塞州第 35 志愿步兵团，到战争结束，他已经从名不见经传的普通小兵升为陆军中校。所以，此后余生他一直都以"上校"自称。这个称呼名副其实。他首先涉足的是为拖鞋做装饰的利基市场（坦率地讲，"上校"的称谓有些夸大了）。他人生的转折点发生在 1876 年费城百年纪念博览会上，那是他人生中第一次见到自行车。那是一见钟情的邂逅。之后他从英国进口了 8 辆自行车。再后来，他骑着其中一辆车去了当地缝纫机厂，说服工厂以它为模板仿造了 50 辆一模一样的自行车。[1]这为一个商业帝国的建立奠定了基础。

但是，第一批自行车的生产可以说经历了极大的磨难。这些自行车全部采用了当时大多数自行车生产商采用的生产方式，也就是说完全手工制造的。设计需要使用各种不同的模具（用于锻造框架的模子），最重要的是这些模具可能用几次就坏了，然后就不得不重新铸模。后来，制造轮箍时找不到合适的钢材，只能用一块块 v 型角铁按照轮箍的长度进行切割。[2]过程是曲折的，结果是美好的，自行车终于生产出来了，定价 95 美元，而进口自行车价格为 112.50 美元。[3]作为自行车生产商，波普混得风生水起。他为自己的自行车品牌取名为哥伦比亚（Colombia），并成为 19 世纪后期美国自行车行业的主宰者。不过也许你已经注意到，他的拖鞋装饰业务一直没有起色，亏空都只能用自行车业务的收益来弥补。

自行车制造只是波普商业帝国中的一个业务分支。还有一项业务是雇用大量的专利律师。在公司总部，专利律师办公室紧挨着他的办公室——这说明他们是波普策略模式的核心。还有专

利，就像皮埃尔·拉勒芒最先申请的专利，关于拉勒芒，我们之前就说过他频繁地往返于大西洋两岸，不得不说这是一位能与各种发财机会擦肩而过的男人。就在拉勒芒第一次离开美国之后，他当初卖给卡尔文·惠蒂的专利，后来几经转手最终卖给了波普上校。这只是波普购买的大量专利中的一项，他购入了所有与自行车相关的专利，就连联系没那么紧密的专利也不放过，最终他牢牢掌控了市场主动权，这就是说美国除了他之外其他人基本不可能再单独生产哪怕跟自行车有一点点相似的东西，否则就会侵犯专利权。[4] 随后，他指示公司律师要确保不缴纳 10 美元特许权使用费，谁都无法生产或进口自行车。惠蒂也曾收取过类似的特许权使用费，但显然，随着美国自行车行业的发展，波普和他的律师更善于物尽其用。

（后来，波普和其他一众生产商想把这种伎俩套用到早期汽车专利上，并且想通过更严谨的律师策略摧毁亨利·福特正处于发展初期的汽车业务。但是人心不足蛇吞象，福特把他们告上了法庭，并最终胜诉，并在后来的市场上碾轧了他们。）

1878 年，波普带着一队工作人员前往英国进行考察，他考察的大部分工厂都异常热心地向他展示了生产流程，随他进行各种测量，并且还为他详细解答关于生产工艺上的一些问题。但是，波普在这一点上做得非常不厚道。有一次，某家工厂管理层礼貌地拒绝向波普展示工厂车间，拒绝透漏商业机密，于是波普和他的团队竟然乔装打扮成工人混进了工厂。[5] 这次间谍行动当然是不虚此行，他手下一位工程师在后来的许多年里曾多次进行这种间谍活动，大西洋两岸"友谊之手"隔空相握，监视工厂的最新发明，然后将它们整个偷走。

当然，波普也不是一个毫无底线的混蛋。即使经过精密计算的10美元专利权使用费也不如获得主场优势更有意义——他不想毁掉其他人的生意，只要没有威胁到他的生意即可。专利权使用费最开始的时候是25美元，后来降到10美元，因为他知道只有让年轻人买得起自行车才能为他带来更多收益，即使有时候买的不是他制造的自行车。更多的自行车骑行者就意味着更多的自行车供应量，这又将吸引更多人骑自行车，反过来又能创造更多需求。

波普建立的是一家非常现代化的自行车生产公司。亨利·福特提出的生产线理念得到了广泛赞誉。但是，综合各方面来看，通用件理念同样重要，甚至在基础性上更胜一筹。现在看来，当时还有许多其他比较荒谬的生产方式，但在早期，自行车的生产方式跟几十年来手推车和农具的生产方式一样——一次只能生产一件，从头到尾全部工作都由同一名工匠完成。波普工厂生产的所有哥伦比亚牌自行车零部件都是按照微米级的误差来生产的，这就是说几乎完全相同。一旦所有零部件都完全相同，并且可以互相替换，也就意味着大批量生产指日可待，然后把这些零部件装配成自行车。你可以用机器代替人，建立现代化工厂。你可以在保证同等质量的前提下降低价格。你能更方便地对它们进行维修——"所有零部件均可更换！"是哥伦比亚品牌的宣传口号。

但是，这并不是一种全新的理念。武器装备和缝纫机都以这

种方式生产——这也是缝纫机厂之所以能那么快转型生产自行车的另一个原因。但是，波普比其他人走得更远。到了19世纪80年代末，便士法新开始为链传动安全自行车所取代，相同的零部件已经可以用于多款不同型号的自行车。质量控制和验收还是粗放型工作——最巅峰时期，公司共有24位验收员，负责对每辆自行车上的500种零部件进行检查验收。

另外，公司还开展了市场营销。实际来说，市场营销是对波普自行车庞大的销售量和创新性的淡化。他巧妙地交叉使用各种销售方法，还有一些是他自己提出来的。一位历史学家指出，把我们这里所说的"波普自行车生产厂"改名为"波普市场营销公司"一点都不过分。这家公司销售自行车只是机缘巧合，它完全可以销售任何其他东西。[6]

说到营销自然还要说一说广告。它经常会提到哥伦比亚自行车创造的各种纪录。当然，它也经常提到其他品牌创造的纪录，但通常充满歧义，要放在今天，肯定会让人不悦。他们还精心制作了宣传册，并且选在春天发行，因为春天到了，年轻人又要开始蠢蠢欲动，想买辆新自行车了。波普很喜欢搞这种噱头，就连P. T. 巴纳姆（P. T. Barnum）*都不得不甘拜下风。例如，充气轮胎发明后，波普宣布在公司波士顿总部办公室向所有自行车骑行者免费提供轮胎，"最纯净的空气，以电力压缩，黄铜罐保存"。此外，他还公开宣称，若偷车贼被判有罪后，任何把失窃的哥伦比

---

* P. T. 巴纳姆（1810—1891）为电影《马戏之王》原型，以擅长营销，夸大宣传著称。

亚牌自行车物归原主的人都会得到 50 美元的奖励。上校说："偷盗自行车属于重大盗窃行为，应逮捕偷盗哥伦比亚牌自行车的人，让他们接受法律制裁。"

在各种喧嚣声中，有一点很容易被遗漏，那就是波普本人也是自行车运动的忠实拥趸。他热爱自行车运动，希望所有人都参与到这项运动中来，多种迹象表明，即使他一直从事拖鞋装饰这个夕阳产业，也不会改变对自行车的热爱。他是推动马萨诸塞自行车俱乐部成立的带头人，他还让公司一位律师起草了一份章程范本，供其他俱乐部参考。他从欧洲引进自行车运动杂志，免费发放给人们传阅。他提供了 6 万美元有价证券用于在美国成立《骑行者》（*Wheelman*）杂志社——这是一种利他行为，但不得不说，将来媒体对其自行车进行评论报道时，也是有百利而无一害。在他的资助下，麻省理工学院专门开设了公路建设课程。他甚至还出资把波士顿哥伦布大道的一部分铺成当时最平滑的碎石路，从而向世人证明，如果每座城市的每条街道都铺成这样，骑自行车该有多舒服。[7] 在一个到处都是泥土和车辙的时代，甚至有骑行者不惜骑行数英里慕名而来，只为体验在这条路上骑行的感觉。

从长远角度来看，波普还通过法庭为自行车骑行者争取权利。严令禁止自行车的城市法规并不少见——自行车骑行者、马车驾驶员和行人之间的紧张关系早就不是什么新鲜事。在纽约市禁止自行车进入中央公园的时候，他还派了三名骑行者故意违法挑衅，波普承诺为他们辩护。这起诉讼案件递交上诉法院审理，

哥伦比亚牌自行车广告

持续多年，代价惨重。虽说最后波普输掉了这场官司，但也带来了积极的影响，法律规定在所有路面上自行车跟马车享有同等权利，包括中央公园。[8]对波普来说，必须持续施加足够的压力，才能使自行车自由进出任何地方逐渐成为默认规则。

对骑自行车有益的事情就对波普上校有益。所谓好事，也不是只有好的一面，至少需要付出一点宣传代价。一位同时代人说："任何对人类有益的工作之后，总会有一则广告如影随形。"[9]如果你想跟他解释做好事不留名给他带来的开心，他可能会觉得你是个白痴。跟安德鲁·卡耐基（Andrew Carnegie）和约翰·D.洛克菲勒（John D. Rockefeller）一样，波普也是在自信的美国自由市场的乐观主义中成长起来的传奇人物。

波普能多管齐下，宣传自己跟宣传自行车运动以及哥伦比亚牌自行车互不耽误，同时推进。他经常发表演讲，主题一般都是改善国家道路状况会为每个人带来怎样的商业价值。他传达的理念不仅在当时，就算放到现在，也会获得广泛认同。这意味着报纸会经常刊登有关他的正面新闻报道，同时他还会不着痕迹地确保报道中会提到哥伦比亚牌自行车，通过将自行车运动和自有品牌与大家基本上都认同的东西联系在一起。他自己勤勤恳恳地收集所有剪报，然后进行归档。

波普的创新巅峰出现在便士法新时代过去后不久，当时安全自行车出现，而且女性也开始骑自行车。在英国，围绕女性骑自行车时穿什么这一问题的争议比你想象的更激烈。我们下文会详细讨论这个问题，这实际上是关于骑车的时候应该穿体面的衣服

（及地长裙）还是更实用的裤装或裙裤的争论。这个问题之所以没在英国引发内战，唯一的解释就是在这个问题上人们划分成了多个意见阵营，并且各个阵营内部也意见不一。

在美国，波普提出了一个非常巧妙的解决方案，吸引了纽约市众多社交名媛。他们在大斋节期间举行慈善活动，其中最受欢迎的是在华尔道夫酒店（Waldorf hotel）举行的年度玩偶秀（我不确定这究竟为什么会是一项慈善活动，不过这不重要）。波普只是提供了 100 美元的奖金，用于奖励穿着女子自行车骑行服的最佳玩偶。这个玩偶真的非常漂亮。在慈善活动上，他将自己与那些对骑自行车感兴趣的女性联系起来，她们还会号召人们接受女性骑车的观念。他还让她们设计了一套她们都满意的骑行服，然后请她们在纽约上流圈子中宣传这套骑行服，接下来他再向她们直接推销这套服装。所有这一系列活动只需要 100 美元。[10]

纵观 19 世纪美国的自行车行业，艾伯特·波普上校无处不在，全面开花。他是一个比较霸道的人，他的品牌也称霸市场。这时候自行车骑行者的文化自卑感还没有占据上风——不管是骑自行车的人还是不骑自行车的人，在他们眼里自行车没什么可自卑的，也没有什么二流一说。要说自行车有点傻，那倒有可能——当然它还很危险——但它绝对是社会地位的象征，这片土地比其他地方更热爱自行车。波普就是自行车界的拿破仑。

但这一切逐渐消失了。最终，跟许多人一样，波普也受到了汽车的影响。它改变了美国自行车骑行者的机动方式和骑行原因。自行车从原来半定制的奢侈品变成了越来越普遍的耐用消费品，19世纪90年代波普的公司因自行车价格大幅下跌而陷入困境。他想摆脱泥沼，未料却越陷越深。20世纪初，波普决定投巨资制造汽车，但终究事与愿违——敏锐的触觉或创新的才华都已离他而去。他是一位自行车骑行者，而不是汽车驾驶者，事实证明了这一点。这时，他的公司遇到了极其严重、难以控制的问题——关于哥伦比亚总部应该在哪里的问题出现了意见分歧，波士顿、纽约和康涅狄格州赫特福德各不相让。公司在四个州共设有45家工厂，而波普没有建立起可以培养有力接班人的管理体系。随着他年纪越来越大，公司只能勉强维持，渐渐不可挽回地衰败下去。1909年，波普去世，终年66岁。1913年，他一手创造的商业帝国分崩离析，未免让人唏嘘不已。

但是，他的影响并未淡去，甚至直到今天也没有完全消失。是他一手推动了自行车行业的发展壮大，开启了自行车的现代化进程。若企业想在生意场上生存下去，他的公司就是值得仿效的榜样，虽说结局难免有点残酷，但它提出了早期的全球化观念，并且为降低自行车的成本，让普通人都能买得起自行车，做出了不可磨灭的贡献。同时，在大西洋另一端的欧洲大陆上，人们仍然不停地担心又有哪个乡巴佬买自行车，拉低总体品位了；而在北美，波普则希望每个会骑自行车的人都能买自行车。如果说这让他变得富足，那似乎他也做好准备接受它带来的副作用。当然，这是半开玩笑的话。

05 令世人敬仰的约恩·基思－福尔克纳
1874

　　我是在剑桥大学求学期间开始骑自行车的。很久很久以前，大学自行车俱乐部还有一间活动室——1906 年的时候活动室就没有了，原因是俱乐部拖欠租金，当时的俱乐部已经没有会员，这很好理解。20 世纪 90 年代，我在剑桥大学读书的时候，当时俱乐部的社交生活就是去酒吧，但很快他们就嫌弃我们了，因为我们整晚都坐在那对比心率监控数据和讨论前轮设计，更重要的是几乎都不喝酒。

　　无论如何，我们更喜欢去骑行。俱乐部骑行活动一般都是在安静的布鲁克塞德（Brookside）街头集合，就在市中心靠南一点的地方。我也不知道为什么要选在这里集合。这个地方就在剑桥郡非沼泽方向的右手边，那里是骑行活动经常去的地方，远离令人压抑的沼泽地空气，奔着这个地区屈指可数的几条小斜坡骑行（用"山"的话就有点夸张了——城市南部最高点是一座高速公路桥。这是一座非常宏伟的公路桥，但除非林肯郡来的人，别人恐怕对它也不会有深刻的印象）。但是，沿着这个方向，很多地方都可以作为集合点，并且大多数还比这里方便。只要绕过这个街角，那里有一排长凳，早到的人就可以坐在长凳上，等俱乐部其他人。

像剑桥郡许多其他约定俗成的东西一样，选在布鲁克塞德街集合就是俱乐部的一个传统，只是我不知道这一传统具体是从什么时候开始的，是怎么开始的。现在俱乐部成员仍会在这里集合，很可能100年后的人们还会在这里集合，谁也说不准。

虽然我很希望是这样，但我仍没办法说服自己，说这是为了向伟大的前辈约恩·基思－福尔克纳致敬的一种方式。他是19世纪70年代世界上速度最快的自行车手，他和他的便士法新曾住在布鲁克塞德街的一栋房子里，我们经常集合的地方离他的住所只有几码远。偶尔我也在想他在的话会怎么看我们。试想若他看到我们弱不禁风、体型瘦小的自行车之后会不会觉得很可笑，我们身上五颜六色的骑行服会不会吓到他。但是，我非常肯定，基思－福尔克纳一定不会说什么，他为人非常谦逊，即使在一个绅士业余爱好者的高光时代，也没人比他更绅士，同时也（极有可能）没人比他更业余。

基思－福尔克纳具有自己的优势。首先，最重要的是他在同龄人里算是身高非常突出的：6英尺3英寸，拥有体形魁梧的高地贵族血统。1874年，他考入剑桥大学，攻读数学专业，不久就赢得了有生以来第一次自行车赛的冠军：10英里计时赛，用时34分钟。在当时，这个成绩横扫了业余和职业比赛，创造了最快

约恩·基思－福尔克纳（1856—1887）

时间纪录。他在给他嫂子的信中说他还没有"用尽全力"。[1] 我不禁觉得如果我是被他击败的选手，可能会有点难以接受。从此他波澜壮阔的赛车生涯开始了。

1876 年，在莉莉桥运动场（Lillie Bridge Athletic Grounds），基思－福尔克纳再次赢得英国业余自行车锦标赛冠军，他骑的是一辆便士法新，4 英里用时 13 分钟 6 秒，创造了当时的最好成绩。在岁月的光影里，似乎能看到一位早已长眠地下的赛车手，正在参加计时赛，骑车奔驰在一条赛道上；但时过境迁，那条赛道早在 19 世纪 90 年代就废弃了。除了一个统计数字没别的发现，我觉得最起码应该去看看这条赛道的位置，从而可能对当时的真实场景有更清晰的认识。一个偶然的机会，我很轻松地找到了这个地方。我办公室的墙上挂着一幅1875年的伦敦西区地图，之所以买这幅地图，是因为它左下角标注的正是我在巴特西的旧公寓所在地，确切地说是在左下角"slums"这个单词中"u"的正下方。河对岸是肯辛顿蔬菜农场，旁边是伯爵宫。这条河没有筑堤，巴特西桥的桥标是一个有年头的木框架。但在靠近地图正中的位置上，布朗普顿公墓（Brompton Cemetery）旁边赫然写着"莉莉桥运动场"。

这里是1871年第一届全国自行车锦标赛的举办地，也是当时的一座重要体育场。体育场的赛道是用煤渣铺成的，采用椭圆形设计，三圈一英里。其中一个弯道因总是发生车辆碰撞而被称为"医院弯道"，这不是讽刺，就是字面意思，因为旁边就有一家医院（当时有本书里写道："有个人在经过看台前的时候飞快地超越对手，但却在骑过医院弯道时意外摔倒。"我觉得"意外摔倒"值得玩味[2]）。体育场内原来还有一个木制的亭子，但在1889年一次比赛中爆发的骚乱中被烧毁，这场比赛也因为两名参赛选手弃权而被迫取消，这两名选手很明白，不管他们谁获胜，都会被博彩公司和愤怒的人们打死。

如今，这里只是伦敦用途几经变更的一小块土地，等着被重新开发成豪华公寓，实现其真正的价值。莉莉桥体育场原址一直被用作伯爵宫的内部停车场，破败不堪。由于它一直以来都悄无声息，我不知道去看停车场会不会有帮助，但当我站在这片场地

中间的时候，觉得不难想象这座运动场鼎盛时期的繁荣景象，帐篷台、横幅、欢呼雀跃的观众，有时还有管弦乐团助兴。我觉得它跟近年来每年在距离伦敦南区几英里外的赫恩山（Herne Hill）举办的耶稣受难日场地赛没有太大区别［21世纪初，我曾经在这里举办的一次追逐赛中以1秒的优势完胜当时21岁的布拉德利·威金斯（Bradley Wiggins）*］。

基思－福尔克纳获得4英里计时赛冠军时的平均速度不到20英里/小时，现在大多数身体健康的骑行者都能跟上。但在当时来说，这个成绩一定被认为令人震惊，这位身形魁梧的小伙子，骑着车轮巨大的自行车，把对手打得落花流水，成千上万名观众为他欢呼助威。

1882年，他打破了兰兹角到约翰·奥格罗茨计时赛的纪录。他还为《伦敦自行车俱乐部公报》（*London Bicycle Club Gazette*）写了一篇关于这次赛事的文章。这是一次非常有趣的经历，在下着雨的夜晚，独自骑行在坑坑洼洼的乡村小路上，半夜三更的时候，为了叫醒脾气暴躁的旅馆老板，冲着窗户大喊大叫。在唐卡斯特到韦瑟比途中，有条路被牵引机车犁开了，于是他不得不推着车步行30多英里："我尽量让自己把它当成一次徒步旅行，并且推着自行车，以便随时派上用场。大概晚上11点30分，我进入韦瑟比境内。两位好心的警察帮我弄出很大的动静，叫醒了旅馆老板。"两天后，他正骑到阿尼克与贝里克之间，又赶上逆风，

---

* 布拉德利·威金斯（1980— ），英国场地自行车运动员，曾获得2004年、2008年奥运会个人追逐赛金牌，2012年环法自行车赛总冠军。

就是说他还要再推着车走 30 英里。他终于在第 13 天的午夜时分到达了苏格兰北部的威克，距离终点只剩下 19 英里。于是，他在车站旅馆（Station Hotel）休整了一个半小时。"之后，我再次在旅馆老板、工人和服务员茫然又吃惊的目光中上路。剩下的 19 英里给我印象最深刻的就是荒僻、寂静和凄凉。一路上都没看到树、灌木丛或树篱，满眼都是深棕色的荒野，还有一眼望不到头的路。3 点 20 分，我终于站在了约翰·奥格罗茨豪斯酒店（House Hotel）前，累得直不起腰来，浑身酸疼，饥肠辘辘，但却无比开心。我很快叫醒了酒店老板，到了房间倒头就睡。"他又简单补充了一句，"这次有趣又好笑的比赛就此画上了句号。"[3]

这还算不上是他最伟大的成就。他最大的成就是发生在 1878 年，那次比这次比赛早几年，而且赛程也没这么冗长。在一次特批的巅峰对决中，基思-福尔克纳与约翰·基恩（John Keen）在剑桥大学体育馆进行了 5 英里计时赛的角逐。当时，基恩已经是职业自行车赛世界冠军，在英国更是独占鳌头。他还曾前往美国参加比赛，击败那些曾经对他出言不逊的人。他赢了一场又一场比赛，打破一项又一项纪录，光他的名字就能吸引 12000 名观众到现场观看比赛。他被公认为世界上速度最快的职业自行车运动员。

但在这场比赛中，还在上大学的基思-福尔克纳以领先五码的优势取胜。而且，在此之前，基思-福尔克纳竟然完全忘记了这场比赛（心不在焉的程度真是惊天地泣鬼神），所以根本没有进行集中的训练。在距离比赛还有一周的时候，朋友问他准

备得怎么样了，他才想起还有比赛这回事。在给艾萨克·皮特曼（Isaac Pitman，就是设计了皮特曼速记的那个艾萨克·皮特曼）的信中，基思－福尔克纳说："我当时做的第一件事就是戒烟。第二件事是早起，先呼吸新鲜空气，然后吃早餐。每天 10 点前上床睡觉。最后，在户外开展一些中等强度的训练。"在这场比赛中，他毫无悬念地再次打破了业余和职业 5 英里计时赛纪录。[4]他最后得出的结论是吸烟有害身体健康。

为了印证这次的获胜并非侥幸，第二年基思－福尔克纳再次击败基恩，这次是在 2 英里比赛中以领先 3 英寸的优势取胜。[5]不得不说，他拥有惊人的天赋。但是，若基思－福尔克纳知道150 年后我们还在谈论他的比赛经历，绝对会惊呆。因为对他来说，这就是在学习和工作之余的一种消遣——他大一时从数学专业转到了神学专业，这样就可以有更多时间去参加比赛。他说他骑自行车只是为了能集中精神看书。他还说之所以去参加比赛，是因为只有公开承诺参加比赛，才能逼自己进行系统正规的训练。除此之外，他在其他方面也颇有建树，比如他后来成为剑桥大学阿拉伯语教授，并且还编写了《不列颠百科全书》（Encyclopaedia Britannica）中关于速记的条目。

他的一生虽然短暂，却成就斐然。基思－福尔克纳的本职工作一直都是传教。1887 年，他在亚丁建立孤儿院期间因不幸感染疟疾去世，年仅 32 岁，那时他刚到亚丁几个月。

我发现约恩·基思－福尔克纳阁下是一位充满魅力的人，他差不多是唯一一位公开参加业余自行车赛的贵族绅士。他来自一个有爵位的高地家庭——几乎与世隔绝，他每次都要乘船往返剑桥与家之间。在当时，业余运动员与职业运动员之间的差别非常明显，这也影响了自行车运动（及其他体育运动）数十年。人们认为说某人是一名职业运动员实际上是对布林顿俱乐部（Bullingdon Club）的侮辱，从现代角度来看，这真的是让人百思不得其解。职业化就是运动员凭借自己热爱的运动获取生活收入的一种形式。这是以比赛为职业养家糊口的方式，也是那些处境艰难、为生存迫切需要挣钱的人最后的避难所。

全国自行车骑行者联合会（National Cyclists's Union）对职业骑行者的定义是："为了钱而公开骑自行车的人，或者为了钱而参与、教授或辅助自行车运动或其他体育训练的人，以及明确知晓且未反对为获得奖金与职业自行车手比赛的自行车骑行者……都属于职业自行车骑行者范畴。"这个定义因对骑行者开明的态度受到了严厉的批判，特别是这个定义没有涉及社会阶层。

这是因为社会阶层决定一切。《泰晤士报》指出："工匠和机械师因从事体力劳动，而让他们［在自行车比赛中］占据了不公平的优势。所以，就应该禁止这些令人讨厌的人参加自行车比赛。［如果不让他们参赛］，这样奖金才能落入更配得到它们的人手中。"[6]

当然，广义上的职业化还包括那些不以参加自行车赛为职业，而是从事制造、维修或销售自行车工作的人。这也是为什么自行车赛的历史跟职业化密不可分的原因之一——从最开始，赢得自行车赛就可以获得收入，这是因为跟赛跑、拳击、三级跳远

或赛艇等体育项目不同，自行车赛的核心是说服人们去购买高价自行车。如果你开始制造自行车，那么你就自然而然地想骑车，想骑着它们去参加比赛，并且用它去创造纪录。这只是一种市场营销策略。

19 世纪七八十年代，职业自行车运动员会为一些产品做宣传，然而购买他们代言产品的人却没有给予他们高度尊重。一位德高望重的早期自行车运动出版商这样描述职业自行车运动员："一个非常粗俗的人，他想到的娱乐和休闲方式就是无限量酗酒，并且跟社会最底层的人住在一起。"[7] 人们普遍认为职业自行车运动员是被逼迫着训练的。不然，他就会待在简陋的房子里，喝得酩酊大醉。所以职业运动员需要有一位助理教练，督促他训练，教练对运动员越鄙视，训练效果就越好。

一般来讲，职业运动员背后都有赞助商（比如自行车制造商）支持，他们会跟助理教练一起像对待格斗犬一样摆布职业运动员。基思－福尔克纳的对手约翰·基恩不仅参加正规的职业比赛，他还被派去参加跟变态秀差不多的炒作性挑战赛。例如，1873 年，他在跑道上跟一匹奔跑的矮马进行了一场 20 英里的追逐赛。最后他赢了，矮马跑了 16 英里后退出比赛[8]（在这次挑战赛上，这匹矮马之前已经击败了两位职业自行车运动员，在维多利亚时代自行车运动这个奇怪的圈子里，它也有一群自己的粉丝）。

在博彩的推动下，出现了更奇怪的比赛。职业自行车赛——比如 19 世纪晚期约 90% 的比赛都是职业赛——对博彩有着极大的吸引力，有合法的，也有非法的。博彩改变了自行车赛的形式。当然大家都想看著名选手在赛场上骑行的飒爽英姿，但他们更想看势均力敌的比赛，因为对所有人来说，热门选手总是夺冠就没意思了。所以，为了增加比赛看点，绝大多数职业自行车比赛（和部分业余赛事）开始组织让步赛——比赛时参赛选手从场地内的不同位置出发。报表中会详细地标注出发位置和终点位置，以便经验丰富的自行车赛裁判对场地赛做出完整的比赛简报。

让步赛设置的规律性也可以让你了解这类比赛其他方面的知识，这类比赛的主要战术不是在其他选手身后跟骑——跟骑是几乎所有现代自行车赛都会用到的战术。原因有二：第一，当时骑行速度比现在慢，所以跟骑还是不跟骑不会有太大差别。第二，当时的自行车运动员从设定上来说更偏向于田径运动员——空气动力系数是现代自行车比赛的制约因素，但对当时的大多数参赛选手来说，则介于神秘与无关紧要之间。假如比赛是侧重于参赛选手跟骑和配合的比赛，只要任意两名选手完成结队就可以；假如他们同时出发，就比其他人多了配合的优势，但这样一来计分会变得非常复杂，很难评估。

这并不是说终点冲刺不重要。毕竟让步赛主办方的最终目的就是让选手几乎同时到达终点。我喜欢骑着便士法新冲刺的想法。有这个协调能力和胆量就已经很了不起了，就不用在乎腿的速度了。记住，便士法新配有小齿轮。轮径 54 英寸的自行车上装配的是一个 39 × 19 尺寸的现代齿轮。所以速度能达到 20

骑着便士法新比赛的运动员

英里／小时——如果你是约翰·基恩，这个速度就可以创造一项距离纪录了——就相当于踏频每分钟 130 转。相比之下，现代耐力赛的踏频约为每分钟 100 转。冲刺时的踏频可能会达到每分钟 150 转以上，这跟现代场地短距离赛相比没有太大差距，而骑便士法新的选手在比赛的时候要弯腰弓背伏在车把上方，因此骑在高 8 英尺的自行车上使劲蹬踏板时，腿会一次次撞击肘部。

媒体之所以很难严肃认真地报道终点冲刺，归根结底是因为维多利亚时代的用词。我没有特别龌龊的想法，我还是很难读完这段话，比如"他在终点直道上气势磅礴的冲刺速度令全场观众不禁起立"，没有嘲笑的意思（"他开始冲刺，加速超过约翰逊，而约翰逊这时也正在全力冲刺。""经过 50 英里较量后，科顿已经没力气冲刺了。"等等。虽然我也确实很喜欢。如果没有其他情况，这种代指也许可以活跃现代超级巡回赛的赛场气氛，不然选手们就是面无表情不停地前进，最后集体冲刺）。

奖金的数额也说明了场地自行车赛才是重点领域。当时有人在公路上举办各种赛事，有人在公路上打赌，还有人常常把异地纪录作为噱头出售自行车和设备，但如果你想通过宣传比赛获得收益，就应该选择一个可以安装护栏的地方，然后收门票，毕竟要靠电视转播权获利还有很长一段时间才能实现。

那个时代到处都是比赛赛道。到 19 世纪 80 年代，仅英格兰南部就有 17 条。在英国和爱尔兰其他地方，所谓的赛道差不多就是在地上铺上厚厚一层路面，包括沃特福德一条可以容纳8000 名观众的赛道。赛道的形状也是五花八门，有圆形的，有椭圆形的，还有蛋形的，具体取决于可用土地的状况，一般赛道的长度都是按照 3 圈或 4 圈 1 英里的标准建造的。一般来说，弯道部分路面会略有倾斜，表面铺一层煤、碎石、卵石（天然形成的小而圆的石头）或者泥土混合在一起的煤渣，具体取决于排水系统、用途和气候……不过不管哪种，若你想骑着有点高度的自行车保持 20 英里 / 小时的速度行进，都不适合。有的赛道位于市中心，有的则不然，比如见证了基思－福尔克纳创造多次辉煌成绩的剑桥赛道，就在城外 4 英里的一片田野里，似乎觉得没必要跟后人提起它。伦敦的场地赛都是按顺时针方向进行，这跟其他地方正好相反，史料上也没有明确说明这样

见证了基思－福尔克纳多次辉煌的剑桥赛道

做的原因。[9]

　　比赛赛道不是社区公共设施，它们是企业家为了获取利润，而不是为了其他冠冕堂皇的理由修建的。下面以一个你可能不会比其做得更好的伦敦北部的伍德格林赛道为例。这条赛道是 19 世纪 90 年代由伦敦霍尔本广场（Holborn Circus）某家著名百货公司创始人艾伯特·加米奇（Albert Gamage）出资修建的（这家百货公司早在 1972 年的时候就倒闭了。虽说你不需要知道这些，但我要告诉大家，我的研究结果表明 1922 年鲁德亚德·吉卜林［Rudyard Kipling］曾在那里买过一条金鱼[10]）。

　　他的百货公司蒸蒸日上，所以加米奇的下一个举措就是修建赛车赛道，一方面它本身就可以盈利，另一方面还能为他的商品创造更多需求，对企业进行宣传。后来，他在亚历山德拉宫（Alexandra Palace）附近找到了一块地，清理完之后，根据一位名叫 H. J. 斯温德利（H. J. Swindley）的自行车运动记者的设计（非常难以置信）修建了一座体育馆，一共花费了18000英镑。这在当时来说是一大笔钱，聪明人通常不会把这种事情交给一个自行车运动的记者去做，不过这笔钱花得很值。最后交付到加米奇手里的是伦敦速度最快的自行车场地，铁架结构看台，可容纳1万名观众同场观看比赛，一个拥有酒类销售许可证的酒吧，还有一个演奏台。

整个夏天的每个周末都有面向职业选手和业余选手组织的各种赛事。银行休假日职业自行车赛场场爆满，场地内一片喧嚣，各种商品展台，军乐团演奏着时下最流行的曲目，赌徒们喊着他们的赔率，还有一群人——穿戴整齐地坐在加米奇酒吧里——为比赛选手加油鼓劲。

这时候已完全现代化了——它跟现代商业场地赛的唯一区别就在于超燃的音乐。加米奇非常大胆地举办了男女混合自行车双人赛，军乐团在比赛过程中会演奏音乐厅流行金曲《黛茜·贝尔》（Daisy Bell，这是自行车双人赛赛歌），满场观众都跟着唱。我承认，即使在现代运动会上，你都很难做到这一点，更何况这一直是自行车比赛的短板。[11]

有关自行车骑行的一切都迅速成熟起来，比如职业和业余自行车赛，自行车俱乐部，专业性杂志，教授如何保持自

行车平衡的书籍。最重要的是，当时有成千上万的自行车骑行者，他们的身份已经跟钢铁和橡胶联系在一起。但是，他们所熟悉的一切即将迎来另一场革命，请不要介意我这么说。继德赖斯双轮木马被震骨车取代后，我们即将迎来一场更深刻的变革。

06 安全自行车与极限运动
一分钟一英里的墨菲和狮笼

本书的目的不在于讲述自行车技术的历史，但并不是说这个领域不重要。我就很喜欢连杆制动的复古自行车。深入研究变速齿轮的历史给我带来了无穷的乐趣。虽然有马后炮嫌疑，但我很喜欢看那些年代久远的杂志文章，比如预言了碳纤维车轮、铝制框架和计时赛带尖头盔惨淡收场的文章。我想象得到，意大利骑行者图利欧·坎帕尼奥罗（Tullio Campagnolo）用冻僵的手指拧开被扎伤的车轮上的蝶形螺母时所感受到的失望，还有灵光一闪想到可以利用凸轮作用创造世界上第一个快拆杆时的成就感。我很喜欢拜读这样一本书，它讲述了坎帕尼奥罗的零部件王国的故事，并且还配有蝶形螺母、第一个快拆杆及 Campag Record 后变速器的图片，特别是展示柜里的周年限定版。

尽管这些内容很有趣，但我也要承认整个自行车历史上只有五次真正意义上的发明创新。第一次是德赖斯双轮木马。第二次

安全自行车

是自行车。而第三次和第四次都出现在 19 世纪 80 年代，分别是链传动和充气轮胎（这就是我们本章要讲述的内容）。而第五次就是变速齿轮，尽管这项技术在 20 世纪很长一段时间里发展得非常缓慢。但是，简单地说，到维多利亚女王去世时，当时的自行车跟现代自行车的相似程度已经高达 80% 了。

然而，在自行车骑行者历史中不可避免地要谈到技术。链传动推动了安全自行车的发明，而安全自行车几乎就是我们现在骑的自行车。作为一项技术，链条确实非常重要，它从头到尾彻底改变了自行车，这种影响前无古人后无来者。链条改变了骑车人群、骑行方式、骑行场地和骑行目的。它还对道路、女性选举权、政治和英国阶级制度产生了一连串的连锁效应。以链传动替代直接传动就好比摄影行业用胶卷替代玻璃片——突然间，它成了一种业余爱好，不再是狂热者的专属运动，而是所有人都可以参与其中。

链传动的出现已经有一段历史了——詹姆斯·斯塔利曾经将它们应用在三轮车上。后来又应用到自行车上，主要用于制造便士法新上用的增速传动装置，随后用于半安全自行车生产中，所谓半安全自行车实际上就是前轮小一点的便士法新。

19世纪70年代，曾有发明家造出过后轮链传动装置。一般来讲，他们要制造传动装置的想法是对的，但其余方面都搞错了。1879年，亨利·劳森（Henry Lawson）——后来的戴姆勒汽车公司创始人——制造出了本质上跟现代相差无几的自行车，但他没有给这辆后轮传动的自行车装配上尺寸跟便士法新差不多的前轮，从而失去了这个想法最灵魂的东西。[1]

詹姆斯·斯塔利是便士法新能上路骑行背后的天才；他的侄子约翰·坎普·斯塔利（John Kemp Starley）在1885年制造出第一辆真正意义上的现代自行车。他称其为"罗孚安全自行车"（Rover Safety），这实际上就是一辆现代自行车。无论是外观还是骑行感受都跟现代自行车相似。这辆自行车的两个车轮尺寸差不多，装配的车座和车把高度也很合理，并且还搭载了链传动后轮。

可能会让人从车把上飞过的自行车一夕之间消失不见；爬上离地面5英尺高、摇摇欲坠的车座已经是过去的事了；也再不需要用自由跳伞那样的技术规范下车，现在你可以将脚从脚踏板上抬起，直接放到地面上。两轮车在经历了70年的消失风险后——骑行者们之所以会坚持不懈地去骑那些看起来危险、操作起来不

方便的两轮车，是出于献身精神，而不是为了享受——终于可以让骑车人安全着陆了。这是其中一个转折点——骑自行车首先应该知道但几乎用不到的东西——突然间，所有跟自行车有关的东西都成了焦点。

我们基本上通过技术实现了这一点。但坦率地说，自此以后人类对自行车所做的改良非常有限。如果让一名骑着 21 世纪碳纤维自行车、水平中等的业余自行车手跟骑早期安全自行车的克里斯·弗鲁姆（Chris Froome）*进行任意距离的比赛，弗鲁姆仍然会取胜。但若分别换成安全自行车和便士法新，那结果可能就不一样了。

当然，当时的人们可不这么认为。安全自行车被称为"小矮子"。在他们眼里，它只适合胆小、年老和体弱的人骑。"年富力强的人更喜欢普通自行车。"[2] 即使在安全自行车势头初现的时候，权威机构仍力挺便士法新："随着历史发展，骑矮小自行车的人数可能会渐渐超过骑普通自行车的人数，但骑普通自行车的人都是权贵精英阶层。"[3]

为了平息质疑之声，斯塔利也效仿自行车行业其他发明者的做法，以实践证明自己的观点。为此，他专门组织了一次自行车赛。这只是一次小规模的 100 英里自行车赛：从彼得伯勒附近的诺曼克罗斯（Norman Cross）出发，终点是伯克郡的特怀福德（Twyford），仅限使用罗孚自行车参赛。冠军将获得一

---

* 克里斯·弗鲁姆（1985— ），英国自行车运动员，曾四次取得环法自行车赛总冠军。

块价值 50 英镑的金表，亚军和季军则将分别获得一辆罗孚自行车和一枚价值 5 英镑的腕表。冠军获得者以 7 小时 5 分的成绩抵达终点，轻松打破了 100 英里的纪录，这预示着安全自行车时代的来临。[4]

若非要挑毛病的话，那么安全自行车唯一的缺点就是骑着不舒服。在满是车辙的路上，小轮子就会比较颠簸。鉴于我自己第一次骑便士法新的经历，这不难理解。很明显的一点是，安全自行车更安全，速度也更快——在赛道和按照更高标准修建的道路上的骑行结果都证明了这一点——但维多利亚时代人的屁股不比现代人更结实，所以坐在车座上感觉必然也没那么舒服。

就在几个月之后，贝尔法斯特的一位苏格兰兽医就找到解决办法，他当时工作过的医院后来被我的一位伯祖父买了下来，并且离我上学的地方不是很远。这位兽医叫约翰·博伊德·邓禄普（John Boyd Dunlop）——时势造英雄，他很可能是自行车史上最出名的发明家。

1887 年，他发明了充气轮胎。好吧，从更严格意义上来说，他只是重新提出了充气轮胎的概念，因为另一名苏格兰发明家在 19 世纪 40 年代就为这一概念申请了专利，但在当时这类产品根本用不到，所以才没有流行起来。说到邓禄普怎么获得的灵感，他本来只是想改良下 9 岁儿子约翰尼的三轮车，好让行进速度更快一点。要我说，这就是一位 19 世纪兽医的强迫症。所以，他用橡皮布为这辆三轮车做了一个简版的充气轮胎，骑上之后速度果然快了很多，小约翰尼高兴极了。[5]至于邓禄普夫人对这件事

什么看法，没有找到相关记载。

跟约翰·坎普·斯塔利一样，邓禄普也借助比赛来宣传轮胎。他为贝尔法斯特巡洋舰自行车俱乐部（Belfast Cruisers CC）的本地自行车运动员威廉·休姆（William Hume）装配了充气轮胎。在此之前，休姆就是很有实力的职业赛车手，只是没有受到太多关注。后来，在奥缪公园（Ormeau Park）女王学院赛道（Queen's College track）上举办的一次本地自行车赛中，他骑着装了邓禄普轮胎的自行车轻松击败其他参赛选手，一时间名声大噪。从当时的现场照片可以看出，他轻轻松松地骑过终点线，然后转头看向赛道对面，落后他半圈的选手还在吃力地向着终点努力。显然，这个画面让人记忆深刻。后来，休姆又去了利物浦，参加在那里举行的自行车赛，有充气轮胎加持的他再次战胜一众对手。再后来，利物浦一家商店公开展示了他参赛的那辆充气轮胎自行车，吸引了大量围观群众，警察不得不到现场疏散。[6]

邓禄普的第二轮宣传攻势是成立爱尔兰自行车队——车队队员骑的全都是充气轮胎自行车。1890 年，他们带着安装了充气轮胎的安全自行车前往英格兰，继续完成休姆开创的事业，尽可能多地找到那些没把他们放在眼里的选手，并打败他们。当时常见的都是纤细的实心橡胶轮胎，而充气轮胎块头很大，于是就形成了鲜明的对比，所以其他赛车手和观众对充气轮胎的反应都是捧腹大笑。不仅如此，还有人专门写诗和歌词来（不是开玩笑）嘲笑充气轮胎有多蠢笨。

说实话，充气轮胎的外形看起来确实有点另类。大约宽 3 英寸，表面平滑，跟我们现在看到的自行车轮胎很不一样。在各种嘲讽声中，"布丁轮子"（Pudding Wheels）这个绰号更可谓一针见血。人们看到它会想到的另一个比喻是一对救生圈。到了今天，人们还是会嘲笑它们，这是因为在当代，他们就没怎么见过不带充气管的轮子，要说例外，也就只有办公椅和真空吸尘器的轮子，再或者伦敦眼。

但是，再多嘲笑也丝毫不会影响充气轮胎的物理性能，与此同时，爱尔兰自行车队在比赛中所向披靡。当他们乘船返航的时候，便士法新的时代也随着海岸线渐渐远去了。[7]

这两项创新——安全自行车和充气轮胎——彻底改变了自行车。而它们整合在一起后更是一项彻底的革新成果。它们改变了自行车竞技运动和消遣——公平地说，它们确实让自行车消遣改头换面了，在它们没有出现之前，不管哪种目的的骑行，都会带上明显的运动特征。这种影响马上就要显现了，首先影响的就是自行车赛。

19 世纪 90 年代，维多利亚时代的自行车竞技运动可分为两大类：速度赛和耐力赛。没有速度和耐力同时较量的比赛，这两种比赛是互斥的，非此即彼。一方面，场地自行车赛的速度越来越快，因此越来越多地采用领骑战术，领骑是保证赛车手达到个人最快速度的策略。另一方面，人们也越来越热衷于长距离极限赛。安全自行车和充气轮胎的结合则改变了这种局面。

短途速度赛需要更快的速度和更灵活的机动性，这就说明跟在领骑员后边骑行更有利，所以更凸显了确定适当领骑员的重要

性。现代争先赛都会使用摩托车领骑。而在 19 世纪 90 年代，你只能同也是骑自行车的人合作。于是问题也很明显，如果你能找到一位领骑员的速度足以为速度最快的主将领骑，那么实际上他们自己就是速度最快的选手，因此你就又要找人为他们领骑。

这个逻辑简单来说就是：两人骑双人自行车的速度比单人自行车快，因为相比较后者，前者会产生双倍功率，而总重量和空气动力阻力肯定小于后者的两倍。若在设计的时候，一辆双人自行车的速度比单人自行车快，那么三人自行车的速度又会比双人自行车快，但无论如何都没有五人自行车快。5 人是最大设计极限。他们也尝试过 6 人甚至 7 人，但这时的关键问题是如何保证一辆跟卡车那么长的自行车在驮着 750 斤的重物时保持结构完整，尤其是在自行车上的人开始全力冲刺的时候。

即使使用五人领骑装置——"五重奏"（quints，五人自行车）——制约因素仍是领骑员而不是跟骑队员。所以一场比赛中，一名队员通常需要多辆"五重奏"轮番领骑，于是就需要许多许多人。这是维多利亚时代自行车赛的独特风景，而比赛本身并不见得有多么扣人心弦。但我非常想看看当时那位冲击 1 英里纪录的运动员，领骑的 6 辆五人自行车在他前面换入换出：一场速度快、风险高的视觉盛宴，相比之下，现代麦迪逊场地自行车赛看起来更像是在星期天下午悠闲地兜风一样。喧哗声、汗水、煤渣跑道上飞溅起来的尘土和选手竭尽全力的拼搏，让自行车比赛场面空前壮观。就好像把自行车运动的速度跟英式橄榄球粗重的呼吸声掺杂在一起。19 世纪 90 年代，世界上速度唯一比自行车快的就只有火车了，所以看着肉体凡胎能产生这样的速度肯定令人兴奋不已。

领骑是自行车赛的正式组成部分，但当时的大多数报道中都没有提及。我们看到一篇关于 25 英里自行车赛的报道，描写得扣人心弦——5 英里，10 英里，15 英里过去了，两位运动员不相上下，并驾齐驱，然后经过各种你能想到的跌宕起伏后，忽然笔锋一转，"在还剩 12 圈的时候，史密瑟斯的领骑员摔倒了，约翰斯通取得了他不肯放弃的领先地位"，诸如此类报道很常见，直到这时候你才意识到这不是想象中的那种比赛。

［即使是今天，若不能有效区分争先赛和单人出发赛，就会带来一连串的连锁反应。单人出发赛的 1 小时距离纪录成为自行车竞技运动中最重要的一项纪录，自 1893 年亨利·德斯格朗吉（Henri Desgrange）开始，所有官方承认的都是单人出发赛的成绩。但早在 1893 年以前，1 小时距离纪录的概念就已经存在，而且其中有一些公开承认的成绩是在争先赛和集体出发赛中创造的。我们随便就可以找出一个，比如人们经常引用的赫伯特·科尔蒂斯（Herbert Cortis）1882 年在剑桥创造的 1 小时 32.453 公里的距离纪录，就是在一场基思－福尔克纳也参加了的集体出发赛中创造的。究竟哪些是争先赛，哪些是单人出发赛，对于一个有着无限耐心和高精度的模具的人来说，这是一个很有意思的问题。］

领骑员在比赛中的作用非常关键。在顶级职业赛事中，领骑员不是随便招来的，也不是主将的御用搭档。相反，当时有专门

的职业领骑团队，向各个车队租借领骑员。职业领骑队的规模一般都很大——1898 年，英国选手托马斯·林顿（Thomas Linton）远赴纽约与法国冠军爱德华·泰勒（Edouard Taylor）上演巅峰对决时，双方各自带了由 32 人组成的领骑团队。[8] 每人还带了三四名机械师，再加上多名教练——基本上随行团队有 80 人，这样两个人才能安心比赛。他们全都有报酬的事实表明，参加一场职业场地赛得花很多钱。

执教领骑团队是压力非常大的工作。如果你看过《烈火战车》（Chariots of Fire）这部电影，就会记得山姆·穆萨比尼（Sam Mussabini）。他是哈罗德·亚伯拉罕（Harold Abrahams）备战 1924 年奥运会时的教练，是一位职业教练，在一个都是业余运动员的时代，他甚至不被准许进入奥运会比赛场馆。到 1924 年，他已当了几十年教练，在成为职业教练之前，他曾担任过外表光鲜且收入丰厚的场地赛教练。他培养出了英国第一位全国职业自行车赛冠军——伯特·哈里斯（Bert Harris）。他最辉煌的成绩就是跟邓禄普领骑队一起创造的，领骑队队员都经过精挑细选，且由邓禄普轮胎公司特别赞助了顶级的骑行装备，其中多名队员后来取得了辉煌的个人成就。在一张 19 世纪 90 年代中期在水晶宫拍摄的领骑队照片中，一共有 40 多名领骑员，最起码可以组成 9 个三人、四人和五人的不同领骑阵容。在一次次被老对手角斗士领骑队羞辱后，为了一雪前耻，穆萨比尼决定重新调整阵容。在他的带领下，邓禄普领骑队成为世界领骑界无可争议的王者。

但后来随着摩托车领骑的出现，无论是邓禄普还是角斗士，抑或其他领骑队都逐渐退出了历史舞台。最初是为了节约开支——一个人可以完成 40 个人的工作——他们还不断缩小比赛规模，以至于到了后来没人再愿意花钱去看的程度。就这样集体出发自行车赛取而代之成为传统赛事，而领骑队永远消失了。

摩托车领骑从未真正蓬勃发展，却因为少数人的喜爱而保留下来。如今仍然在举办全国锦标赛，并且仍保持着一些争先赛创造的纪录。通常，比赛会使用小型轻便摩托车，如德尔尼（Derny），但有时也会用体型庞大的摩托车，就是赫恩山耶稣受难日比赛中使用的那种"重型摩托车"——650cc 凯旋雷鸟 TR65（650cc Triumph TR65 Thunderbirds），一身黑色皮衣的摩托车手握着超高车把，这样他们可以直起身体站在后轴上，从而最大限度地掩护跟在后边的运动员。他们集体发出的声响听上去就像在客厅里重演不列颠之战一样，那效果连地狱天使都会心惊胆战。就算比赛过去好几天，还总是一不留神就哼起《女武神的骑行》（The Ride of the Valkyries），若 19 世纪的观众觉得摩托车领骑枯燥平淡，一定会怀念昔日邓禄普领骑队的炽烈奔放。

争先赛催生了另一种疯狂行为。理论上来说，最后会有一个非常简单的问题：有了合理的领骑策略，运动员到底能骑多快。在纽约，有位骑行者也在思考这个问题，他就是查尔斯·墨菲（Charles Murphy）。他是非常成功的美国巡回赛职业运动员。他曾经作为领骑队队员参加过最高水准的自行车赛，所以他非常了解争先赛的规则。训练过程中，他在滚筒训练台上的实际速度可

以达到 100 英里／小时，这让他头脑中闪过一个有点疯狂的念头，是不是如果实际比赛中能有适合他的领骑者，那么他就可以想骑多快骑多快。他说，就算火车也没问题。

在这一点上，墨菲很幸运，他去餐馆吃个饭就遇到了长岛铁路公司的一位管理人员。墨菲跟他说这样可能会让铁路得到更好的宣传。墨菲提出，只要在轨道中间铺上木板，他就可以跟在火车后边骑车，保持 60 英里／小时的速度——1 分钟骑 1 英里——应该比较简单吧。只要能做到，他就出名了，铁路也出名了，皆大欢喜。于是，铁路方面同意了他的提议。墨菲很可能会在这次惊险之旅中以这种令人铭记的方式丧生，但就算人们都能想到这种风险，也没有说让他们慎重考虑一下。

1899 年 6 月 21 日，墨菲和铁路方面派出的团队在两英里的延长轨道上集合，铁路方面根据墨菲指定的规格扩宽了这两英里长的铁轨。火车车厢尾部的两侧和上方分别加装了围板和顶棚，并向后延伸至铁轨上方，这样就可以形成一个凹形，以便为墨菲提供更好的保护。墨菲骑着自行车，车厢尾部的观看台上站了许多铁路和自行车界的官员，火车司机打开阀门。

第一次尝试时，1 英里用时 1 分 8 秒，这不是墨菲的问题，而是火车的问题。而接下来的 6 次尝试几乎没有出现比这更好的成绩，所以他们换了一辆功率更大的机车。但又因为重量太大把木板压变形了，就是说墨菲是在一个呈波浪形的木板路上骑行，所以很难控制车身平衡。出现一点点偏差就会落到枕木上，后果不堪设想，甚至会导致死亡或重伤，所以 4 英尺的宽度看起来还

一分钟一英里的墨菲

是太窄了。

最后墨菲想到了办法。他决定开始的时候先抓住火车，当火车加速的时候再放开手自己骑，火车车厢后边的观看台上站着许多衣着严整的男子，距离他的头只有几英寸远的大喇叭里响着人们声嘶力竭的呐喊声，最终他 1 英里用了 57.8 秒。现在还能找到当时的影像资料，画面上他躲在车厢后边，头上方的观看台挤满了观众，车厢里的人则把头从窗户里探出来，想要一睹他的风采——不过只有情况不对劲的时候，他们才能看见。这大概才是他们真实的想法。

这个时代的运动员在说自己取得的成绩时，从来不会像现代运动员那么谦虚。墨菲后来说他被火车底下烧焦的橡胶砸到了："我感觉自己当时就像骑在一个漩涡里，有尘土、热煤渣、纸，以及各种东西。时间一秒一秒过去，那种被烈火风暴团团围困的感觉越来越强烈。"他在火车后边几英尺的地方，正好处于火车行进所产生的气流冲击波的中心。空气里都是火车疾驰时溅起来的尘土和滚烫的煤渣，但他仍然跟在后面。如果传动装置数据是准确的，那他当时的踏频大概达到了每分钟 200 转。

火车和紧随其后的墨菲一起冲过终点线。这时候，火车司机可能是脑子不太清楚，猛地踩了一脚刹车。刚还得意扬扬的墨菲狼狈地拍在了火车车厢上。不过他也很幸运，当时观看台上的两个人眼疾手快地抓住了他，将他连拉带拽地拖上了火车。半昏迷状态的墨菲被抬进火车车厢。医生脱掉他的骑行服给他检查身体，发现他的骑行服已经被煤渣烧穿了，脱衣服时那里的皮肤都被撕了下来。当时担任裁判员的体育官员发誓他再也不会参与这种极限挑战活动，"……就算能让自行车运动繁荣一个世纪也不干"[9]。

墨菲身体恢复得很快，他一夜之间成为家喻户晓的"一分钟一英里的墨菲"。他最终加入了纽约警察局，在那里他的速度大有用武之地，后来他又声称自己是世界上第一位会开飞机的警察。对墨菲这样一位如此热爱极限运动的人来说，能平平安安地活到 79 岁真是一个奇迹，他于 1950 年在纽约皇后区去世。

墨菲的这次尝试并不是 19 世纪 90 年代唯一的一次自行车极

限挑战。无聊的特技表演跟 19 世纪 70 年代一样很受欢迎。比如钢丝自行车表演、软钢丝自行车表演和自行车钻火圈。骑行者们绕着跑道熟练地绕着圈，这种跑道就跟用弹弓把玩具汽车弹射下来的弹性塑料轨道差不多。他们知道在确保没有生命危险的前提下该怎么骑——成为自行车骑行者的过程，就是在尝试和失败中摸爬滚打的过程，而不是靠计算——他们骑车穿过火圈，或者双人对向钻过火圈。

仿佛在安全自行车出现后，人们都不顾一切地以身试险，甚至不惜赔上自己的生命。就以"圆桶杂技"（the Funnel）为例，圆桶杂技实际上就是飞车走壁，这里的圆桶就像是被剪了底儿的脆皮甜筒。演员要骑着自行车从最上方开始沿着桶壁一圈圈盘旋向下，直到你觉得观众花的门票钱物有所值，再一圈圈向上从桶的最上方骑出来。

为了让表演更惊险，圆桶通常会悬在半空，并且没有底儿。如果你仔细想一下这个装置就会明白，总有一天会有人想到要在圆桶下边放个狮笼，这是必然的趋势，只是时间早晚的问题。在自行车比赛中，我多次祈求自行车诸神保佑，保佑我的轮胎不要被扎破。显然，当你在一个狮笼上边的漏斗里盘旋骑车时，最不想发生的事就是自行车新换的轮胎砰的一声破了。在这类表演的插图中，我们可以看到兴奋的狮子们就仿佛在看盘中餐一样，只差拿着刀叉围着餐巾了。人们有充分的理由这样想：历史学家吕迪格·拉本施泰因（Rüdiger Rabenstein）就曾犀利预言："总有一天会玩砸了，狮子也就能饱餐一顿了。"[10]

然而，早期的自行车赛不仅局限于领骑团队风驰电掣的激烈比拼，或者自行车演员为了不被狮子吃掉而全力冲刺。与此同时，人们还钟情于耐力比拼。

耐力在体育运动中是一个老生常谈的问题。19 世纪，挑战人类体能极限的活动非常受欢迎。这种活动通常会涉及博彩，为了追寻难以兑现的赌注，人们开始尝试各种千奇百怪的玩法。如果能穿越到 1809 年，你可以去纽马基特荒野（Newmarket Heath），看罗伯特·巴克利（Robert Barclay）船长为了赢得 1000 几尼[*]的赌注，而要在 1000 小时内走完 1000 英里，也就是说平均每小时要走 1 英里。1000 小时，也就是 42 天。最后他赢了，在上千名观众面前走完了最后几英里。[11]

自行车出现后，对人类体能极限的好奇心不减反增。按照田径运动的先例，24 小时比赛稀松平常。因此，1877 年，在伊斯灵顿农业大厅内[12]的赛道上组织了一场为期 6 天的竞走比赛，以此为鉴，自然也就会有人组织类似的自行车赛。为什么是 6 天？原因很简单，人们参加完比赛，周日就没有精力去赌博了。若不是因为安息日，谁知道他们还会搞出什么更奇特的活动来。

1878 年，伊斯灵顿第一次 6 天自行车赛实际上是一位骑行者大卫·斯坦顿（David Stanton）的赌注，他说他 6 天可以骑 1000 英里。结果他只用了不到 3 天时间就骑了 1000 英里。第二年，

* 英国于 1663 年至 1813 年发行的货币，最初由几内亚黄金铸造，因此得名。1 几尼 =1.05 英镑 =21 先令。

在同一场地，一条高出地面的无倾斜弯道的 150 米赛道上举办了世界长距离自行车锦标赛，因为是高架赛道，所以选手在上边比赛时，下边的观众可以没有目的地乱转，偶尔有筋疲力尽的参赛选手也可以从赛道绕到地面上，骑着便士法新跟观众互动，活跃下气氛。领先的选手平均每天可以骑 240 英里，累了就在场地上随便找个地方睡几个小时，有时候甚至会大胆地冲出去，到当地的咖啡馆吃顿便餐。[13]

不出所料，虽然伊斯灵顿 6 天竞走比赛吸引了大量观众，但 6 天自行车赛似乎没那么有吸引力。直到安全自行车发明后这种比赛形式传到了纽约，6 天自行车赛才开始繁荣起来。19 世纪 90 年代，在麦迪逊广场花园举办的 6 天自行车赛就像是整座城市的狂欢。这次比赛是在倾斜的木制赛道上举行的，跟现代室内场地赛没什么本质区别。但这不重要，至关重要的是，纽约比赛主办方很清楚，相比现场看着一群人像苦行僧一样在场地上一圈又一圈地骑 6 天，在比赛结束后公布结果似乎更能吊足人们的胃口。他们为比赛注入了英国主办方不重视的节奏和激情，以逆向思维了解什么能娱乐观众，而不只是用正向思维去思考什么样的比赛才"能满足大众需求"。这就是新世界与旧世界的本质性区别。

在美国 6 天自行车赛上，第一天晚上举行了开幕式，然后举行短距离比赛作为揭幕战。在 6 天时间里，主赛事进行的同时，他们还会在上方赛道穿插举行由另外一批选手参加的短距离自行车赛，与此同时，耐力赛选手会继续在下方赛道上进行他们的赛程。比赛过程中，他们还会邀请名人客串，安排杂技表演（"打

20 世纪初报纸报道中的麦迪逊广场花园自行车赛

开圆桶！放狮子！"），并邀请著名女演员到场为获胜者佩戴花环。换句话说，他们创造的这种比赛形式跟我们所知道的现代 6 天自行车赛相差不大。[14] 投注声，雪茄缭绕的烟雾，还有吧台源源不断送出的美酒，一切都在刺激着观众的神经。另外，现场乐队还一直在演奏音乐，你能很幸运地听到多种音乐，因为各个参赛选手的粉丝会把乐队带到人群中，试图淹没对方的声音，从而为自己支持的选手助威。

先不说表面的喧哗，单看这项比赛也是对骑行技术的残酷考验。一天 24 小时不停不歇——尽管参赛选手不可能一直骑不睡觉。在凌晨时分，他们的骑行节奏开始变慢，但没有停下来。许多选手会出现幻觉——开始觉得自己被石头砸中了，他们的自行车只转不动，或者只是下车张嘴站着，呆滞而反应迟钝。

这种乱象绝对不是体面的纽约人喜欢看到的。于是舆论开始抨击这项比赛。《纽约先驱时报》(*New York Herald Times*) 报道："若一种竞技比赛让参赛选手变得神志不清，体力耗尽，被折磨得面如土色，那么这不是体育运动，而是一种暴行。"《先驱论坛报》(*Herald Tribune*) 则说这项赛事将纽约钉在了耻辱柱上。[15]还有人通过漫画作品讽刺这项比赛，死神用一袋袋微不足道的奖金嘲弄骨瘦如柴的参赛选手。为此，立法部门专门颁布了法令，规定自行车运动员一天骑行时间不得超过 12 小时。

立法部门出台这项法令的本意不是终结这项比赛。几位无名天才想到了一种方法，既可以应对法令，又可以让比赛更加完善，那就是将 6 天的比赛改为两人组成的接力赛，每位选手每天骑 12 小时。更巧妙的是，他们想到参赛选手之间接力不是必须一天或者一小时接力一次，而是可以多次接力，至于接力多少次自己决定。一人比赛，另一人在赛道上方放慢节奏远远跟着，像双人摔跤一样，随时等待接替同伴进入战斗状态。因此，这项比赛被冠上了麦迪逊广场花园的名称，成为麦迪逊自行车场地赛，现在仍是六日赛中最狂热的核心赛事，同时这座场馆也一直承办着世界场地锦标赛的总决赛。[16]

自行车运动很快成长为真正的竞技体育项目。麦迪逊广场花园 6 日赛，英国和爱尔兰的大型场地赛，以及欧洲其他地区的类似赛事，都跟现代自行车场地赛非常接近，只是细节上略有不同。场地自行车赛作为一项非常重要的观赏性竞技运动——19世纪末时在英国跟足球平起平坐——崛起的速度非常快：从无到

有，只用了短短 10—15 年的时间。这期间，1896 年现代奥林匹克运动会诞生，距离安全自行车发明只有短短几年时间，场地赛主办方陆续举办争先赛、10 公里和 100 公里追逐赛和单圈计时赛，后者跟现代 1 公里计时赛只是距离的差别。

在奥运会史上，希腊雅典奥运会唯一一次设置了 12 小时场地计程赛，它之所以能成为奥运项目，是因为当时的奥组委觉得 6 日无间断自行车赛这个点子很好。但是，后来的奥运会赛场上再也没出现过这个项目，可能是担心观众会受到过度刺激。最终，该项目的冠军被奥地利选手阿道夫·施马尔（Adolf Schmal）夺得，骑行距离为 295.3 公里。他在比赛刚开始就提前发力，领先了英国选手弗兰克·基普因（Frank Keeping）1圈，然后在剩下的 11 小时 45 分钟里一直跟在他后边骑。另外 4 名参赛选手中途退出，可能是因为随着比赛的进行觉得太无聊了。这并不是这届奥运会的主要比赛项目。最有意思的是，弗兰克·基普因实际上是英国驻希腊大使的管家，为了能参加比赛还专门请了一天假。[17]

在 1896 年雅典奥运会上，场地自行车赛才是自行车赛的主要项目。唯一一场公路赛是从雅典到马拉松之间往返的 87 公里竞速赛，当地路况非常糟糕，连冠军都摔倒了三次。当然，这毕竟不是现在的顶级赛事。事实上，总的来说，不管是英国还是其他地区的公路赛都未经过周密规划，原因是只有场地自行车赛才能展现自行车运动的真正魅力。虽然继早期近乎不可能的震骨车比赛之后，自行车赛有了一定的进步，但道路状况仍然很差，险象环生，同时举办公路赛又不可能获利，因为主办方根本就没办法让观众买票观看比赛。

更重要的是，英国的政府部门极力反对公路赛这个想法。警察不批准，刚刚成立的全国自行车骑行者联合会也不热衷于此。直白地说，公路赛会惊吓马匹，会让骑自行车这种新的消遣方式变得声名狼藉。人们担心会因为糟糕的宣传导致骑车旅行的骑行者和俱乐部成员付出沉重的代价，毕竟某些赛车手的挑衅或违法行为会连累整个骑行者群体遭受谴责。

警察只要守株待兔，等着比赛开始，再以妨害公众利益的罪名拘留参赛选手，或者直接终止比赛。我们以1883年的一个案子为例，我想《每日邮报》（Daily Mail）现在可能仍会用它来攻击我们，当时警察在萨里郡戈德斯通（Godstone）附近拦截了一名三轮车比赛的领队，并且记下了他的姓名和家庭住址。他如实提供了这些信息，但随后他居然跳上三轮车，全速骑车跑掉了。两名警察驾着警察局的两轮马车在后边紧追不舍，但最后还是没能抓住他。显然，这让他们"很反感"。[18] 所以，自从1869年詹姆斯·摩尔在巴黎－鲁昂自行车赛后自行车被盗以来，英国的公路赛几乎没有任何进展。

要真想了解这些对英国和爱尔兰公路赛发展史产生的影响，首先要了解当时非竞技性自行车运动的发展情况；因为自行车运动作为业余爱好的受欢迎程度，至今还不知道有什么能与之相匹敌。

07 风起云涌的全民自行车热潮
19 世纪 90 年代

19 世纪末，安全自行车和充气轮胎的发明对自行车运动产生了革命性影响。或者至少从一个赛车手角度来说是这样，因为它们的出现大幅提高了赛车的速度。而非竞技性骑行者可能会争辩说，事实上，所有这些技术进步都是为了让同样一群人在更短的时间内完成同样一件事。这听起来也有点道理——当时的赛车手跟现在一样都倾向于通过这样或那样的方式使 1 小时骑行距离增加几英里，只是方式不同增加的幅度也不同。但是，这才是这两项发明的意义所在。

非竞技性骑行者不愿意将技术进步对比赛的影响称为"革命性"的另一个原因是，相比技术对自行车消遣的影响，它对竞技体育的影响可以说是微不足道。所以，如果将技术对自行车赛的影响称为"革命"，那么我们恐怕就没有语言能够形容它对自行车其他领域的影响了。这是一场革命，一场隐藏在技术转型下的剧变。

据我们所知，现在自行车的速度更快了，舒适度和效率也有一定改善。它不再是那么危险的运动——曾几何时，极限运动是自行车运动的标志性特征，但那已经是过去的事。当然，也有一批人就是不喜欢它。不管怎么说，我当时试骑便士法新的时候，最吸引我的大概就是它的笨重。但是，在这一时期，自行车运动已不再跟维多利亚时代的极限跳伞一同并称为极限运动，骑自行车的人一定会越来越多。这不单单是因为自行车没那么危险，还因为自行车似乎在一夜之间就变成了体面的运动。安全自行车的出现昭示着一丝不苟的职场人士也可以骑自行车，比如医生、牧师、乡绅。当然还有女性。

这当中最显著的变革是：女性也可以骑自行车了。1889 年，约翰·坎普·斯塔利发明了英国第一辆降管式（dropped-tube）女式自行车——尽管它在美国早些年就出现了。[1] 在安全自行车出现之前，裙子一直都是女性骑自行车不可克服的障碍。在此之前，体面的女性只能笨拙地骑那种体型庞大的三轮车。但只有詹姆斯·斯塔利严肃地去尝试可以替代这种三轮车的工具，并在 19 世纪 70 年代发明了一种女性专用的侧骑便士法新，顾名思义，两个脚踏板都在前轮一侧的曲轴上。[2] 但在实际骑的时候，根本就上不去，难以操作，下车的时候还很危险；除此之外，骑传统便士法新会出现的危险和可怕的事情，它一样没少。所以这种自行车并没有流行起来。

新技术在人们中间激起的热情已经到了疯狂的地步，就像人声鼎沸的游乐场。自行车在英国上流社会中也非常受欢迎，另外

还有一些知道怎么把钢管焊接在一起，怎么为焊接的框架装上轮子的人，也来凑热闹。感觉人人都想买自行车，人人都想学骑自行车。要想跟大家一起骑行，你必须要有一辆自行车。

这种自行车运动并不是人们的消遣方式。维多利亚时代的自行车热潮不断席卷上流社会。至于它是从哪里开始的，怎么开始的历史书上并没有相关记载。当然，关于维多利亚女王和那辆皇家萨尔沃三轮车的记载就像给自行车盖上了皇家认可印章，这也是上流社会最看重的东西。爱德华·埃尔加（Edward Elgar）曾经骑过自行车——当时一篇杂志文章把他称为"著名自行车骑行者兼作曲家"，虽说在后人眼里这两个身份的顺序颠倒了，但却很符合当时的时代氛围。萧伯纳骑过自行车，阿瑟·柯南·道尔骑过自行车，威尔士亲王也骑过自行车。据说，在19世纪90年代中期，上议院议员们都骑自行车，此后再没有哪个时代敢这么说。[3]

坦率地说，上流社会热衷的自行车运动形式并不是很常见，简直前无古人后无来者。这是上流社会最肆意疯狂的几年。他们骑车不是为了比赛，也不是为了旅游，或者去什么地方，就是为了骑而骑。假如能穿越时空回到1895年，如果在任何一个夏日的早上，你骑车去伦敦的巴特西公园，就会发现这里到处都是骑自行车的人，还有许多女士，他们大多是上流社会人士，或者最起码也是不断努力改变社会地位的人。

幸运的是，杰罗姆·K. 杰罗姆（Jerome K. Jerome）骑自行车去那里的时候看到了这样一幕："自行车运动变成了一种时尚。

1895年巴特西公园里的女性骑行者

在巴特西公园里，每天上午11点到下午1点，英国血统最高贵的人们都聚集在这里，小河和小食亭中间有一条半英里的小路，他们就面带严肃地踩着自行车在那儿骑来骑去。不过他们骑得都很熟练。在林荫小路上，上年纪的伯爵夫人、满头大汗的贵妇东倒西歪，但这毫不妨碍她们勇敢地跟平衡定律较劲；有时候歪倒，她们会用双臂搂住那些身材魁梧的年轻教练的脖子，年轻教练也因为教她们骑车获得丰厚的收益：'12课时，包教包会。'内阁大臣、某伯爵女儿，坐在沙砾上，被新手认出来后，虚弱地微笑着揉揉头。"[4]

"教练"是一帮年轻人,跟150年后教攀岩或风筝滑板的教练一样。19世纪70年代,面向胆子太小不敢在外边学骑自行车的人开设了室内骑行学校。纽约的室内骑行学校,甚至在天花板上安装了悬垂的挂钩装置,学员在它的引导下自动绕着体育场骑行。

在当时,骑行者们不是骑着自行车去公园。他们觉得在伦敦的街道上骑车既不安全又有失体面。所以一般骑行者会把自行车装到压花单车袋里,让侍从装到马车上,然后坐马车前往公园。如果实在讲究,人和自行车各用一辆马车。贝尔格莱维亚区(Belgravia)的深宅大院都会雇用专门修理自行车的男工和童工。W. S. 吉尔伯特爵士(W. S. Gilbert),吉尔伯特与萨利文中的吉尔伯特一共有7辆自行车,并雇了一个专门的维护工。[5]如果说他不同寻常,那说的可能是他的自制力。全国各地豪华大宅里的马厩都改成了自行车陈列室——有的甚至可以放40多辆自行车,自行车种类也是让人眼花缭乱,比如双人自行车、城市自行车、比赛用自行车、马球自行车、三轮车、两个人并排骑行的社交性双人自行车,琳琅满目。这也让受邀参观的游客们羡慕不已。[6]

这次热潮似乎充满无限可能。当时什么东西都多少会植入自行车元素:狩猎、纸片追逐游戏、音乐会。即使是大型派对邀请函上,也会在最下方写上,来的时候一定要"带上你的自行车"。社交舞会也经常见到自行车的身影,人们经常穿着宫廷装在宴会厅里骑车。

在一年一度的皇家爱尔兰警队运动会上,人们根本无暇看马,全部目光都集中在女子自行车项目上,但因为种种原因它们跟现代人想象中的比赛有些出入，包括玻璃瓶障碍滑雪赛、边骑自行车边转呼啦圈、土豆平衡接力赛，还有边骑自行车边开关阳伞，我觉得如果观众是 19 世纪 70 年代的巴黎绅士，一定会欣喜若狂。压轴戏是 8 位骑行者骑着装饰豪华的自行车表演五月柱舞。出人意料的是，最后居然没有骑行者被绶带勒住，也没有被缠成五彩斑斓的木乃伊。[7]

自行车引起了各类竞技运动项目开发者的兴趣，他们都不希望因为自己缺乏这一领域的知识而阻碍这项运动的发展。例如，草地网球运动发明者沃尔特·温菲尔德（Walter Wingfield）（但是如果你知道他想把这种网球运动取名为 sfairistikh 或 sphairistiké 这种半文盲式的希腊语，意思是"与球有关的运动"——后来还是在听取别人的建议后才取了其他名字，那么你可能就会质疑他到底是不是天才了）。此外，他对自行车运动也非常感兴趣，并且还设计了一种自行车马球运动，骑着自行车用高尔夫球棒击打网球，使其穿过槌球铁环。他对这种自行车运动的成功发展非常有信心，因为他在这项运动中综合了上流社会最喜欢的四种消遣运动的器械，希望它成为第五种最受欢迎的运动。[8] 虽然他有人脉关系，也下大力气进行了宣传，但因为难度太大，这项运动并没有取得预想的成功；当然就算成功了，也没有什么看头。

这一时期，上流社会的狂热可以说是自行车运动史上最不可思议也最有意思的存在。问题的关键是谁在参加这种运动。他们在用一种截然不同的方式开展自行车运动。至于他们为什么要参加这项运动，让人百思不得其解。这确实很有趣，但若你担心自

己只是在罗列千奇百怪的例子，那就说明阐述这股热潮的时代背景很有必要。

要真正地理解这到底是怎么回事，需要从上层阶级的角度来看待自行车运动。他们的自行车不是作为交通工具而存在的，因为他们有马车。自行车最主要的吸引力在于可以男女一起去兜风，所以他们才不会去参加比赛。对于上流社会骑行者来说，骑自行车不过是他们要学会的一种技能。所以，他们骑自行车的目的跟现在的孩子差不多——只是为了向别人炫耀我会骑车了。如果在我7岁的时候，小伙伴们没有屈服于我的威逼利诱，没在我骑自行车的时候搭把手，那我很可能就去模仿音乐骑术表演了，在那个时代音乐骑术表演是各种活动必不可少的项目——沃尔特·温菲尔德甚至还编写了一部音乐骑术表演特技动作指导手册，比如"蛇行"和"顺风骑行"。好吧，这里并没有描述维多利亚时代的上流社会，反而讲了我7岁时的事儿，但我觉得放在这里很合理。

也许星期五下午的阿尔伯特音乐厅（Albert Hall）才是更适合我的地方。19世纪90年代，自行车运动进入鼎盛时期，斯图尔特·斯内尔（Stuart Snell）小姐开始培养女子音乐骑术演员。她们骑着挂满鲜花的自行车（顺便提一句，使用的是美国进口的波普上校工厂生产的自行车），被一群称为匈牙利乐队（The Hungarian Band）的东欧音乐家前呼后拥。她们一边骑车一边跳方块舞，还"一边骑车一边扔软球"。皇室婚礼经常邀请她们做压轴表演。据报道，威尔士亲王特别喜欢这种女子骑术表演。我想鉴于他挥霍无度的名声，这应该是事实。9

在英吉利海峡对面的法国，也是同样一番景象，但社会结构更为广泛。法国的自行车运动要更感性一点，没有那么刻板。莎拉·伯恩哈特（Sarah Bernhardt）*是一位著名的自行车骑行者，所以她的每次骑行都会被狗仔队报道。巴黎人以随性著称，所以他们身上有一些英国人所不具备的特征。在布洛涅森林（Bois de Boulogne），有一些人会帮骑行者把自行车推到公园内的山上，并以此作为谋生手段。天气不好时，使用的室内设施比伦敦更完善。香榭丽舍大道上还有一个自行车运动中心，拥有一条螺旋形设计的跑道，依运动中心的边界而建，单圈长 0.75 英里，就像一个浅浅的螺旋形骨架。你可以骑车上下盘旋，可以吃点小点心补充能量，然后坐马车回家。[10]

这股热潮渐渐地在欧洲以及其他一些地区蔓延开来。贵族作家伯里子爵（Viscount Bury）和乔治·莱西·希利尔（G. Lacy Hillier）在其书中说："这种运动一定会很快流行起来，因为放眼欧洲，每位女王或国王都有这种实用的定制铁车架。中欧的大公们是否会在自己城堡里的小路上骑我们不得而知，但根据惯例和先例不难推测，体面的休闲活动何其多，肯定少不了皇家霍奇·奥贝霍夫自行车竞速赛（Kaiserliche-Koniglich Hochoberhoffv elocipedenkurator）。"[11]

该书还说，埃及赫迪夫**有一辆三轮车，上面用了大量银装

* 莎拉·伯恩哈特（1844—1923），19 世纪和 20 世纪初法国舞台剧和电影女演员。
** Khedive，意指"主人"，等同于欧洲的总督，这一称号最早为穆罕默德·阿里帕夏使用，1867 年得到奥斯帝国承认，此称号一直延续至 1914 年。

饰，原本用来修饰的黑色珐琅都看不到了。书中这样写道："如果殿下心血来潮要骑车穿越百卢达沙漠（Bayuda Desert），那它就会派上用场了。"在印度，一位大君和驻印英国公使一起成立了一家自行车俱乐部，有一张照片是参加骑行活动的俱乐部会员从他宅邸出发前拍的合影，上面还有镶有宝石的头巾。[12]

我们再把目光转回到不列颠群岛，这时候各种问题开始渐渐显露出来。对于社会骑行者而言，生活并不算称心如意。比如阶级关系紧张，也就是说，鉴于自行车运动本质上是一项属于开放空间和开放道路的运动（或者至少是公园里的开放式道路），只要售货员能凑够钱，就可以购买一辆自行车，跟"权贵"自行车一起出现在街头巷尾。

在爱尔兰，如果说有什么区别的话，就是这里的自行车运动比英格兰更势利，这要部分归结为自行车本身的价格比较高。甚至在这股热潮全面爆发之前，《爱尔兰骑行者》（*Irish Cyclist*）杂志就指出，凤凰公园（Phoenix Park）相当一部分骑自行车的人是"下层老百姓，我猜他们绝大多数人是租的自行车"。一家名不见经传的小旅馆还开展了一项民意调查，主题是《爱尔兰骑行者》与爱尔兰另一自行车运动杂志的优缺点对比，该杂志编辑听说后都惊呆了。于是他转而写了一篇社论文章对此大加嘲讽："擦皮鞋的约翰尼，还有马路那头杂货店家送货的小男孩，用租来的老瓦罐做投票箱，对杂志社的优缺点评头论足，真是了不起！"[13]不用想也知道，他对斯基伯林的自行车俱乐部什么看法，在他心里，俱乐部的自行车全都是从沉船上捞出来的。[14]

就在自行车运动如日中天的时候,这股热潮猝不及防地说消退就消退了。1896 年,继伦敦持续的宣传活动之后,之前禁止自行车入内的海德公园(Hyde Park)面向骑自行车的人开放,并且一度取代巴特西公园成为人们的骑车胜地。最开始,的确卓有成效——同年 6 月,只要是晴天,每天上午在海德公园骑自行车的人都能达到数千人。但到了 8 月,这些人忽然就消失无踪了。骑花样自行车的女子也好,头戴大礼帽的男子也罢,都陆陆续续地不再骑自行车了。夏天过去后,时尚的伦敦人已经开始追逐下一股潮流。蓦然回首,曲终人散。

总的来说,自行车运动这次面对的挫折是由两方面原因造成的。其中一个是客观原因:天气。1896 年的夏天异常炎热。于是跟往年比,骑自行车更热,每次都大汗淋漓,在这样的天气里骑自行车就没有静静地做一个有钱人惬意了。毕竟,第二年自行车运动可能会再度流行起来。而真正导致这一问题出现的根本原因在于经济,换句话说,就是自行车的价格降低了。而出现这种现象的一个原因是,19 世纪 90 年代的自行车制造商就跟 20 世纪 50 年代的美国汽车行业一样——每季增加几个颜色、新的装饰和重要创新点(链条从自行车的右侧换到左侧,然后再从左侧换到右侧,来回换)。直接后果就是市面上出现了大量二手车,成色都很好,并且还可以节省一大笔钱。所以中产阶级自然就仿效社会地位比他们高的人,开始骑自行车——上流社会称他们是"跟屁虫"。

在两个原因的共同作用下,导致了一次名副其实的金融危

机。大致跟几十年前铁路行业的遭遇相同——也很像一个世纪以后互联网创业公司的遭遇——人们趋之若鹜地投资组建自行车公司。甚至一周有四家公司发行公募资金售股章程。产能不断扩张，工厂陆续建立，库存自行车也越来越多，都在为夏天的抢购旺季做准备，但不巧正好赶上了经济低迷。

大部分公司公开上市，甚至一些规模很小的公司也不甘示弱，这无异于雪上加霜（人们充满了热情——实际上这些公司本来可以通过更安全的银行贷款筹集资金）。这样一来，就造成了过度资本化，为了满足股东的诉求，他们的当务之急就是创造现在难以想象的巨额利润。所以，他们开始降价，不惜一切代价地在崩塌的零售市场夹缝中创造利润。兰令（Raleigh）最便宜的型号从 20 英镑降到 10 英镑，到了后来基本上给钱就卖。而汉堡（Humber）标准公路自行车的价格降到 4 英镑。价格战席卷了整个行业。兰令公司是 1897 年英国最成功的企业之一，但到了1898 年却已经濒临破产边缘。[15]

与此同时的美国，艾伯特·波普上校力挽狂澜，启动了出口鼓励策略。[16] 相对而言，进口自行车价格更低，部分是因为它们是量产的。英国的大多数制造企业，比如兰令公司，仍死守分批生产的理念，也就是先生产一小批自行车，然后更改设计，再生产一批自行车，如此周而复始。不可否认这样可以生产出更高品质、更新款式的产品，但其价格之高现在没有人能付得起。

英国兰令公司一位高级总监不满地说："社会地位越高的骑行者反而越不买顶级自行车，而更喜欢买便宜自行车。他们一辆车还会用两年，而不是像以前那样一年买一辆新车。"当然，这不是唯一原因："许多优秀的骑行者（原文如此）一个接一个地投入了摩托车的怀抱。"[17]进口的波普哥伦比亚自行车恰好顺应了这种新的社会氛围。

至少在一段时间内，让自行车重新成为富裕阶层日常奢侈用品的幻想一次又一次地破灭了，先是摩托车，后是几年后出现的汽车，开车去骑车能去的地方成为富人们全新的娱乐方式。20世纪初，经济、技术和阶级构成的完美风暴席卷了整个自行车运动。于是在短短几年内，自行车运动和骑自行车的人的特征都发生了翻天覆地的变化。自行车运动开始沿着一个更理性的方向发展，五月柱少了，取消了软球和匈牙利乐队。总而言之，自行车运动被更可靠的人接管。

从当时的记载，甚至是许多历史学家的著述来看，如果你认为19世纪90年代只有有爵位和戴皇冠的人才可以骑自行车，也是情有可原的。这很好理解——虽然比较奇怪，但却很贴切，坦率地说还很有趣。但与此同时，其他事情也在悄悄地发生变化。商店售货员骑自行车，球童用滑板车——非上流社会的人们一般都会避开巴特西公园的林荫小道，到稍远一点的地方闲逛。不只男子，女子也这样做。

任何有关自行车运动和骑行者的历史都会提到的一件事，那就是H. G. 威尔斯（H. G. Wells）1896年出版的《命运之轮》（*The Wheels of Chance*）。这是那个时代两部围绕自行车运动的小说之一，另一部是杰罗姆《三怪客泛舟记》（*Three Men in a Boat*）的

续篇《三怪客闲逛记》(*Three Men on the Bummel*)，1900年出版，小说里边的人物设定跟上一本书完全相同 [后一本书只是时运不济，因为当时实际上没人听说过，或知道什么是"闲逛"（Bummel）——在书的最后一页，杰罗姆告诉读者闲逛就是没有目标，没有固定距离，从哪里来回哪里去的旅行]。这本书向你展示了19世纪90年代大部分时间里自行车运动的发展情况，如果把它们并排放在书架上，你面前的几乎就是一部完整的古典自行车小说文库。

《命运之轮》是一部优秀的作品。虽然如此，但它经久不衰的原因不是它对英国文学的贡献，而是它在自行车运动中的地位，因为整本书讲述更多的是那个时代自行车运动的发展情况，而不是人类社会。直到今天仍有人在看这本书，主要原因是能让人自然地想起恬静的乡村、宽阔的街道和安全自行车为普通人带来的无限自由。"松树林和橡树林，石南丛生的荒野和长满青草的山坡，茂盛的草原，波光粼粼的河水蜿蜒而行……"对于那个时代的城里人来说，自行车可以带他们逃离城市喧嚣，来一场说走就走的旅行，除自行车外也没别的工具能做到了。骑自行车不受约束，简单，并且就算那时还不是很便宜，但坚持一下，很快就会降价了。

这本书的故事情节不是很复杂。男主人公胡普德赖弗（Hoopdriver，没错，这是他的名字），是一位布商的助理（没错，就是常见的售货员）。他刚开始骑自行车，但还是决定骑着刚花40英镑买的新自行车去英格兰南部旅行，度过一年一度的暑假，

小说《命运之轮》中的插画

尽管至少在前几章中，他骑车的时候还会经常摔倒。途中，他遇到一位孤身一人骑车赶路的女子，她穿的是（在当时来说比较前卫的）灯笼裤。她是从瑟比顿母家逃出来的，而现在一个暴发户正在大张旗鼓地追求她，还承诺帮她成为独立女性，但难免对她有一些龌龊的想法。当然，胡普德赖弗救了她，然后潇洒地骑车离开，回到伦敦继续上班，像一个穿着粗花呢的超人。这个故事稍加改动就能改编成一部无聊的歌剧。

胡普德赖弗算是中产阶级，确切地说还处于中产阶级的下层，所以以他的身份地位，跟维多利亚时代爆发的英国上流社会的自行车热潮扯不上关系。但是，威尔斯则认为，人们因为他骑自行车的高超技术把他当成公爵也合情合理。像胡普德赖弗这样迫切想加入自行车运动行列的人，还需要再提升社会地位。他跟那名女子的关系〔她原名杰西·弥尔顿（Jessie Milton），但一般情况下被自行车运动评论员称为"新女性"（the New Woman）〕有点复杂，因为他总是过分吹嘘自己——在被人错认成准男爵的继承人时会让他沾沾自喜。善于交际的胡普德赖弗朝一个方向努力，而自行车运动总是跟他背道而驰。本来威尔斯想在一两年内再写一部关于自行车运动的小说，情节设定就是一位伯爵因为一辆自行车被错认成布商，但肯定没人看，所以他写了另一部小说——《世界大战》（The War of the Worlds）。

杰西对自行车的喜爱程度至少不低于胡普德赖弗。新女性是一种特殊现象，跟自行车运动紧密相连。对于新女性来说，自行车不仅仅是去巴特西公园散步的工具，而且还可以用花朵来装饰。这些女性有独立思想，支持选举权，是早期的女权运动者。在她们骑自行车之后，自行车带来的机动性让她们更加蔑视传统。人们对新女性的态度不一，有居高临下的嘲笑，有政治的关切，也有出离愤怒的恐慌，主要是因为她们的身上聚集了一切按传统定义不应该出现在女性身上的特质。当然，这些问题涉及的范围更广泛，不仅骑自行车这一件事，但自行车运动史学家对这个时代非常感兴趣，因为自行车可以被描述成社会变革的真正推动者。

也正是这个原因，女权主义史学家们也对自行车运动有着浓厚的兴趣。女性骑自行车这个问题引发了各种争论。最开始的时候，人们一想到女性骑自行车这件事就会愤怒。例如，爱尔兰第一位骑两轮自行车的女性叫珀尔·希拉斯（Pearl Hillas），1888年，她就在都柏林街头骑自行车。《社会评论》（*Social Review*）刊登文章称这件事"令人愤慨，实在太恐怖了"，许多狂热分子建议她的父亲把她锁起来，把自行车（和钥匙）扔进利菲河（Liffey）。[18]

为了保护社会传统，医学专家甚至提出女性骑自行车不利于生殖健康。在压力作用下，女性骨盆易发生弯曲——我想对生过孩子的女性来说，这是一个意外的消息，于是就出现了是否愿意跟骑自行车的女性结婚生子的问题。一位叫沙德维尔（Shadwell）的英国医生还发明了"自行车脸"（bicycle face）一词——一种永久性的充满劳累和努力的表情，在保持自行车平衡和踩脚踏板的双重劳累下，眼睛外凸，下巴抽紧，无药可治。[19] "自行车车把"

的设计又大又笨又扁，跟"自行车支脚"一样。鉴于"偶然的性刺激"（或者对世界秩序威胁更大的"故意的性刺激"）可能带来的巨大风险，专门设计了特别的自行车座，同时把车把调高。[20]

但是，早期关于女性骑自行车争论最激烈的问题当属骑行服。在胡普德赖弗第一次遇到杰西·弥尔顿的时候，他首先关注的就是她的穿着："她下半身的穿着让他产生了一些不太舒服的猜测。他自然听说过这种服装。让他以为她可能是法国人。"[21] 她穿着一条灯笼裤。我总是把灯笼裤跟《最后的夏日葡萄酒》（*Last of the Summer Wine*）时代轻佻的喜剧联系在一起。但在 19 世纪，它们也没那么轻浮了。除非你查过，否则你绝对想不到在 19 世纪 90 年代，围绕女性应该穿什么服装骑自行车这个问题发表的文章数量如此之多。从现代角度来看，因女性穿着引发的争论、愤怒和深恶痛绝，简直就像是集体神经病发作。

为了缓和这种剑拔弩张的局面——若你是古装剧迷请跳过——维多利亚时代的女性仍按照传统习惯穿着及地长裙。在维多利亚时代，裸露的脚踝被认为是对男性的挑逗。长裙必须搭配紧身胸衣和帽子穿。穿成这样当然不好骑车——在其他方面也是如此。试想一下，一位穿着及地长裙戴着帽子的女性骑在自行车上，会产生非常大的空气阻力。以骑便士法新的人为例，哪怕一点逆风，自行车都没办法前进。束身衣也是这种阴谋的一部分，骑车时人只有不断用力才能克服空气阻力，但穿上束身衣之后就会让人使不上力，甚至陷入昏迷状态。一个穿着传统服装的女性可以独立思考，但她的行动是受限的。

19 世纪 90 年代骑车的女性

　　一个解决办法是打破传统桎梏，让那些争取自由骑行的女性穿得更合理，这样也更有助于女性独立和流动。而另一个方法是让她们隐忍，希望她们能克制或者放弃她们所追求的东西。这场辩论异常激烈，说明微观世界一定存在着更深层的社会争论。

　　这是一场极具英国特色的争论。在法国，自行车刚出现的时候女性就开始骑车了（甚至出现了女子运动员，比如美国小姐），虽然算不上是体面的运动，但也不是那种震惊全国的丑闻，不会让绅士吓得咬碎烟斗柄。反观 1893 年泰西·雷诺兹（Tessie Reynolds）骑自行车往返布莱顿－伦敦在英国社会引起的反响，

两者截然相反。女性骑自行车早已不是什么新闻——第一个女子自行车俱乐部早在一年前就成立了——但她们的态度没雷诺兹那么坚决。她骑了约 120 英里，用时 8 小时 30 分钟，不管用哪种标准来衡量，这个速度都非常了不起，并且她当时穿的是后来所谓的"理性"（rational）骑行服，骑的是男士自行车，另外她还穿了一件长外套，一条过膝宽松马裤，搭配一双长筒袜。[22]

这让坐在《自行车运动》杂志办公室里的编辑大跌眼镜："每位真正热爱自行车运动的骑行者，每一位迎难而上、坚持不懈地在姐妹间传播自行车福音的女性骑行者，每一位尊重谦逊传统和得体对待异性的男性骑行者，当听说上个星期天在布莱顿路上发生的事，一定会心痛，会反感，并温和地称之为可悲的事件……庆幸我们没有亲眼看到，但我们从各种渠道了解到，让人最无法接受的是她穿着非常男性化、过于肥大的衣服。"[23]

于是，女性骑行服装作为一个独立的产业发展起来，有传统的骑行服，也有颠覆传统的骑行服。女性骑的自行车专门加装了挡板，这样在她们穿及地长裙骑自行车时，可以提供双重保护，不让猥琐的人看到脚踝——这个效果就像前轮撞到了一把雨伞——另外还设计了"车座套"，用于保护臀部。"麦克诺顿自行车附加装置"（McNaughton's Bicycle Attachment）是专为女性骑行者设计的挡泥板，外形就像一只展翅翱翔的巨鹰，固定在座椅支架背面。巨鹰的头部和颈部延伸到后轮上方，以免骑车的时候被人们扔的东西砸到，一对翅膀正好可以完全挡住裙子后面，双腿折叠起来，可以作为停车撑（这不是我自己瞎编的）。[24] 裙子底边里加放铅块，这样裙子就不会被风吹起来，我想，如果她们走路匆忙的话，铅块也会一下下重重砸到脚踝上吧。另外，这时出现了各种裤脚可以绑在脚踝上的裙裤。还有非常复杂的抽带裙装，拉紧抽带，就跟宽松的灯笼裤类似，看起来就像是被收拢的船帆。[25]

不得不说，大多数女性还是会选择传统裙装。说到底她们不太会喜欢穿直截了当的灯笼裤，虽然在她们眼里灯笼裤确实简单实用，但毕竟有点离经叛道。除了普通裙子，穿什么都会变成公开的政治宣言，所以说这种妥协根本就没有意义。公开的政治宣言都是要承担后果的。穿理性骑行服的女性被嘲笑；她们在街上经常被人当面嘲笑，甚至被人威胁。两位穿着灯笼裤骑行的女性被科克郡愤怒的暴民扔了满身泥巴和垃圾——这件事发生在1899年——这绝不是一次偶然性事件。同时，这也不是街头混混发泄怨气：另外一位非常体面的女孩就因为在课余时间穿着理性骑行服参加自行车表演而被学校开除。[26]

当时触犯众怒的主要导火索是酒店和旅馆谢绝接待穿着理性骑行服的女性。这是一起著名（充满误解）诉讼案件的起因。1898年，中年贵妇哈柏顿夫人（Lady Harberton）抵达萨里郡奥卡姆（Ockham）的豪特波伊酒店（Hautboy Hotel），有目击者说"她穿着非常宽松的灯笼裤"。我看过哈柏顿夫人穿着这种衣服的照片。"非常宽松"只是掩饰。她看起来就像是一艘满帆的粗花呢帆船。在未受过正式教育的人眼里，她透露出来的是皇家阿尔伯特纪念碑（Albert Memorial）危险的自由主义倾向。

豪特波伊酒店的女店主可不这么看，她不允许哈柏顿夫人进入咖啡厅，还故意把她领到公共酒吧——这是一种公然的侮辱，要知道公共酒吧是供那些戴贝雷帽的工人阶层喝酒闲聊和酝酿革命的地方。显然，这里不是子爵夫人该来的地方。全国骑行者旅行俱乐部（CTC）以酒店拒绝为其会员提供服务为由将女店主告上法庭。[27] CTC败诉——毕竟女店主给她提供了服务，尽管是在哈柏顿夫人不想去的公共酒吧。这在社会上引起了轩然大波。这个案件被大肆报道，受到了广泛关注，还引发了争论，同时也是19世纪末因穿危险裤装引发的自由女性事件中反响最强烈的一件。

最后，CTC为此案投入了大量资金，并希望能够获胜，哈柏顿夫人和她的朋友们可能会对CTC的做法感到满意。事实上，她就是传统的挑衅者——喜欢穿着灯笼裤、不穿紧身衣沿着牛津街散步，目的就是引人关注。她去酒店这一遭也并不是一次单纯的不愉快遭遇。她是理性着装协会（Rational Dress Society）管理人员，之所以去这家酒店是因为知道之前穿着理性骑行服的女性到店后都遇到了各种刁难。实际上，她在4年前就被酒店拒绝接待过，原因是穿的裙子未及地，显然她所谓的"长绑腿"并不符合女店主的要求。哈柏顿夫人火力全开的时候还是非常有气场的，法官可能都有点同情这位女店主了。[28]

（哈柏顿夫人对裤装的钟爱程度不能跟对社会平等的热情混为一谈——对她来说穿长裤的一个原因是，如果女佣都穿裤子，相对而言就不会像穿裙子那样经常把她的瓷器和古董给撞翻了。

坦率地说，她骑自行车的主要目的不是把它作为交通工具，而是作为推广理性服装的宣传工具。说得好听点，她就是一位职业麻烦制造者。）

根据当时的记载，到哈柏顿夫人穿着灯笼裤到处挑事的时候，女性已经取得了胜利。1899年，女性在科克郡可能会被人往身上扔泥巴，但在其他地区，尤其是萨里郡，女性可以穿着齐膝马裤骑车，除了一些顽固的保守派，不会引起别人太大的关注。在纽卡斯尔有一个也是唯一一个专门的女性理性着装俱乐部，它不仅没有引起众怒，而且得到社会各界的大力支持。大众的接受会让这种事物得到越来越广泛的普及。[29]

然后，这股潮流又过去了。理性着装运动在人们的视线中逐渐淡去。1903年，骑自行车的女性基本上又都穿回了长裙。即使有少数不穿长裙的人，也都是老一辈人——讽刺的是，要说有什么区别的话，那就是理性着装有些过时了。骑自行车的人和自行车运动又一次发生了改变。妇女解放运动是由上流社会和中产阶级发起的。随着骑自行车逐渐成为工人阶级的消遣方式，甚至当理性着装成为完全被社会接受的女性着装方式后，长裙再度成为着装规范。1916年，长裙仍是骑自行车女性的主要着装。

实际上，真正改变女性着装规范的是第一次世界大战，正如它对性别政治其他领域所产生的影响那样。自行车运动仍在发挥它的作用——做一位思想独立但行动不雅的女性不再是一件有悖传统的事情，世界各地有很多女性都骑着自行车穿梭往来于村庄和城镇之间，天也没塌下来。在十年或者不到十年的时间

里，自行车为妇女带来了从未有过的自由。美国人苏珊·B. 安东尼（Susan B. Anthong）在早期女权主义和选举权运动中发挥了关键作用，她说自行车运动"相比其他运动，为妇女解放做出了更大贡献"，随着 20 世纪即将到来，没有人会再和她争论这个问题。[30]

08 自行车赛与孤独的计时赛运动员
20 世纪

若回顾整个 20 世纪的公路赛历史，最让人感到困惑的是为什么英国在这方面表现得这么糟糕。一位生不逢时的自行车爱好者估计得等一辈子才能等到英国出现一位世界冠军，而要等英国出现一位环法自行车赛的冠军，恐怕要将近两辈子。在奥运会历史上，第一位获得公路赛冠军的英国人是妮科尔·库克（Nicole Cooke），她在 2008 年获得了公路赛冠军。而此前的 112 年里，英国在自行车公路赛项目中的奖牌统计数据为 3 铜 1 银。

不是英国的自行车运动员不想参加比赛——正如我们所见，早期自行车赛的确充满活力，小有成就，甚至带来了可观的效益。此外，自行车运动还得到了公众的大力支持，也是媒体的宠儿。看看早年的发展态势，本以为继詹姆斯·摩尔所向披靡后，英国人能再接再厉，在国际赛事上不断铸就辉煌。然而，到了 20 世纪末，大多数粉丝都会以国际男子自行车公路赛成绩作为衡量标准，如此一来，人口只有英国总人数零头的爱尔兰在这项运动

上反而取得了更辉煌的成就。此外，由于明显的地缘政治原因，爱尔兰自行车运动开始的时间几乎跟英国相同。

跟英国自行车运动的其他领域一样，之所以在一个世纪里高不成低不就，问题就出在 19 世纪末自行车运动的成型时期。技术是新的，这项运动也很年轻，并且成长速度很快。所以，它充满了无限可能……前提是没有全国自行车骑行者联合会根深蒂固的保守主义，以及到目前为止最不激进的自行车运动"叛逆者"弗雷德里克·托马斯·比德莱克（Frederick Thomas Bidlake）先生。

这段历史的关键事件可以精确到几个小时内，位置也可以圈定在几百码。1894 年 7 月 21 日上午，比德莱克参加在大北路举行的公路赛，由亚瑟·伊尔赛（Arthur Illsey）和 J. W. 斯托克斯（J. W. Stocks）领骑。在 57 号界碑附近——亨廷顿附近的 A1 高速公路上——三名选手在超车，确切地说是一辆由一名女性（或者"夫人"）驾驶的马车。马受到惊吓——当然这要看你相信哪个版本，最后马、马车、女子和参赛选手一个接一个地掉进了沟里[1]（多年来，整个故事经常听人讲起，但当时的记载却极少，所以细节总是一笔带过。显然，问题在于当时居然没人意识到这件事所具有的重要意义。就像是一件司空见惯的事情。但无论如何，可以肯定地说，当时确实产生了非常大的摩擦）。

这名女子虽然没有受伤，但明显特别生气，于是报了警。警察不是高速公路赛车的拥护者，并且一直以来比赛主办方跟警察之间就是猫与老鼠的关系。例如，组织这场比赛的目的是为了证明罗孚安全自行车的优势，比赛广告公布了一条比赛线路，专门

弗雷德里克·托马斯·比德莱克（1867—1933）

用来迷惑警察。警察能切身体会女子恼怒的心情，就意味着他们会更倾向于进行干预。

公众对所谓的"飞车党"——就是骑快车的人，深恶痛绝。这帮人自带熟悉的车铃声。一听到这种铃声脑海里就会浮现出穿着马裤、长筒袜和骑士夹克的年轻人形象，放在现代肯定觉得很古怪，但在许多公路自行车赛选手眼里，这不过就是一群18岁少年在星期六晚上高调地坐在掀背车里在交通灯变幻间的飙车游戏。飞车党不仅会惊扰行人，惊吓马匹，而且还会扰乱一些人的

节奏，有的地方人们一直以来都过着去哪都靠步行的慢生活，他们还没适应这种随随便便就能超过 20 英里／小时的前进速度。

这怎么听起来好像斯德哥尔摩综合征的早期症状，但全国自行车骑行者联合会禁止了所有公路赛，想以让步打破僵局。他们最担心的是会出现不良的公关效果：若 NCU（全国自行车骑行者联合会）承认公众观念中"飞车党"的合法性，也会拖累体面的自行车活动——早期骑车旅行、骑车休闲、以花为饰的音乐骑行表演及五月柱舞。但当时没人想过要站出来捍卫在公路上比赛的权利，也许是因为公路赛不及场地赛有影响力。但是，NCU 肯定没想到真正喜欢公路赛的骑行者不会因为 NCU 的禁止就轻言放弃。

但这也是一次非常有节制的反抗。弗雷德里克·托马斯·比德莱克和他所在的俱乐部——北路自行车俱乐部（North Road CC）组织了一次计时赛。这是一次单人出发赛，以一次一人出发取代了一队骑行者集体出发，以避免引起别人的注意。比赛未对外公开，也没有发布广告。这样一场比赛可能会持续几个小时，就算碰巧有警察或者其他人路过也没关系，除非他们连续好几个小时蹲守在比赛的公路边，并且开始觉察到一种新的比赛形式悄然出现，否则他们看到的就是一个又一个的骑行者在公路上快速骑过。所以说，这是一种表面不易觉察的反抗活动，根本没人真正地注意，或者说重视，自然就收到了不错的效果。

单人单骑计时赛的理念不是最新的发明，但此前一直是偶尔为之的比赛形式。比德莱克在此基础上创造了一种正规、正常、没有广告的比赛形式。不过短短几年后，就被 NCU 和警察发现了一丝端倪，但初次交锋的战火逐渐平息下来，大家也尽量互不干涉，和平共处。[2]1922 年，公路自行车赛委员会（Road Racing Council）成立，比德莱克在此过程中发挥了重要作用，该委员会的职责是对计时赛进行规范管理，保证整个比赛正规正式，公开透明。

从短期来看，比德莱克在 1895 年组织的比赛成功捍卫了公路赛车的权利。但从长远来看，这可能是英国自行车运动史上的最大退步。在世界其他地区，比如欧洲和爱尔兰，甚至是马恩岛，公路赛已基本上演变成集体出发项目：所有选手同时出发，第一个连人带车冲过终点线的选手为优胜者。这是一种得到所有人认可的自行车比赛形式，不管是埃迪·莫克斯（Eddy Merckx）[*]，还是弗雷迪·默丘里（Freddie Mercury）[**]。在英国，比德莱克提出的计时赛形式，更便于主管机构全面取缔集体出发自行车赛。但与其说集体出发比赛是被迫退出公路的，倒不如说是它自己选择离开公路的。

19 世纪 90 年代，比赛的类型没那么重要。重要的是技术上的差异，因为公路赛车不是一项快速的运动。以下因素决定了集体出发公路赛仍处于萌芽状态：凹凸不平的土路，固定齿轮，更原始的自行车，速度没有快到足以让行业认为空气动力学才是主

---

[*] 埃迪·莫克斯（1945— ），比利时职业自行车选手，曾夺得所有三大环赛和五大古典赛的冠军，其中包括五次环法自行车赛冠军。
[**] 弗雷迪·默丘里（1946—1991），英国男歌手，音乐家，皇后乐队主唱。

要制约因素，战术，以及管理章程。公路赛，特别是在崎岖地形或道路上举行的公路赛，选手们很快就会分成一个个小车团或单骑——很像现在的山地越野赛和公路越野赛。无论是集体同时出发还是单人单骑出发，最后结果都非常接近。

但是，从那时起，自行车运动出现了分化。19世纪90年代，英国自行车运动员以在场地赛项目上的雄厚实力而著称，于是逐渐开始参加国际公路赛。1891年，乔治·皮尔金顿·米尔斯（George Pilkington Mills）获得了第一届波尔多－巴黎公路赛（Bordeaux–Paris）的胜利。1896年，亚瑟·林顿（Arthur Linton）在第一届巴黎－鲁贝公路赛（Paris–Roubaix）中获得第四名，同年获得了波尔多－巴黎公路赛冠军［这是1963年汤姆·辛普森（Tom Simpson）获得该比赛项目冠军之前英国运动员在传统公路赛中获得的最后一个冠军］。在1896年雅典奥运会自行车公路赛项目中，爱德华·巴特尔（Edward Battell）收获一枚铜牌。自行车项目上，欧洲大陆选手获得了大多数金牌，原因之一是他们参赛人数多，虽然英国自行车运动员也在坚持不懈地去争取参加这类顶级赛事的资格，但就算获得了参赛资格也是寡不敌众。从那时起，欧洲大陆和英国的自行车运动就开始渐行渐远。

然而，英国人死守自行车业余化的教条，导致差距进一步拉大。1896年，当时担任英国驻雅典大使管家的巴特尔在雅典奥运会上获得了一枚铜牌——他的同事弗兰克·基普因则获得了12小时场地赛的冠军。他们两个参加这次奥运会的事情遭到了雅典当地英国居民和外交官的强烈反对，认为从阶级定义来看管家不属于绅士的范畴，所以也不是他们认可的业余运动员。[3] 如果你不明白高超的鉴酒能力是如何在自行车赛中影响公平的，很明显，说明你还没完全理解 19 世纪 90 年代英国阶层跟这项运动的关系。

在其他地区，集体出发职业公路自行车赛已然成为这项运动的中流砥柱，而与此同时的英国，业余计时赛则占据主导地位。这种比赛形式的起源就注定它会逐渐成为一种奇怪的、秘密的运动。这类比赛一般都选在清晨时分在法律规定的地方举行。同时，不允许自行车运动相关媒体对外公开比赛时间和地点，比赛结束后统一公布比赛结果。[4]

速度高于一切就意味着选手们要找一条最平坦、最笔直、最光滑的道路用于比赛。比如，通往贝德福德郡的大北路；纽伯里和亨格福德附近的帕斯路（Bath Road）——像这些比较不起眼的地方都变成了这项运动的胜地。比赛距离一般都设定为近似整数，计时赛不仅关乎胜利，而且还关乎创造纪录和最短用时：25英里、50 英里、100 英里计时赛；12 小时和 24 小时耐力赛比较常见。

通常，没有大本营或者更衣室——参赛者们就在离起点计时员比较近的路边集合，尽量不引起别人注意。比赛路线就是简单的往返骑行。参赛选手在骑行到一半的时候，绕过站在路中间的司仪，然后调转方向返回出发点，完成后半程比赛。

一般我们看到的比赛照片都是选手骑行经过弯道时抓拍的，并通常正从助手手里拿过饮料。选手一般都穿黑色羊驼毛紧身长

裤和夹克，别问为什么，比赛规则就是这样要求的。在照片中，选手们按顺时针或逆时针方向绕过司仪，因为道路非常空，所以从哪个方向绕不重要。有时候，稀稀落落地有几位观众站在路边围观，但一般时候除了参赛选手、司仪、志愿者或计时员就没有别人了——只剩下一条空空荡荡、尘土飞扬的马路伸向远方，两边还屹立着电线杆。最具挑战性的是单人骑行，这么说自有原因。这是一项只有真爱才会去参加的运动。这种比赛形式跟世界其他地区格格不入，但符合英国人特有的待人接物的态度。这个项目只可能出现在 19 世纪 90 年代中期，说好听点，当时自行车是一种属于上流社会的运动。即使是叛逆的骑行者，也在一穷二白的基础上设计了一项严格意义上来说极为体面的业余运动。

很快，计时赛就成了双方互相妥协的折中方案，它调和了好胜的年轻人跟受惊的马匹之间的矛盾。另外，集体出发自行车赛不仅被忽视，而且基本上成了一个禁忌。1914 年，有人提出，马恩岛（不属于 NCU 管辖范围）可以承办世界锦标赛暨集体出发自行车赛，比德莱克则认为这是："画蛇添足……单人出发自行车赛，没有熙攘的人群，没有干扰，一个个速度之王可以更好地发挥实力，也不那么惹眼。我不敢相信公路赛选手竟然想颠覆这一切。"这个观点不会在自行车界引起比较大的争议。

从比赛角度看，计时赛把英国与世界其他地区割裂开来。英国计时赛就此与世隔绝，偏离主流。在这样的条件下，英国自行车运动员根本不可能跻身世界性公路自行车赛。所以，一直到 2012 年，英国才产生第一位环法自行车赛总冠军——布拉德利·威金斯爵士，而原因则可以追溯到弗雷德里克·托马斯·比德莱克在大北路上发生的事故，当然不是要过度简化这个因果关系。有人对此满腹怨言，举个例子，我最近采访过的一位老自行车骑行者说："没人性的北路越野狂飙党。如果不是他们和他们的阶级拖累，我们在100年前就能获得大环赛冠军了。"

然而，说句公道话，计时赛之所以能成功地掘取集体出发自行车赛的需求，还是要归功于它本身的效果好。显然，它必然有自己的可取之处，正因为如此它才能在接下来的100多年里，成为英国自行车运动的基石。计时赛通俗易懂，规则简单，成本不高，并且非常受欢迎。它跟俱乐部的运作方式完美对接，俱乐部可以花最少的精力组织一场比赛，也就是说从3月赛季开始一直到10月可以组织大量不同距离、不同路线的比赛，选手可以结合实际情况有选择地参赛。如果你想看偶像获得环法自行车赛冠军，那么国内计时赛一统天下的格局就是最大的绊脚石；但如果你想自己去参加自行车赛，这种格局就胜利了。

在这里，我首先申明一件事，自我进入自行车赛这个行业之后，大多数时候参加的都是计时赛。计时赛项目延续至今，基本没有发生变化。这个项目的比赛仍然是在清晨开始，仍然选择在长长的直道上——当然一般不是早期比赛所选的路。我住的地方离比德莱克组织的第一次计时赛起跑线只有几英里，直到几年前，每个周末还都有比赛，并且基本上都是在同一条赛道上举行的。大北路现在已经改建成一条连接各个村庄的A1双车道公路，同时路标也由上漆的木头手指变成了广告牌大小的铝板。但

不变的是，每到星期天清晨，计时赛骑行者们总会默默地聚集在乡村礼堂，然后到老地方测速，就以腕表计时，看看自己有没有进步。

120年弹指一挥间，像匆匆闪过的电影片段，通过它们我们可以追溯这条路周围翻天覆地的变化，然而骑行者却没多大变化。伯纳德·汤普森（Bernard Thompson）在他有关自行车运动史的著作——《从羊驼毛到紧身衣》（*Alpaca to Skinsuit*）中，总结了计时赛50年来发生的巨变，但同时书名又告诉我们，骑行服也发生了巨大变化。我有时候会禁不住想，会不会有人在完全不了解我们习性的情况下在计时赛大本营所在的某个村子里买了一套房子。试问，在星期天大早上5点一帮自行车骑行者突然闯进村里，9点又都挥挥衣袖离去，他们对此会做何感想？

我第一次参加比赛的路线正是比德莱克的老路线。这个比赛项目的路线仍延续了曾经的保密代码。我刚参加比赛的时候，计时赛最初的比赛路线被称为F1——其中"F"指的就是伦敦北部的这片区域；"1"代表这是这片区域的第一条比赛路线。我参加的25英里计时赛以F1/25作为代码。50英里比赛用F1/50表示，以此类推。国内不同郡使用不同的代码——在约克郡（在计时赛中它的代码是V），你可能看到V718这样的路线代码，它指的是赫尔（Hull）附近的10英里比赛路线。我也不知道这其中有什么逻辑关系。我觉得"7"代表赫尔，"1"可能代表10英里。我也猜不出"8"代表什么。我应该问问约克郡本地人，但太刨根问底又会破坏那一丝神秘感，而我又很喜欢那种神秘感。

官方对延续保密代码的解释是有助于官方和计时员区分同一区域内不同的比赛路线——威尔士南部塔尔伯特港（Port Talbot）附近有三条比赛路线，分别命名为 R25/3H、R25/3L 和 R25/3G，非常相近，但起点和终点却差了几百码。剑桥附近的 E2/25 和 E2/25b 重新编码后，相距则有几英里。代码是为了照顾像我这样的路痴才更改的，要知道我可能出发的时候走的是一条路线，却从另一条路线回了大本营。

事实上，我觉得计时赛参赛选手内心一定很享受代码带给他们的优越感。比赛细节不会暴露比赛的地点，没有合适的理由解释他们为什么连最起码的最近的城镇的名字都不标注。现在，这项运动再也不是秘密了，其实就算是刚开始的时候也不是秘密，但一些做法又让人觉得它是。直到 20 世纪 60 年代，向参赛选手寄送比赛信息和结果的信封上仍写着"隐私和机密"字样。网上报名是近几年才开始的。几年前，参加"公开"赛事的唯一途径还是填写非常详细的比赛报名表，然后附上支票一并邮寄给主办方，而且还要保证主办方最晚在比赛开始前 11 天收到报名表。但报名费支票一般只有 10 英镑，无可奈何又让你无法反驳。邮资大约占我一个赛季参赛总费用的 5%。

计时赛提供的奖金金额跟报名费成正比。多年前，布拉德利·威金斯爵士参加一次本地计时赛时，一位全国性报纸的记者写了一篇比赛短讯，被比赛奖金名单吓了一跳："第一名 50.00 英镑；第二名 25.00 英镑；第三名 10.00 英镑。"他甚至怀疑是不是小数点点错了。我可以肯定地告诉他，没错，那天是正式的奖金

交割日，小数点精确得很。

现在，自行车赛是允许设置奖金的。直到20世纪70年代，人们还把比赛奖金作为职业运动员的划分标准。然而，实际情况是，你得到了一笔微不足道的奖金，要获得奖金，你还得先从当地自行车商店给主办方秘书寄一张收据，他再给你报销。如果不是当地赞助企业提供的随机奖品，那就不错了。之前担任过《自行车运动周刊》专栏作家的一位前辈回忆说，20世纪70年代，他有个朋友得到的奖品是一只鸟笼，显然这是当地店主卖不出去捐给当地比赛主办方的。

再往前，20世纪30年代，一位自行车运动员回忆说，那时场地自行车赛最常见的奖品是小猪仔："比赛结束后，我们得骑着自行车回家。那时候，哪有塑料袋，只有纸袋，把小猪放进去，挂在车把上。小猪仔的前脚和头会从袋子开口探出来。一开始还算顺利，但是后来小猪仔兴奋过头了，可能是因为下坡的时候速度太快。小猪仔一兴奋过度，膀胱就不受控制，瞬间袋子底就湿了。于是，要争取在袋子底儿全掉了之前赶到家，不然小猪仔一落地，撒开小短腿就跑，全家都得在后边追，捉回来之后，轮流夹在胳膊底下骑车回家。"[5]

我参加比赛的时候，不仅50英镑奖金是分期付款的，甚至没有人会介意是否有赞助商为比赛提供赞助。但杂志会有大量的新闻报道，最后还会进行在线报道。英国正处在一个自行车运动不断发展但却没有出现流量型国际巨星的时代，这对喜欢计时赛的自行车选手来说是一个机会，至少可以以计时赛作为职业，就比如我。弗雷德里克·托马斯·比德莱克肯定也会很欣慰，在挥手告别他第一次组织的自行车赛的第一名参赛选手之后，他发明的这项运动已经延续了 120 多年。但他要是知道我为了奖金参加计时赛，想必会把我终身禁赛。

09 自行车与机动车
1900—1920

20世纪上半叶的大部分时间里，自行车运动不管是作为竞技比赛还是消遣方式都发展得异常艰难，近乎停滞。19世纪最后15年经历了一系列仓促纷乱的发明和变革，自行车运动突然发展壮大起来……随后，自行车运动又毫无征兆地陷入沉寂。这也宣告了自行车作为时尚标志的时代终结。贵族阶层先华丽退场，想提升社会地位的中产阶级紧随其后。就好像自行车运动的历史就此停住了。忽然之间，自行车只是自行车，骑自行车的人也只是骑自行车的人。

这时候的自行车技术确实已经成熟。我骑过19世纪90年代和20世纪初生产的自行车，它们除了年代久远一点，完全没有什么吸引人的地方。2015年，我尝试冲击第一个被官方承认的1小时骑行35公里的纪录，这项纪录是亨利·德斯格朗吉（Henri Desgrange）在1893年创造的，他骑的就是当时普通的自行车，巧的是这一天也正是早年布拉德利·威金斯爵士冲击1小时世界

亨利·德斯格朗吉（1865—1940）

纪录的日子。通过这次冲击纪录，这辆自行车暴露出三大缺点：要保持笔直的骑行姿势，这一点跟便士法新一脉相承，便士法新就是车座跟车把一定要离得非常近才可以。链条非常宽，大约有半英寸，有点粗糙。外观上看就好像是从古代农用设备上拆下来的一样，但实际上它不仅具备众多优点，而且还是一个非常优秀的上油工具，能把油桶里的油输送到几乎每寸需要用油的部位。

此外，这辆自行车的后轮上还装配了一个辅助踏板，这一点跟便士法新也如出一辙，因为第一辆安全自行车的骑行者就是借助辅助踏板骑上自行车的，所以这可以说是习惯使然。但

是，它实际看起来就像是用小轮车表演杂技时用的脚蹬，我把它归结为汉堡自行车公司的功劳，这样的话就比这种杂技早了一个世纪。

我骑着这辆古老的自行车比较悠闲地围着赫恩山绕了一小时，感觉跟骑一辆不太适合的自行车参加比赛没什么太大的区别。为了模仿老照片里半直立的骑车姿势，要保持上身前倾，但这时我发现手却在比较靠后的位置，很诡异——这个姿势看上去就像是在双杠上练屈臂支撑。尽管如此，总体感觉上还是跟骑正常自行车和现代自行车没什么两样。当然，可能更像是非比赛用的现代自行车，并且轴承稍微有点松，但骑在上边的时候也没太大的感觉（我没有打破纪录，但我不得不批评一下这种笨重的公路轮胎。这是一种反直觉设计，但早期的轮胎非常好。在一些用途方面，至少不比现代自行车差，德斯格朗吉的场地轮胎自然会比我的转速更快。如果没有这个缺点，我肯定会更喜欢这个122岁的老伙计）。

当时并没有为了刺激需求而加快技术变革，所以在市场饱和导致经济萎靡的情况下，自行车渐渐地也没有了刺激感和新鲜感。你不会再因为学会一些精彩的新骑行技巧而兴奋得忘乎所以，而是会因为更理性、更成熟的理由逐渐喜欢上自行车运动。于是，自行车和自行车骑行者都慢慢沉淀下来，研究它们的实际用途。

自行车及其辉煌成就的记载也发生了变化。上流社会发行和采编的自行车期刊都陆陆续续地消失不见。当时特别不走运的是，1896 年夏天专门面向女性自行车骑行者创办的报纸《花轮》（*The Hub*）。在上流社会还在怀念自行车热潮的时候，《花轮》第一期就毫无掩饰地说，伦敦海德公园根本就看不到骑自行车的人，太神秘了。接着那些可能成为报道对象、市场受众和稿件来源的上流社会名媛也都转身离开了。[1]

皮革封面的自行车手册也不见了踪影。原来向威尔士亲王献辞时，贵族阶级还会附上一份在德国黑森林等地骑行的愉快游记，现在也都消失不见。相反，更平民化的杂志成为自行车文学的主要载体，特别是成立于 1891 年的《自行车运动》杂志，它是为数不多的几家毫发无损地迈入 20 世纪的自行车杂志之一。

这种形式的历史书写方式立马就失去了吸引力。有感而发的叙述被细节描写取代；自行车运动变成了日常；自行车骑行者关心的问题突然变成了怎样给车链上油效果最好，而不再关心自行车在世界历史上的地位。世界上的伟大发明大都会遭遇这样的变化，但通常会来得稍微慢一些。

* * *

大多数人都认为是汽车的出现扼杀了自行车运动。实际上根本不是这么回事，没有什么东西能扼杀自行车运动。20 世纪初，自行车运动还在继续发展。较低廉的价格和大量二手车涌向市场，这表明更多的人可以骑自行车。据记载，即使在 1898 年经济支柱崩塌的时候，复活节期间仍有 50000 名骑行者骑车经过滑

铁卢车站前往海边。[2]

若你只关注贝尔格莱维亚区那些有爵位和住联排别墅的人过着怎样的生活，恐怕也只能提出汽车（或者其他任何东西）扼杀了自行车运动这样的观点。即便如此，继续骑自行车的上流社会人士还比比皆是。然而，有一种观点认为在 20 世纪最初几年，汽车是造成自行车运动"衰落"的主要原因，但这种观点的根源居然不是阶层势利，而是更肤浅的时尚势利。自行车再也不是引人注目的东西，穷人们现在都可以骑车了。事情就是这样。

作为时尚标杆的汽车终于粉墨登场。虽说路上汽车还很少，但那时开车是一件很抢眼的事。到 1900 年，英国总共只有 8000 辆汽车。即使到了 1905 年，也只有约 15000 辆——虽然我们很难查到精确的早期汽车数据，但有数据指出，登记的汽车数量要少于这一数字。不管到底多少辆，很显然它们根本就不具备扼杀其他东西的力量，相对而言，更容易被其他东西碾轧（可以说，这种事情时常发生）。

不仅没有那么多车，而且限速还非常低。1896 年"大解放"之后，政府提高了乡村和城镇的限速标准（增加了举着旗子的骑警），原来分别是 4 英里 / 小时和 2 英里 / 小时，虽然只提高到 14 英里 / 小时，甚至没有蟾蜍先生 * 飙车快，但无论如何这都是一次解放。萨里郡警察局对此做出的反应让自行车骑行者感到非常舒适，他们出动了 125 名自行车骑警去抓捕超速行驶的开

---

* 蟾蜍先生是童话《柳林风声》中的重要角色。

车者*。我真的非常喜欢汽车司机被穿着制服的自行车骑警警告靠边停车的画面。争论的另一方——汽车协会——雇了一群骑自行车的人，专门提醒汽车驾驶员哪里警察设置了车速监视区。后来的记录可能会让我们觉得司机一定吸取了教训，但实际情况正好相反。

早期开汽车的人实际上应该感谢骑自行车的人。正是自行车骑行者的坚持不懈，古老的街道才得到了合理的养护，并且还防止重蹈铁路覆辙，让道路再度陷入破损失修的境地。但是，道路仍不可避免地破损，于是全国自行车骑行者联合会地方办事处要求出台关于强制养护道路的法律。例如，1888 年，伯明翰法庭传唤了不下 8 名当地鉴定员，让他们解释当地道路状况。[3]

有时候，对抗性也没那么强。1890—1908 年，萨里郡的自行车骑行者聚在一起筹集资金，用作"养路工人补给"——实际上就是为养路工人提供餐食的慈善活动。[4] 这项筹款主要用于萨里路养护，这是通往雷普利的高速公路路段，以其不可比拟的光滑度在国内小有名气，有一些自行车骑行者远道而来，就是为了到这里来回骑上几圈。赫伯特·乔治·威尔斯在《命运之轮》中将这条公路作为胡普德赖弗和杰西初次相遇的地方——就像艾伯特·波普在波士顿严格铺设的街道一样，它体现了当时的最高水平［雷普利就在伦敦 – 朴次茅斯的 A3 高速公路附近。如果你想正经地体验一下自行车朝圣之旅，那就去安克（Anehor）喝一

---

* motorist，指驾驶或乘坐私家汽车出行的人，驾驶汽车的人也同时是汽车的所有者。本书翻译为"开车者"或"开汽车的人"。

杯，这里是雷普利公路骑行活动集合地。这个酒吧之所以人气那么高，部分是因为在最开始自行车还是一种消遣方式的时候，在其他酒吧对骑行者避之不及的情况下，只有它对骑行者敞开了大门。现在说感谢也不晚；当然，穿七分裤或灯笼裤还会有额外加分〕。

这不仅仅是公路的问题。乡村旅馆，比如雷普利的安克，如果它没有接待自行车骑行者，那么在从驿站马车演变到汽车之间的多年时间里，它肯定会经受更猛烈的风雨。路标比过去更容易被人无视；这种偏远的村庄各种机械工具应该比较稀缺。这些都是保证在乡间兜风不迷路、不抛锚、不饿晕所必需的基础设施，也是自行车骑行者全力争取来的。"兜风"这个理念最初也是来自自行车运动。因此，许多早期的开车者都曾是骑行者这一点就不足为奇了——20 世纪，绝大多数自行车生产商转型后都开始生产汽车和摩托车，也都取得了不同程度的成功。[5]

20 世纪初的汽车更像是加强版的自行车（我本着比较严谨的态度使用了"加强版"这个表述，以免愤怒的自行车拥护者踏平我家草坪）。显然，从来没有人以比赛来宣传汽车。《自行车运动》杂志对汽车的出现表现出高涨的热情，甚至在 1900 年把名字改成了《自行车和机动车》（*Cycling and Moting*），"机动车（moting）成为这种新活动众多叫法中最常用的一个"。人们认为骑行者和开车者（"机动车骑行者"？）一脉相承，代表的都是危险性运动。关键问题是你是不是那种无拘无束想去布莱顿海滩野餐的人。你怎么带着三明治去海边根本不是问题。不管是骑行者

166

还是开车者，所有人都享有道路使用权，没有贫富贵贱之分，路上喇叭声和车铃声和谐地交融在一起。

1906 年，骑行者旅行俱乐部想修改内部章程，以接纳开车者加入俱乐部。那直接把名字改成"旅行俱乐部"就好了。事实证明，受理这起案件的法官比 CTC 委员会更有远见：托马斯·沃灵顿爵士（Sir Thomas Warrington）预言总有一天骑行者和开车者会站在不同的立场上。[6] 接下来发生了一件事，似乎就是为了进一步印证这个预言，《自行车和机动车》杂志毫无征兆地又改回了原来的名字，没有人对这件事发表评论，就好像整件事从来没有发生过一样（关于 CTC 的争论有另一种解读。CTC 成立时定位明确，就是专属于上流社会的组织，大多数成员都是那种随着年龄的增长，能沉稳从容地驾驶汽车的自行车骑行者。我猜他们肯定很喜欢护目镜那种放荡不羁的外形。所以他们开始热衷于开车是因为当时俱乐部成员实际上都不再骑自行车了，而不是因为他们想欢迎那些同样喜欢在乡村旅馆喝暖啤的小伙子）。

汽车的确促使上层阶级脱离自行车运动。假如没有汽车，由于价格暴跌和经济萧条，以及骑自行车的人涵盖更广泛的社会阶层，那么上层阶级极有可能再度回归自行车，并且让它再度繁荣起来。但毕竟他们不可能一直这么做，就因为威尔士亲王喜欢看斯内尔小姐手下的女子们互相投掷软球。不过，他们中有一些人实际上已经喜欢上它了。我敢肯定，他们会想到一种两全其美的解决办法，既可以最大限度地保持阶级优越感，又可以最大限度地减少跟售货员和马桶修理工接触。但是，骑自行车能带给人的

美好体验，开车也同样可以——乡间小路、旅馆和风景——这时开车还是一种新潮时尚的活动，所以还是开车去旅行更有诱惑力。汽车的出现是灾难还是奇迹，取决于你对上层阶级骑自行车的理解。

因此，在各方面因素的共同作用下，骑自行车注定要成为中产阶级和工人阶级的活动，随着时间的推移，骑自行车与工人之间的关联越来越紧密。这并不是说这样就没有价值，或者就有失体面。这股社会热潮没有带来深远的影响，但它至少让骑车成为一种体面的运动，特别是对女性来说，同时还让它成为一种经济的消遣方式和个人的交通方式，所以工人比贵族更常使用自行车。

骑车旅行的传统仍在不断成长，日趋成熟。当《1911 年商店法》(*Shops Act of 1911*) 规定每周放半天假时，自行车骑行随之再一次繁荣起来。俱乐部蓬勃发展，计时赛也不断发展。自行车行业逐渐从 19 世纪 90 年代经济崩溃的阴影中走出来，伯明翰、考文垂和诺丁汉等城市在自行车行业的带动下取得了长足进步。自行车制造厂的数量虽然有所减少，但总体规模却扩大了——1897—1913 年，伯明翰的自行车制造厂从 308 家减少到 160 家，但工厂雇用的工人数量却增长了 27%。[7] 到 1914 年，兰令一跃成为当时世界上最大的自行车生产厂商，而这家工厂在 1898 年时曾经一度在破产边缘垂死挣扎。[8] 诚然，汽车的兴起确实对英国的自行车行业产生了一定的影响，但显然并没有扼杀它。如果非说有什么影响的话，那就是汽车使自行车成了普通人的消遣工具。

不利之处在于政治，自行车运动逐渐失去了统治阶级的支持，这当然会影响自行车的发展。

* * *

自行车运动虽然失去了来自统治阶级的支持，但却吸引了其他人群的关注。20世纪，在许多方面政治和自行车运动的联系变得越来越紧密。

几年前，我厌倦了没完没了地去国内偏远地区参加顶级赛事的生活，于是决定在接下来的几个月里主要参加规模比较小的地方赛事。我参加的第一个地方性赛事是沼泽地号角自行车俱乐部（Fenland Clarion Cycling Club）组织的自行车赛。这是一场非常愉快的比赛，热情友好，组织有序。但是，场地状况要比大型赛事略微逊色，最后我以巨大优势获得胜利，都让我觉得有点不好意思了。这让一起比赛的其中几位选手很是气恼，说我应该回到自己的风洞去，现在就去。

我早就习惯这种使用"号角"（Clarion）命名自行车俱乐部的做法了：沼泽地号角（Fenland Clarion）、博尔顿号角（Bolton Clarion）、北兰开夏郡号角（North Lancashire Clarion），等等。这些俱乐部的名字早就见怪不怪，因为自行车俱乐部都喜欢写点诗什么的。"某个地方或者其他骑行者"这样的名字很常见；我参加的第一场比赛就是哈特金流浪者俱乐部（Hitchin Nomads）

组织的——他们来自哈特金，但没有固定的聚会地点；维洛言论自由俱乐部（Velo Club Free Press）的名字来自剑桥一间酒吧的名字（"言论自由"作为俱乐部的名字本身就很奇怪）；圣仙安自行车俱乐部（San Fairy Ann CC）的名字来自法语"无所谓"（Ça ne fait rien）的发音——"无所谓"自行车俱乐部借用了第一次世界大战归国士兵学来的法语读音，这个口头版耸肩曾一度成为当时的流行语。

以道路名字命名的情况也很普遍，比如弗雷德里克·托马斯·比德莱克的大北路自行车俱乐部，以出伦敦的一条公路命名，其目的就是鼓励在现今的 A1 高速公路上骑行；帕斯路俱乐部，以现在的 A4 高速公路命名，多年来这里一直承办最负盛名的计时赛赛事——帕斯路 100 英里计时赛。

所以乍一看，"号角"这个名字跟那一点古怪感还很般配。了解它的唯一线索是年度赛事手册，上边经常会刊登全国号角俱乐部（National Clarion）的广告。最上边是一个古老的手绘标志——穿着飘逸长袍吹着小号的女神，四周是各种标语，比如"社会主义，世界的希望"和"友情是天堂，没有它就像下地狱；友情是生命，没有它，就意味着死亡"。没几个俱乐部会投放广告，能投放广告的往往是在自行车运动领域数一数二的俱乐部，所以号角俱乐部的这则广告让人觉得有点好奇。

不可思议的是，"号角"最开始居然是一份报纸的名字。最开始谁也没想到它会跟自行车扯上关系。它是 1891 年由罗伯特·布拉奇福德（Robert Blatchford）创办的，这位创始人对自行车

全国号角俱乐部标识

运动没什么兴趣，但却对社会主义充满兴趣。他的母亲是一位演员，所以他在青少年时期经常坐在装满各种道具和服装的马车后座上去英格兰北部。他不愿像母亲一样过漂泊动荡的生活，于是他先是去当兵，然后去做记者，但他骨子里还是一个浪子，并且是一个敢于冒险的人。[9] 此外，他还有一腔浓厚的爱国主义情怀——在现在来看这种品质跟社会主义政治观是很奇怪的组合，但在当时却很普遍。布拉奇福德的社会主义观是受曼彻斯特贫民窟和威廉·莫里斯（William Morris）的启发，莫里斯的至理名言是："友情是天堂，没有它就像下地狱；友情是生命，没有它就意味着死亡。"这也是这家报社要传达的观念。《号角》还是比较受欢迎的，特别是刚创立的时候，但坦白地说，不足以让《泰晤士报》的编辑焦急地在办公室墙上勾画它的销售图表，忧心忡忡地苦想对策。

布拉奇福德和他一手创办的报社所主张的社会主义不是在烟雾缭绕的房间里进行商议，也没有没完没了的理论辩论，它的主

要核心是友谊和户外活动——在朋友的陪伴下带着雀跃的心情暂时走出城市，归隐乡间。报社有政治支持，但内容却包括了新闻、史话、智力游戏和笑话，质量参差不齐。若说它的宗旨是"娱乐大众"可能有点太轻蔑，但若是把重心放在"大众"上，可能就比较贴切了。

因此，它受到自行车骑行者的欢迎就不是件令人惊奇的事了，但的确会令人觉得意外。全国号角自行车俱乐部成立于1895年，但直到20世纪初，它才开始蓬勃发展起来，截至1897年，共有77家地方性号角俱乐部，1909年这一数字猛增至230家。[10]号角俱乐部的理念跟自行车热潮中占据主导地位的自行车运动理念不谋而合，有一些可支配收入的技术工人开始骑自行车。在周末骑行活动或复活节假期，俱乐部成员纷纷逃离北部工业城市直奔峰区或谷区，只有开怀畅饮，不谈时局政治。这些人只想体验一把社会主义生活，而不是想酝酿革命。

号角组织保持着愉快的混乱状态。有时候，全国年度股东大会就是随便挑一个地方和日期，从来没人关心是不是有地方住宿，或者是不是有供开会用的礼堂。有一次的年度股东大会甚至是直接在教堂墓地里开的，但几乎所有与会人员都非常满意，因为没人统筹安置其他事情。还有一次会议，无药可救的全国委员会再次当选，理由只是"希望他们下次能做得好点。"

但这正是布拉奇福德想要看到的。享受朋友的陪伴是第一位的，而决策管理层随便一个举措都可能把朋友变成敌人……好吧，果断的决策管理层可能被绞死。无论理论还是实践，有序混乱才是布拉奇福德期待的结果，也是号角的魅力所在，毕竟友谊才是最重要的。直到1903年，他们才组织了一次勉强像样的年度会议，当时，年度会议有1000多名号角俱乐部的骑行者参加，会员总数约为7000人。[11]

我说的"号角骑行者"（Clarion riders）——他们自称为"号手"（Clarionettes），听起来就像是黄铜单簧管演奏者，或者像是一群恳求别这么严肃的成年人。他们把自己的传统叫作"号角人"（Clarionese）。他们的传统有点怪：若一个号手在街上看到另一个号手，就会大喊"靴子！"作为问候语，然后对方会回应一声"靴刺！"。[12]关于"号角人"这种有点诡异的特色性问候，具体渊源暂时还不完全清楚。

社会主义仍是俱乐部活动的核心理念。这里的社会主义的定义比较模糊，但无论是号角俱乐部还是《号角》报社，都没有想过要通过没完没了的争论完善这个定义。这不是号角的工作重点。他们没有阶级等级之分，没有具体的政治目标，否则就会滋生怨恨，导致关系紧张。融洽的分歧要好过不融洽的妥协。你不会偏离俱乐部的宗旨，因为号手非常谨慎地确保没人真正知道宗旨到底是什么。

但说他们混乱并不是说他们不进行宣传。号角侦察兵——混乱的组织中侧重宣传的小团体——会分发宣传刊物，张贴海报。此外，他们还提供"即兴演说"服务——号角会为有需要的公众集会指派一位社会主义演讲人，这就跟现代竞选团队专门派人随时接听《晚间新闻》（Newsnight）调查员的来电一样。演讲人一

般骑车去参加集会，最远的时候单程可达 50 英里。在一个冬天的下午，逆风骑车 3 小时去参会，发表振奋人心的演说，完了再顶着星光骑车回家，这种精神让人不得不钦佩。[13] 这些活动也并非全然无用。我们可以沿着这条线索了解号角的宣传活动，及其在 20 世纪初独立工党成立一直到 21 世纪演变成英国工党的整个历程中所发挥的作用。[14]

20 世纪 50 年代，号角组建了"号角营地"（Clarion Camps）。先是在巴克洛山（Bucklow Hill），随后在哈德福斯（Handforth）和马斯顿（Marston），这三个地方都位于柴郡，最后在兰开夏郡的里布尔山谷（Ribble Valley），号手们修建了俱乐部会所、营地、果园和厨房、花园，他们在这里办音乐会，玩游戏，开运动会。这是体现人类生来热爱户外活动的天性的典型例子，也是这种本能推动了 20 世纪上半叶童子军、漫步者和青年旅舍的出现。这是社会主义的另一种表达方式，可能也是更好的表达方式，把社会主义表述为工人阶级可以实际去做的事情，而不是只停留在理论上。这就是布拉奇福德的友谊观。

还有一个重点是营地接纳女性。号角认为自行车在妇女解放运动中发挥了重要作用。有了自行车，女性就具备了机动能力，可以去别的地方，跟男性一样去旅行，这种观念让自行车变成了政治产物。布拉奇福德说："尽管说妇女拥有选举权有利于社会发展，但论对工人阶级生活产生的影响，我会把它排在充气轮胎之后。"[15] [这是在听过比利·康诺利（Billy Connolly）的玩笑话之后说的，他说："若说婚姻是一项伟大的发明，那么自行车维修工具也称得上是一项伟大的发明。"]

　　号角组织内的女性担任"号角先锋"（Clarion Vans）的角色，她们坐着大篷车从英国西北部到南威尔士巡回演讲，一路上分发传单，宣传号角的社会主义理念。这些无止境的巡回宣传活动，号手们会轮流参加，持续了近20年。[16]

　　如今，号角俱乐部仍在运营。21世纪之交，18家地方俱乐部仍有约800名会员。同时，还不断有新的俱乐部成立——2012年成立了马姆斯伯里号角自行车俱乐部（Malmesbury Clarion CC）——但最起码从会员数量上来看，号角的巅峰出现在第一次世界大战前，当时会员有七八千人，地方俱乐部达200多家。此后，除了20世纪30年代早期出现过短暂反弹，号角的规模一直在不断缩小。几十年前，政治因素就退居次要地位。20世纪30年代，布拉奇福德在回忆俱乐部衰落原因时说："有几年各方面都很顺利，但随着许多热情的年轻人陆续加入进来，开始出现了对'组织'的需求。我指出友谊就是一群友善的人志趣相投、惺惺相惜的情感，所以说友谊没有办法组织。但友谊又是需要经营的，所以它的魅力渐渐消失了。"[17]

　　第一次世界大战期间，《号角》遭受了重创，爱国主义情怀和支持战争与国际化的社会主义理念发生了冲突，最终报社于1931年关闭。

　　号角俱乐部的经历反映了20世纪自行车运动的发展情况。这时的自行车运动早已脱胎换骨，不再是时尚的象征，自行车的价格也不再像早期那样高不可攀，不再局限于特定阶层。若你生

性多愁善感，这样说可能会让你感觉舒服一点——号角迎合了不同时期骑自行车的需求。每个人都渴望友谊、平等、突破陈规和能动性。毕竟，谁会愿意为自己的对立者传递火炬呢？

第一次世界大战前，就在号角如日中天的时候，有一个没那么自由（但一样混乱）的组织也对自行车产生了兴趣。英国陆军发现，自行车比马便宜，方便维修，在炮火声中没那么容易受到惊吓。陆军觉得这真是天赐良机，但忽略了实用性问题，要知道不管哪里都有可能成为炮火相接的战场，而自行车只能在路况良好的停车场上骑，或者他们没想到在最坏的情况下，自行车不能像马那样用来充饥。

当时还有一本专为骑行者士兵编写的训练手册。这是一位只骑过便士法新的军官撰写的，没想到却招来了赫伯特·乔治·威尔斯的嘲讽，他一直都喜欢跟英国陆军唱反调。例如，威尔斯很快就指出介绍如何骑车携剑的内容有点过时了。他还提出，手册的内容基于士兵手持长剑的战术，但这并不是一个很好的立足点，而让骑行者在模拟战场上进行测试可能更有用。[18] 英国陆军基本上完全无视了这些批评意见。所以，1914 年，骑着自行车向法国北部进军的 14000 名陆军骑行者，应该有信心不会因为把剑伸到前轮辐条里伤到自己。

所谓忠言逆耳，威尔斯说的是对的，作为一名专业人士还会告诉你，同样是被掉落的钢琴击中，也有正确的击中方式和错误的击中方式之分。在第一次世界大战期间，在泥泞和战壕中自行车根本无用武之地，所以关于士兵骑着自行车持长剑冲锋时采用哪种阵型最好的争论顿时没有了意义。陆军可能是被布尔战争中使用自行车的效果欺骗了。布尔战争的战场天气炎热，尘土飞扬，相对比较适合骑两轮车行进。当时英军就用自行车进行侦察，运送信鸽，以及紧急传信。贝登堡勋爵（Baden-Powell）在布尔战争期间甚至亲自骑过自行车放风筝，而风筝上装了照相机，用来拍摄侦察照片，这可能是你能想到的最巧妙的自行车用法。它对间谍卫星的意义，就像两个锡罐和一根绳子对互联网的意义一样。

关于自行车在第一次世界大战中的应用，初期的时候曾用于传递信息和指挥交通。更具创新性的是，有人在战壕防空洞里用固定自行车发电[19]（记得下次再在固定骑行台上锻炼时，想象一下是在特别艰苦的条件下骑行）。

真的很遗憾。陆军部队投入了大量精力研制战斗自行车，不仅限于两轮车。在他们将人力与重载机械相结合的过程中，一次又一次地重复着19世纪初人们曾经犯过的错误。他们造出一辆四轮踏板炮架，可以搭载两个人和两挺机枪。在平地上都有点笨重，更何况是在山上，根本就没办法行进，这一点也不令人意外，因为它的自重就将近200公斤。但是，当你开枪扫射的时候，没有后坐力缓冲装置，它真的可能飞起来。至于重量稍微轻一些的战斗自行车，部队设计出搭载机枪的前后双人自行车，方便骑行者射击。同样，有人质疑在行进过程中侧面射击的话后坐力可能会是个问题，但至少开创了用双人自行车展开战斗的可

能性。[20]

此外，部队还改装出适合在铁路上骑行的自行车，但它跟装甲列车一样无法实施规避动作或者做不可预测后果的操作，实际上装甲列车也还没修复这个缺陷。当时甚至还制造了战地记者专用自行车，车把上焊接了一台打字机。这个发明的想法是，当记者骑车穿过枪林弹雨的时候，可以停下车，"随时记录他对身边的战火纷飞有什么感想"[21]。到目前为止，没有哪位战地记者愿意冒死用这种最快一分钟一百字的打字机进行报道，没有人会在战场上真正用到它。

这些体现了人们对自行车的过度迷信。热情太过高涨，会让人们觉得它无所不能，而且更便宜、更快、更完善。但真到了战场上，这玩意其实一点用处都没有。归结起来，在弗兰德斯战场上，摩托车、马、坦克，甚至汽车都比自行车更实用。

第二次世界大战期间，许多士兵携带折叠自行车完成诺曼底登陆。我们可以从战地照片上看到，部队士兵扛着组装好的自行车费力地冲破海浪——他们想的是，直接把自行车从登陆艇坡道推到海滩上，然后骑车离开海滩。但到最后却成了尴尬的负累。坦率地讲，尽管自行车成了累赘，但法国还是获得了解放，只是没自行车什么事儿。

让我们再来看看英国，有人担心德国伞兵可能利用自行车混进来。美国陆军部宣传片中有一个场景，听到有人用蹩脚的英语喊"你好你好！（*Allo 'Allo*）"，碰到这样的情况应拒绝放行，在宣传片中，敌方一名伞兵乔装打扮成了修女，突然，一辆折叠自行车从修女服下面露出来，然后他就跳上自行车逃跑了。[22] 同时，有人提出，自行车商店应该把所有库存自行车的脚踏板都拆下来，而一般自行车骑行者则被要求在离开自行车时尽可能多地把螺母拧下来以使自行车无法使用，这样一来，只要不是乔装成小布（Brompton）负责包装的修女，德国伞兵根本没办法偷走它们。

担心自行车被偷，说明英国人识破了德国伞兵的伎俩。1942年，在日本入侵新加坡的战役中，自行车发挥了决定性作用。日本军队没有使用折叠自行车或者降落伞。相反，他们只用35000名士兵就占领了这块英国殖民地，他们登陆后，骑着所到之处能抢来的所有自行车，沿着英国在马来半岛修建的高质量公路突袭。即使他们想带着自行车登陆，入侵舰队也不允许他们这么做。一位目击者说，日本人携带着枪支和装备，三四人一组地并排骑在路上，一边骑车一边又笑又唱。看起来就像俱乐部成员在一个温暖的晴天一起去骑行一样。[23]

但是，这是唯一一次自行车在战争中成功地发挥了作用。尽管英国和其他军队也做了大量尝试，想把自行车用于战争，但除了日军入侵新加坡和贝登堡勋爵的侦察风筝，几乎没有找到什么有价值的用途。你制造的自行车对战场适应性越强，就越没用。如果你能自得其乐，那也不错，这也印证了自行车符合民主的理念。最后，跟以往一样，自行车更善于以更和平的方式叩开通往新世界的大门。

10 自行车巡回赛
1920—1958

20 世纪两次世界大战之间的岁月，现在看来并不遥远，或者说人们对它们没那么陌生，特别是与第一次世界大战之前相比。文学作品是现代的，如沃（Waugh）*、伍德豪斯（Wodehouse）**、菲茨杰拉德（Fitzgerald）***；通信是现代的——电话、火车、飞机；音乐也是现代的，或者至少是比较现代的——那是爵士乐的时代。若你还记得互联网出现之前的事情，那差不多就是你亲身经历的了。

毕竟，这是一个万事万物瞬息万变的时代。20 世纪 20 年代是稳定发展的 10 年。在伦敦，社会名流还沉迷于从一个地方狂

---

* 即伊夫林·沃（1903—1966），英国作家，被誉为英国 20 世纪最优秀的讽刺小说家，代表作有《衰落与瓦解》《旧地重游》等。
** 即 P. G. 伍德豪斯（1881—1975），被认为是 20 世纪英语世界成就最大的幽默作家，代表作有《万能管家吉夫斯》系列。
*** 即 F. S. 菲茨杰拉德（1896—1940），20 世纪美国最杰出的作家之一，代表作有《了不起的盖茨比》等。

飙到另一个地方的感觉——外出参加晚上的聚会时，只要一有机会，就会跳上车，在引擎的轰鸣中，醉醺醺地绕伦敦极速狂飙，尽可能快地穿过其他同样参加完聚会也在狂飙的车流。在一家酒店吃开胃菜，到另一家酒店吃主菜，而布丁可能在匆忙赶去爵士乐俱乐部的时候被完全抛在脑后。风驰电掣，荡气回肠，沉溺于"一战"后的创伤情绪中无法自拔。

这个时代很少听到关于自行车的消息。上流社会的年轻人对油灯和开口销并没有多大兴趣，与此同时自行车成为一种更实用的工具，不再是时尚的象征。

但是，虽说近乎无声无息，但两次世界大战的间隔期仍被认为是自行车运动的黄金期。当然，这只是自行车本身的黄金期。在英国，两次世界大战间隔期，售出和保有的自行车数量非常庞大。1936 年，据推测，日常使用的自行车数量达到 1000 万，使用自行车的总人数达到 4000 万。[1] 为了保证更贴近事实，我讲一个我父亲的亲身经历，20 世纪 40 年代，我父亲居住在安特里姆郡的工人聚居区，他回忆说当时街上每个人都骑自行车，而且大多数人每天都骑。他还给我讲了一件发生在"二战"期间暑假的趣事，那时他只有 11 岁。他跟叔叔、婶婶还有两个岁数相仿的堂兄弟一起度假。按计划，他们先从贝尔法斯特搭火车（在我想象中周围是闪电战留下的满目疮痍），然后到巴利卡斯尔海边剩下的路程，他们一起骑自行车过去。

这时候，问题出现了，他们还缺一辆自行车。我父亲懂得礼让，就把自己的自行车让给了堂兄弟。最终的解决方案是我祖父

提供的。他开了一家阿克莱特式（Arkwright）的杂货店，专门买了一辆送货男孩骑的格兰维尔式（Granville）自行车，好了，现在它归我父亲了。你知道这种自行车——钢架非常重，前边还有个很大的车筐，上边贴着宣传杂货店和一周特价促销的广告，只安装着单级齿轮，车链也不太润滑，刹车有是有，但真遇到什么事儿也就是个摆设。车筐还是很有用的，它非常非常大，装下堂兄弟的所有行李都没问题，于是我父亲只能再度发扬风格。

我父亲当时只有 11 岁，去海边的途中，他要骑着这个庞然大物翻过北安特里姆山（North Antrim Hills）。要知道那里有很多很多上坡，堂兄弟却优哉游哉地在上边等他。到那里需要两小时，下星期再骑两小时回来，途中经过战时灯火通明的巴利卡斯尔。73 年过去了，每当提起来他还是忍不住怒火中烧。

在这种条件下，骑车是件很了不起的事——自行车和行李加起来比他重很多。但他不会认为自己是一名自行车骑行者，家人不会这么认为，街坊邻居也不会这么认为。他头脑里想的只有一件事，那就是大家怎么顺利到达目的地。骑一辆送货自行车去巴利卡斯尔，也比在家里过暑假强。

在两次世界大战间隔期，自行车的数量和骑行距离激增，所以这是一个与众不同的特别时期。自行车最大的进步就是成为平价的交通工具，尤其是两次世界大战间隔期。它切实地改变了人们的生活方式，工人可以用这种简单廉价的工具作为上下班通勤之用，这样就可以住在稍偏一点但条件更好的房子，甚至还扩大了乡村地区基因库的广度，为了找到自己的理想伴侣，相爱的人还有他们的 DNA（脱氧核糖核酸）可以借助自行车去到更遥远的地方。此外，还可以跟家人一起去海边度假。我父亲和他的送货自行车走进了不同的历史故事，比如陆地运输史、第二次世界大战史、零售业史、休闲史，甚至是 20 世纪中期安特里姆郡虐待儿童的新技术史。可见，自行车和骑自行车的人不只书写着自己的历史，而且还是其他领域历史的参与者。

然而，即使在许多人都依赖自行车作为交通工具的时候，也有许多人认为自行车的价值就在于消磨你节约下来的时间。可能就是因为周围一下子多了那么多自行车，骑自行车作为一种体育运动和消遣方式再度繁荣起来。其中最重要的一点是，自行车可以带人们暂时地逃离喧嚣的城市。"你的生活就是在嗡嗡的机器声中，在加减乘除中或者应付难缠的顾客中度过吗？你是不是有时候也渴望抛开这纷乱的一切？"1923 年英国兰令公司的广告中提出了发人深省的灵魂拷问，然后展示了一张他们生产的山地车照片。我猜在当时可能没什么人会买它。

即使广告里没有那么多花里胡哨的东西，但它们的主题仍是远离尘嚣和适度冒险。它们不再拘泥于标准形式——一张山地车的侧面轮廓图，一句关于它比现有其他自行车快多少的劝告，以及一个价格——而是使用在开阔的户外骑在自行车上英姿飒爽的人物素描图。它们从销售自行车转向推销自行车运动。这与现代汽车广告遥相呼应，它们体现的是一种生活方式，而不再是性能或参数配置的比拼。如果你能偷得浮生半日闲，骑自行车去看看乡村的教堂，你的生活会变得更充实，但若你骑着崭新的分

骑车旅行

期付款的皇家恩菲尔德（Royal Enfield）摩托车去，会获得双倍满足感。艺术家通常都会想通过惊人的细节来体现品牌特有的生活乐趣，比如一根活泼的孔雀羽毛从骑行者的帽圈里伸出来随风飘舞。

一切都是关于旅行的。旅行可以是短暂的一日游，也可以是两个星期的假期；可以是一个人骑车闲逛，也可以是俱乐部组织的集体骑行活动。一些俱乐部的骑行活动声势浩大。一位年近九旬的女骑行者一边回忆一边跟我说，伦敦北部巴尼特地区的定期俱乐部骑行活动经常有超过100名骑行者参加，在星期天早上9点出发，目的地通常是埃塞克斯郡的海边。他们经常在计时赛结束时提议大家在比赛结束后集合。参赛选手把挡泥板和车灯装回到自行车上，把比赛用的自行车车轮绑到车架上，换回日常用的自行车车轮，再跟大家一起去骑行。

在海边，年纪比较小的会员可能会去玩沙滩足球，而年纪稍大一些的会员则坐在一旁喝茶，这样待一两个小时后，一群人再一起骑车回家。他们每次都差不多傍晚时分才到海边，骑行100多英里。有一些俱乐部会员以星期天骑行作为一周工作的动力——跟朋友一起骑车穿行在宁静的乡间小路上，相约晚上一起到弗林顿吃鱼。

许多骑行活动参与的人员有男有女。自哈柏顿夫人被豪特波伊酒店拒绝之后，女子自行车运动有了长足发展，到1923年，《自行车运动》专栏作家骑行帮（Kuklos）认为女人可以和男人一样骑自行车，而且他觉得从某种程度上来说女性穿裙子骑自行

车"不是正经的自行车骑行者"[2]。

不仅男女都可以参加俱乐部骑行活动，而且带着孩子一起参加的情况也不在少数。其中包括那些年纪太小还不会骑自行车的孩子。1932 年，《自行车运动》杂志出版了一本关于如何带孩子骑车的入门指南，提出一套令人毛骨悚然的家庭自学方法，比如在妈妈和爸爸的自行车之间挂一个吊床。此外，它还给出了一系列说明，告诉人们怎样用木头下脚料和婴儿车车轮制造出一部足够大的侧车——可以容纳好几个孩子的那种侧车："如果你自己做侧车，最好先用一袋土豆做下测试，证明安全了之后再让孩子们坐进去。"注意"最好"这个词。若在战时和定量配给时期，你会觉得比起土豆，孩子才是更容易用来做测试的那个，你也会觉得把土豆当成假人进行胶合板侧车碰撞试验是件很冒险的事，那样土豆很可能就没办法吃了（"医生，这该怎么办？""好吧，你有食用油吗，我可以把它做成薯条。"）。

事实上，了解这种俱乐部骑行活动的最直观信息来自 20世纪 50 年代。第二次世界大战期间，自行车运动基本还是老样子，跟 30 年代相差不大。1955 年，英国运输影业制作了一部名为《骑行者专列》（*The Cyclists' Special*）的短片（英国运输影业是英国铁路公司的宣传部门，他们不断拍摄以战前乡村为题材的电影——两次世界大战之前——常见的场景就是穿着罩衫的英国乡下人赶着牛车，这种情况直到 1982 年之后才有了改变。现在该公司的许多影片还可以从网上找到，包括《骑行者专列》）。

《骑行者专列》的名字实际上是一列火车，它特别装配了运载自行车的车厢，一天可以接送几百名骑行者，都是一些为了远离日常生活圈子，去骑车一日游的人。所以，哪里算是远离生活圈子的地方？旁白："坚韧的伦敦自行车骑行者可以骑车去布莱顿、贝辛斯托克或者贝德福德。""但是如果有人说你们可以骑车去沃里克郡，你肯定会说他是个疯子！"很显然，沃里克郡总的来说跟加拉帕戈斯群岛一样人迹罕至。镜头下的男人们都穿着七分裤和长筒袜，叼着烟斗；女人们则穿着卡其短裤对着镜头羞涩地微笑。在这列火车上，《自行车运动》编辑 H. H. 英格兰（H. H. England）正在看着地图规划骑行路线（旁白："他知道旅行不带地图就像小土豆没加薄荷一样"），这时候一个叫雷哲（Reg）的人用他的烟斗打着手势询问是否可以抽烟，他点点头表示不介意。

他们从拉格比站出发，逐渐分成三三两两的骑行队伍，有的看着中世纪教堂的彩色玻璃窗，或者在脑补内战时肯尼沃斯城堡（Kenilworth Castle）的样子。接着镜头掠过一排自行车，整齐地靠在教堂庭院墙上；骑行者们正在给扶壁拍照和制成黄铜拓片。这就像参加专门为成年人组织的郊游。尴尬的是，我很长一段时间后才反应过来，他们现在在做的事情跟我初到威尼斯或罗马时一模一样。

一天结束了，他们再坐火车回家，"痛并快乐着"，从某种程度上来说太容易满足了。这让我想起了儿童绘本《燕子与鹦鹉》（*Swallows and Amazons*）的开头几章，讲述的是在户外度过的漫

长日子，毫无目的的探险，吃着三明治和马卡龙，喝着姜汁啤酒（我的天，自行车骑行者怎么能吃这些。那时定量配给刚过去没多久，导演用长镜头拍摄被骑行者塞进嘴里的岩皮饼，而骑行者此时在琢磨怎么一边吃东西，一边在镜头面前保持窘迫的微笑，这个画面却让导演产生了一种看色情片的快感）。

《骑行者专列》中的骑行活动组织得相对严格一点，但在两次世界大战间隔期和20世纪50年代，大多数骑行者都了解它的基本思路：先去好玩的地方逛逛，跟朋友一起开怀大笑，一起吃蛋糕，然后回家，"痛并快乐着"。回家倒头就睡，星期一早上再次回到嗡嗡的机器声中，继续看一张张数据表，或者继续面对难缠的顾客。

在20世纪20年代末到30年代初的自行车黄金时代，《自行车运动》杂志大获成功。对于自称自行车骑行者的人来说，它是重要的时事通信刊物、日记簿和朋友，而正是这些最容易让你沉迷其中无法自拔。这里就像他们在世界上可以依靠的根，能带给他们无限的信心。

但与此同时，也有一些内容让人觉得诡异。多年来，杂志一直设立着一个叫"你问我答"的栏目，用来解答读者的各种问题。它就跟谷歌发布一样，从表面看，跟当代杂志的内容没有很大区别。但为了节省篇幅，《自行车运动》杂志不会把读者的问题一起刊登出来，只会刊登解答的内容。[3]

每年1月，《自行车运动》会发布当年里程表——在空白的柱状图上用不同颜色标记每周里程。这个传统一直延续至今。不过现在取消了随时更新，邀请读者提交他们的里程数据表，只为了便于下一年里程表的公布和分析。与其说像谷歌发布，不如说像 Strava 统计分享。重新制作数据表格，并附上评语："科尔切斯特的雷哲·怀特（Reg White）先生的里程数据表是我们收到的所有数据表里比较突出的。总的来说很棒，一年总骑行距离 7000 英里，全年的里程分布也比较均匀。最高里程是 7 月，因为参加了一次愉快的南海岸骑行活动，但 9 月只骑了 300 英里，因为这个月他的妻子不幸离世。"大概有几十条这类评语，分多期刊登，但大多数不及雷哲·怀特的这条评语生动。

如果没有其他原因，Strava 统计分享表明现代人不热衷于累计里程。1995 年的一期杂志上，我看到了一条骑行者讣告，俱乐部秘书说："他一直都绕路回家，只为了多累积一点里程。"这是很高的赞誉，但跟不骑自行车的人很难解释。

杂志还设有技术新闻专栏——现代人关心的怎么避免曲柄"上止点"故障的问题，以及关于轻量型自行车的报道。与现代出版物相比，该杂志在刊登制造商提供的参数方面可信度更高——如果制造商说自己的新自行车胶套鞋 100% 防水，杂志通常会实事求是地在这个参数后加上自己的评价。

另外，杂志也会报道自行车赛，包括计时赛、异地纪录挑战赛和场地赛。而这期间，英国自行车运动员一直未能在奥林匹克赛场上实现零的突破，于是车迷们每隔四年就捶胸顿足一次，当然这期间也制订了各种整改方案——有的就跟全国各地举办的比

赛一样，嗅觉敏锐地发现有潜力的新人；还有像必修课一样让人头疼的踝关节训练课。[4]踝关节训练实际上就是弯曲踝关节增加踩踏板的力量，在 20 世纪的大部分时间里，教练和自行车运动杂志都痴迷于踝关节训练，至少在英国是这样。但真正赢得自行车比赛的欧洲大陆人根本就没有关心过这个问题，如果现在你向他们解释这个问题，他们肯定会瞪着你，以为你疯了。

但是，在两次世界大战间隔期，杂志报道的核心是骑车旅行。综合各方面来看，《自行车运动》实际上是一家旅行杂志。每期都会对去哪里旅行提供一些建议，比如为了庆祝严冬过去、万物复苏，提出旅行建议，从坐火车一日游，到复活节三天"小长假"，再到时间更长的一周或两周度假模式，应有尽有。在两次世界大战间隔期，著名的自行车运动员也是骑车旅游爱好者。本杂志的明星撰稿人有：骑行帮［威廉·菲茨沃特·雷伊（William Fitzwater Wray）］、旅人［Wayfarer，W. M. 罗宾逊（W. M. Robinson）］和半人马［Hodites，内维尔·沃尔（Neville Whall）］。他们主要是用笔来讲述骑行途中有趣的见闻，但大多数是他们最近骑行的经历。

在当时，骑行帮、旅人和半人马名声大噪，靠类似现代的现场秀就能挣到不少外快。粉丝们不远万里去听他们的演讲——关于"野性的英国""英格兰老旅馆"或者"自行车奇闻笑谈"。半人马有一场著名的演讲，名叫《这样的路》（*Such Roads as This*），把粉丝带回到 1932—1933 年的冬天，讲述了他跟几个朋友一起沿着阿尔卑斯山脉骑行两周半的经历，每天固定骑行 50

英里"……一共跨越了 9 座山的 12 个山口"。他在演讲中还用载玻片展示了几十张骑行过程中的照片——这是比较标准的演讲形式。这场在剑桥中央大厅发表的新式"提灯演讲",其轰动程度足以占据《自行车运动》新闻栏目的头版头条。[5]

我写到这种内容就不得不吐槽一下——因为这类演讲的狭隘主义和小众化。一边喝茶一边用幻灯片展示阿尔卑斯山风光,在 20 世纪 20 年代这样一个新发明层出不穷的快节奏时代,感觉上有点违和。但如果你觉得我说得太笼统了,那是因为其实我也想象不出来那个画面。我看过阿尔卑斯山,但观众们没有。有人生活的世界里只有平原、麦田和一直延伸到天际的土路,比如剑桥周围和英国其他地方的乡村,而阿尔卑斯山是截然不同的风景,值得一听。他们不关心风景如何,但一小时一口气骑到山顶的做法在他们看来那么遥不可及,简直令人难以置信。相比坐飞机,骑自行车环游世界的时候你才会发现原来世界这么大,并且体验感一点也不差。

但说实话,不管在哪个时代,"自行车奇闻笑谈"听起来都很可怕。

然而,即使是黄金时代,也少不了各种麻烦。20 世纪 30 年代的自行车繁荣要部分归功于大萧条,在大萧条影响下,人们开始热衷于露营、觅食和在山中漫步。骑行者旅行俱乐部的旅行手册开始推荐一些经济实惠的旅馆。甚至还围绕是不是应该把"可以只点茶饮"的场所单独列出来引发了争论,比如愿意只提供茶水的咖啡馆,这样骑行者就可以喝着茶水吃自己从家里带

的午餐。[6] 有人觉得应该把它们列进去，因为那是会员需要的东西；而有的人只是不愿意接受面前的事实，如今 CTC 成员早已今非昔比，遥想当年俱乐部初创时，会员清一色是出身富足的年轻人。

与直觉相反的是，到了 20 世纪 30 年代末，自行车运动在大萧条过去后又迎来了一波繁荣。人们有钱了，但没有立刻去买汽车，他们觉得如果买了，就可能被政府征用去对付希特勒。但是，我不会向你推荐像《纳粹党奇闻趣事》(*The Lighter Side of the Nazis*) 这样的书。

20 世纪初，骑行者跟开车者的和平共处及人员共享局面并没有维持太长时间。1919—1926 年，汽车的保有量从 7 万辆骤增到 100 万辆。到了 1934 年，这个数字又翻了一番，达到了 200 万辆，光那一年英国因交通事故死亡的人数就达到了 7343 人，这是个令人触目惊心的数字，也就是说平均每天因车祸而死的人数就达 20 人[7]——现在每年死于车祸的人数约 1700 人，但是当时的汽车数量仅为现在的约十分之一，所以换句话说，1934 年每辆车发生致命事故的平均概率是现在的 62 倍。当时，自行车骑行者是弱势群体——1934 年因交通事故死亡的骑行者人数为 1536 人。普通行人的死亡人数更多。

但这并未给政界造成什么困扰，也许是因为那个我们可以说上议院每位议员都是骑行者的时代早已过去。为了烘托纯粹的恐怖氛围，我忍不住要引用摩尔 - 布拉巴宗上校 (Colonel Moore-Brabazon) 的话，摩尔 - 布拉巴宗上校在第二次世界大战期间曾任丘吉尔政府的交通大臣。说他是职业赛车手一点也不为过，当然叫他铁血将军也行。1934 年，他在下议院的演讲中说道："的确，是有 7000 多人在汽车交通事故中丧生，但并不会一直这样。人们需要慢慢适应新的社会环境。毫无疑问，下议院老议员们肯定不会庸人自扰地去计算到目前为止我们一共撞死了多少只鸡。曾经我们的汽车散热器里常满载鸡毛而归。狗也一样。现在没有狗会挡汽车的路，所以狗才没死。即使是低级动物也懂得趋利避害这个道理。这些问题都会自行解决的。"[8] 此外，他还问大家为什么看到交通事故死了 7000 多人就这么激动，而想想一年有 6000 人自杀，却没有人为此大惊小怪。[9]

（1949 年，英国超级战斗机以摩尔 - 布拉巴宗的名字命名，叫作布里斯托尔·布拉巴宗飞机。这个机型的机身比波音 747 宽，但仅能搭载 80 名乘客，却同时搭载了一座可容纳 37 人的影院、两个酒吧和散步甲板。这种飞机非常大，为此还不得不夷平了布里斯托尔附近的一个村子，专门用于这种飞机的起落。时隔 30 年后，英国又出现了一件劳民伤财的无用之物，我觉得，飞机制造商取的这个名字再合适不过了。）

《自行车运动》每周都会更新自行车骑行者死亡人数，包括因疏忽和盲目自信死亡的人数或者醉得一塌糊涂觉得全世界人都在开车的司机撞死的骑行者人数。大多数社论都聚焦安全问题。即使定罪了，人们普遍也会谴责量刑过轻。1934 年以后，这句话随处可见："地方法官迟迟不肯取消司机的驾驶执照，说这会为司

机带来不便。好一个不便！不要再让我们听到对活着的人毫无底线的同情了，他的行为，只要允许他上高速公路，就会对生命造成威胁，就会造成人员伤亡。"[10]

不光是可怕的伤亡率，还有人们的愤怒，被按喇叭警告赶快让路的恼怒。即使是在 20 世纪 20 年代，也有人投诉说骑自行车的人被从主路硬挤到旁边的小路上。几年时间里，道路占用方式发生的变化比过去几十年都要大。例如，我很奇怪地发现，直到 20 世纪 20 年代，在英国还一直都没有靠左行驶的规定。唯一约定俗成的规则是骑行中左侧超车。但随着速度更快的交通工具——汽车的出现，已经没人再遵守这一规则了。其他人不仅要让路，而且要永久性让路。1931 年公布了最新的《公路法》(*Highway Code*)，主要提醒骑自行车的人他们损害了交通安全。[11]1000 万自行车骑行者对 200 万开车者，但这场没有硝烟的战争谁输谁赢一目了然。

实际上，在历来的较量中，自行车骑行者就没赢过几次。唯一的原因就是他们在政界没有支持者，所以这时候他们要做的就是寻求外部支持。他们只有团结起来，避免被一刀切赶下公路，被驱逐到自行车道上。但是之所以能取得胜利，主要是因为没有人真正地关心自行车运动，所以没有人会想先出资修建自行车道。他们争取让政府取消登记注册和自行车测试方面的敷衍性规定，同时年度自行车税也已经取消了。[12]

现在回头再看这些争论可能会觉得有点莫名其妙。20 世纪二三十年代，骑行者旅行俱乐部的主要争论点是尾灯。他们反对相关规定，并且是非常坚定地反对。他们主张超车时避免碰撞是后车的责任，强制性尾灯把避免碰撞的部分责任转嫁给了自行车骑行者，因此这是对骑行者基本自由的侵犯[13]（另一方面，CTC坚决支持汽车安装前灯，这是在1907年一些软弱的健康安全顾问参与修订法律后才有的规定，自此以后晚上再也没听到过那种心惊肉跳又不可思议的砰砰声）。

1939年，尾灯之战在持续了20多年后以失败告终，《战时管制条例》规定，取消几乎毫无用处的汽车前灯，CTC也承认双方都应做一些妥协。官方CTC历史学家威廉·奥克利（William Oakley）经历了那个时代，1977年时他还清楚地记得40年前整件事的来龙去脉。提到20世纪30年代CTC的领导人，他说："他们领导了一场艰苦卓绝的战斗，对手是对打破人类传统生活秩序的机械化工具及其忠实拥护者。因交通事故致死和致残的人数不断攀升，而且将继续增加，不可阻挡。虽然在尾灯之战中失利了，但他们至少站出来为了弱势群体的权利和福利跟强势的偏执狂、地方法官、地方政府、警察、议会和官僚体制抗争过。"[14]

奥克利这样轻描淡写的讲述，有些东西没提到，但却唤起了人们围绕两次世界大战间隔期的道路进行更有深度、更激烈的讨论，也算是意外收获吧。现在回想，CTC事件可能有些可笑，但就事件发生时来看，跟现在是否应该配置救生衣的争论半斤八两。实际上，尾灯之战的失利表明，20世纪30年代人们对道路占用的基本态度正在发生变化——从早期的双方协商变成后来的不可调和。但说到底，这个变化对自行车骑行者不利。

11 英国自行车运动员联盟
1942—1959

你可能对阿道夫·希特勒有不同的看法，但无论如何，都无法抹杀他作为现代英国自行车赛促成者的作用。没有他，就没有布拉德利·威金斯、克里斯·弗鲁姆、维多利亚·彭德尔顿（Victoria Pendleton）*等，或者就算是会有，情形也会大为不同。我承认这件出乎意料的事不会打破历史评判的天平，但我最起码应该提一下。

之所以提到希特勒，是因为 1936 年奥林匹克运动会对自行车运动来说是一个重要的转折点。柏林奥运会所设的公路赛项目是集体出发比赛。自 1906 年以后，奥林匹克公路赛都是计时赛，这很对英国人的胃口，因为英国是世界上唯一一个专门发展计时赛的国家（不是说英国赢得了所有比赛）。一封柏林奥运会比赛规则的信件送到英国全国自行车骑行者联合会手中，公路赛理

---

* 维多利亚·彭德尔顿（1980—　），英国最出色的女子场地自行车运动员之一，多次获得世界冠军，包括 2008 年奥运会场地争先赛冠军。

事会和《自行车运动》杂志（下文称为"权威机构"）集体抗议："英国代表团对此次奥林匹克运动会的公路赛将采用集体出发形式向国际自行车联盟和奥林匹克组委会提出最强烈抗议。奥林匹克运动会过去一直是保证世界各地选手在不掺杂策略和团队因素的情况下比拼公路骑行实力的最后阵地。"[1]

经历了第一次世界大战期间的短暂中断后，英国公路赛逆势回归，这就是说它还没从 19 世纪末在大北路上跟女人和马撞在一起的阴影里走出来。计时赛就是计时赛，不应掺杂其他东西。虽然在自行车界，其他比赛项目都逐渐喜欢上"集体"赛，因为他们看中了这种比赛形式的策略性和复杂性，同时要取得胜利，骑行实力与骑行智慧缺一不可，但英国人对此避之不及。策略性公路赛的整体想法跟英国人"实力最强的骑行者永远是赢家"这种根深蒂固的传统理念背道而驰，如果那样为了好玩看比赛的人嫌无聊，他们可以选择去看别的比赛。

他们确实这样做了，并且还是成群结队的。在英国，公路赛还是一潭表面无波的死水。1932 年，卡特福德自行车俱乐部（Catford CC）50 英里自行车赛的参赛选手指南中写道："为了这项运动的发展，诚恳地呼吁各位选手不管在哪里、无论在何时都不要在比赛中弄虚作假。"以前刚开始有公路赛的时候，数以万计的观众前往观看，但到了 20 世纪 20 年代，他们终于看腻了，不想再看了。

1930 年英国最佳全能运动员奖项设立，这或许就是为了让那些漫不经心的观众更加难以接受计时赛的时间考验。这实际上是

一种虚拟性锦标赛，全国各地的骑行者都可以报名参加评选，争夺唯一的冠军名额，规则是按照平均速度对报名骑行者本赛季 50 英里、100 英里和 12 小时耐力赛的最佳成绩进行大排名，评选出最佳全能运动员，比赛地点不限。虽然有 Strava 统计分享平台，但不妨碍它迅速成为英国自行车界的最高奖项。

作为大满贯，它又是非常低调的。这种评选形式就意味着这些著名自行车运动员之间可能素未谋面。就算你没赢过比赛，也有可能赢得这个奖项。重要赛事不可能提前预测成绩，因为天气和道路状况在快速骑行过程中发挥着重要作用。有时候主办方要用几周的时间才能对外公布比赛成绩，所以有时候迟来的成绩可能会出乎意料地彻底打乱原来的排名结果，并且本以为自己能获奖的人，打开《自行车运动》一看，才发现排在第一的不是他，人生真是充满悬念。但它的优势是易于参与，并且奖励那些在比赛中坚持不懈、顽强拼搏的人。当然，它也有一些尤其不利于业余比赛冠军的特点。

虽然最佳全能运动员究竟花落谁家无法预料，但不可否认这是一项最透明的冠军评选活动。诺伍德帕拉贡自行车俱乐部（Norwood Paragon Cycling Club）的明星骑行者、伦敦人弗兰克·索夏尔（Frank Southall）就是两次世界大战间隔期英国赛车界的艾迪·莫克斯、福斯托·科皮（Fausto Coppi）*、克里斯·博

---

* 福斯托·科皮（1919—1960），意大利历史上最伟大的职业自行车手之一，"二战"前后具有主导地位的世界级自行车手。曾获得五次环意自行车赛，两次环法自行车赛冠军，以及 1953 年世界自行车锦标赛冠军。

弗兰克·索夏尔（1904—1964）

德曼（Chris Boardman）和布拉德利·威金斯。他并不是一个很有魅力的人，甚至一位比较委婉的记者都这样描写，他评论其他骑行者的时候"生硬犀利"。[2] 但这并不妨碍他拥有众多粉丝。要是在大众传媒时代，这样说一定会给他招来麻烦，但当时是一个没有电视的时代，他不可能一下子把所有粉丝得罪光，顶多一次得罪一个。此外，他也没有时间做这些，因为他忙着在累积比赛成绩和纪录。他连续赢得前四届的最佳全能自行车运动员奖。他保持着英国每小时速度纪录、著名的伦敦－布莱顿－伦敦自行车赛纪录，以及 25 英里、50 英里和 100 英里纪录。此外，他还保持着 5 英里、10 英里和 20 英里场地赛的世界纪录。如果你是一

名英国自行车手，并且不幸跟他出生在同一时代，只能说你太不幸了，他会成为你职业生涯的噩梦。

1932 年，他成为第一个在《自行车运动小金书》（*The Golden Book of Cycling*）上签名的人。这是另一个比较奇怪的东西——这是为纪念英国自行车伟大成就而编撰的手稿孤本。用现在的话，你可以叫它自行车名人堂。这本书由《自行车运动》杂志发起编写。它记载的最后年份是 1972 年，条目是曾多次获得世界追逐赛冠军、受人尊敬的 BBC（英国广播公司）评论员休·波特（Hugh Porter）。目前，这本书保存在踏板自行车俱乐部（The Pedal Club）的档案室内，这里是为自行车运动员准备午餐的绅士俱乐部，大部分成员都是以各种方式在自行车行业谋生的人。1991 年，俱乐部开始编写第二卷，但后来多年没有增加新的条目。

皇家阿尔伯特音乐厅里，7000 多名观众前来观看一年一度的自行车运动员的大型波希米亚音乐会，在所有观众的见证下，索夏尔在书写他个人成就的那页签上了大名，在场观众起立鼓掌，向他致敬。其实对他的总结很简短，"历史上最优秀的业余自行车运动员"和"自行车超人"。[3]

索夏尔的表现非常出众，所以当他在 1928 年奥林匹克运动会计时赛中被丹麦人亨利·汉森（Henry Hansen）击败时，无论是他本人还是英国自行车队，都觉得不可思议，全都认为是汉森抄了近路。索夏尔怎么可能输掉直道比赛，真是太荒唐了，这想都不用想。如果少一些狭隘的爱国主义情绪，那么汉森在实力上更胜一筹是非常有可能的。对于斯堪的纳维亚半岛的大多数人而言，他可是整个奥运会代表团中最保险的王牌，而且英国代表团根本说不出他到底抄的哪条近路。[4]

索夏尔曾经是赛车界的神，人们都喜欢他，但谁也没想到1936年奥运会是他参加的最后一场比赛。1933年，他被派去参加法国世界自行车锦标赛的集体出发比赛，目的是提前适应3年后柏林奥运会的比赛形式。但他铩羽而归，从此一蹶不振。赛道上的一个小坡都能击败他——每次遇到坡道的时候，欧洲大陆运动员会加快踏频，以离座骑行（honk）的姿态冲上去，整个身体离开车座站立骑行，不断加速，尽量把实力稍微差点的选手甩在身后（在过去20年"离座骑行"这个词已经完全从自行车运动中消失了。我也没想明白为什么——但好像也没有被其他的什么词取代，除愚蠢的"踩着脚踏板跳舞"）。

索夏尔只能以匀速爬坡，这是计时赛中惯用的骑行方法，以避免体力透支。他的自行车本来应该配两个齿轮，但这次只有一个。每次爬坡之后，他都不得不奋起直追，追回爬坡时落后的距离，但最终这根链崩断了。他是英国自行车界的无敌超人——没有人能打败他——但他的第一次国际集体出发自行车赛，甚至没能骑到终点。[5]当然这也是他最后一次参加这类比赛。之后不到一年，他放弃了业余选手身份，成为一名职业自行车运动员，目的是创造异地职业运动员纪录。接下来的两年里，他陆续创造了九项世界纪录，但他再也没有代表自己的国家出战过。

1932年举办的集体出发公路自行车赛是英国自19世纪90年

代以后举办的第一项同类赛事，这场集体出发自行车赛是由当时的一家俱乐部在帕斯路上组织的，当然或多或少有点心血来潮的意味。媒体也对此进行了报道（发令员说："你们看，今时不同往日，观众还没往常的一半多"），但每个人似乎都默许要另眼相待，而不是用传统的运动员处分措施，否则哪怕跟集体出发自行车赛扯上点关系的人，都会被永远禁赛。[6]

第一次正式批准的集体出发比赛于1933年在布鲁克兰（Brooklands）汽车赛道举行，作为世界巡回赛预选赛。一时之间国内顶尖自行车运动员云集于此。自行车骑行者几乎没看过集体出发自行车赛，更别说参加了。所以，他们都配备了顶尖装备，在代表国家参赛的熊熊斗志感召下，在毫无经验的情况下，他们都全力以赴地参加了这次100公里比赛，但这次比赛堪称自行车史上最差。[7]比赛过程中乱象横生，撞车、胡乱攻击、反复追赶队友、多次撞车、糟糕的自行车控制能力、不得要领的一心向前冲……对于他们，与其说是不懂战术，不如说是漫不经心，如果你建议加强配合，加速拉开跟车团距离，别人会用异样的眼神看你。混乱程度就好像现代一群不满10岁的孩子在比赛，这么说让这群把自己当成当代马克·卡文迪什（Mark Cavendish）的孩子都觉得是一种侮辱。

伍尔弗汉普敦有一位名不见经传的骑行者，他的名字叫珀西·斯托拉德（Percy Stallard），多次获得国际比赛的奖牌，尽管他没有完成这次比赛赛程，但也足以让他被选中参加世界巡回赛。斯托拉德喜欢集体出发赛，虽然作为一名计时赛运动员水平一般，但他很擅长集体出发赛。他的生理机能适合完成切入、冲刺和低速过弯道等战术；同时，他好胜的性格也比较适合竞技比赛。在 1933 年世界巡回赛上，索夏尔没能完成比赛，而斯托拉德完成了比赛，排名第 11 位，这是当时英国运动员取得的最好成绩。因此，他回国之后成了集体出发自行车赛的大力倡导者。

渐渐地，以柏林奥运会为目标，自行车运动终于向前发展了。1934 年，布鲁克兰组织了多场比赛。可能由于经验丰富，斯托拉德在 1934 年再次取得参加莱比锡城世界巡回赛的资格，并获得了第七名的成绩。他的英国队友查尔斯·霍兰德（Charles Holland）取得了第四名的好成绩。但再看英国国内，权威机构反应平平。《自行车运动》杂志表示："这不是那种可以让全国上下为之兴奋的世界锦标赛。我们偶尔可能会跟踪报道在领骑配合下获得冠军的选手，但这并不是说我们就有理由随便打扰和干预合法的英国自行车赛。" [8]

开放公路上仍不允许组织集体出发自行车赛。只在摩托车赛赛道或偶尔在机场举办了几场集体出发自行车赛——跟有自然坡度、急转弯和坑洼不平的普通公路相比，这些地方卫生条件更好。NCU 还没做好在开放公路上放开比赛的准备，他们担心会触怒警察、地方法官和公众。

而 NCU 管辖范畴之外的马恩岛提出了一个解决方案。跟现在一样，该岛当时也致力于吸引更多游客。1936 年，该岛在旅行者大奖赛赛道上组织了一场自行车赛，吸引了许多英国有志之士参加。这场比赛之所以出名，是因为出现了多车连环相撞

事故，其中共有 31 名选手在 38 英里的比赛中摔倒，而总参赛人数只有 81 人。

如果倒地后马上下车，这些事故是可以避免的，但他们并没有马上下车，从而导致多人接连倒地，这说明他们严重缺乏应对赛场紧急状况的比赛经验。前几百码处，共有 8 名选手撞在一起。在 5 英里处，又有 5 名选手撞车，他们全部没能绕开停着的卡车。几英里之后，一名运动员的车链断了，导致突然转向——又有 10 名运动员跌下自行车。因此，这场比赛就在这种摸爬滚打和惊呼声中进行着。所有 81 名参赛选手中，只有 48 人完成了比赛，还有 8 名运动员因伤住院。[9]这场比赛的最后冠军是查尔斯·霍兰德，他成为英国集体出发自行车赛的第一位冠军，同时也说明他能力过人，在诸如此类的早期英国集体出发自行车赛中，竟然能毫发无伤地从一团混乱的撞车事故中突出重围，骑到终点。[10]

至于 1936 年奥林匹克奥运会，狭窄崎岖的道路就意味着这也将是一场少不了撞车的比赛。历史再次重演，霍兰德一边躲避一边迂回穿过乱成一团的最后几公里赛道，但最后还是与领奖台失之交臂，只获得了第五名。但在整个自行车队几乎都不支持霍兰德的情况下，这已经是一个非常不错的成绩，因为英国人还没搞明白作为一个团体怎么赢得集体出发赛。就算车队管理层明白，也不会在乎，并且跟其他国家的运动员不一样，霍兰德骑的是单齿轮自行车，因为英国自行车运动员都用这种。

这可能是一个转折点。霍兰德拥有成为当时顶尖公路赛运动员的竞技水平，同时他还是一名优秀的计时赛运动员——1936

查尔斯·霍兰德（1908—1989）

年获得最佳全能运动员奖，成为一名杰出的现役职业运动员。他在 1932 年奥运会团体追逐赛中获得铜牌，平时不参加比赛的时候他经常去打板球，甚至还会去骑行。假如你认为他是一个叛逆的人，那你肯定是精神错乱的保守分子（psychopathically reactionary）。在正式的时间和场合，他就会变身为集体出发自行车赛项目移动的招牌。要知道这可是 20 世纪 30 年代的英国，当时"精神错乱的保守分子"这个词经常出现在很多自行车运动机构的职业描述中，他们中有许多人想想那些规模更大、场面更刺激的比赛就会觉得恐怖。他们一直拥护弗雷德里克·托马斯·比德莱克的观点："公路自行车赛［计时赛］发展得很好，并且已经成功举办了许多年，将来只要不扰民或阻碍交通，必将会一直举

办下去。"[11]

非常搞笑的是，在公路上举办自行车赛要保密，比德莱克对通过宣传以求关注为目的的其他运动项目——摩托车赛、田径赛——持批评态度："运动员需要领会精神，效仿自行车比赛，尽量不对比赛进行前期宣传。"[12] 好像没人注意到，在高速公路上举行的其他比赛并未惹出什么麻烦事，至少在主要城市外围没有。走出城市来到乡村，比赛带来的麻烦可以说是微不足道的，但人们还是担心，长此以往，可能会引来一大堆投诉，致使政府禁止所有公路赛，甚至是所有自行车赛。所以这项让人担惊受怕、战战兢兢的运动仍延续着清晨比赛的保密形式，使用保密代码和非公开式赛程，不起眼的黑色骑行服，几乎不会引起任何人的注意。

与此同时，让我们来看看英吉利海峡的另一边，环法自行车赛就是那种令权威机构避之不及的比赛——在他们眼里，这项比赛世俗、高调、喧嚣。所以，当 1937 年查尔斯·霍兰德转为职业选手，前往法国参加当年的环法自行车赛时，他们可能不太高兴。

环法自行车赛是一项早期的大环赛。在那个时代，主办方不会根据比赛设计不同的赛段，或是安排加长大巴，把运动员从一个赛段终点接驳到下一赛段起始点，而是几乎沿着国界线和海岸线骑一圈。当时的赛程要比现在多 1000 多公里，需要骑行的时间比现在长 70%。骑行路线直接穿过阿尔卑斯山脉，再越过比利牛斯山脉。参赛选手要在一望无际的法国北部平原上跋涉好几天，然后再沿着大西洋海岸崎岖的山路，顶着侧风费劲地骑回起点。

3000公里总赛程，霍兰德用了14天，如此超长的赛程和残酷的山路，他以前见都没见过，更别说参加这样的比赛了。作为一名没有任何助手的参赛选手，没有团队和经理安排餐饮和住宿，没人给他递水，他的环法骑行已经非常了不起了。但是，在7月17日举行的三个独立赛段比赛（请注意，一天325公里）中，在骑到第三个赛段时他的轮胎被扎破了，在换轮胎的过程中，他的气泵又坏了。按理说这本是微不足道的事，但在没有团队帮助的情况下，他自己没办法修好。就这样，他被困在比利牛斯山脉前往吕雄（Luchon）的崎岖山路上一筹莫展，陪着他的只有没了气的轮胎和不能用的气泵。

后来，霍兰德终于借到了一个轮胎，然后再用借来的气泵给轮胎打气，记者车上的人想把他拖到终点——这是违反比赛规则的行为，索性他也厌烦了这些条条框框的规则，于是他刹车拦住了他们。至此他的环法自行车赛就结束了。[13] 这是最后一个山路赛段，只剩下6天时间他就可以完成全部赛程，并且跟他已经完成的赛段相比，接下来的简直是小儿科。[14]

《自行车运动》至少有风度地向他表示了祝贺："他虽败犹荣，要知道他是孤身一人去参赛的，虽然胜利者的桂冠不属于他，但在这次比赛中，他是最伟大、最有毅力的运动员，速度最快的短距离自行车运动员，也是最优秀的公路自行车运动员……［霍兰德］证明了不管是哪种竞技自行车项目，只要我们有战胜对手的

珀西·斯托拉德（1909—2001）

雄心壮志，英国运动员就能跟最优秀的赛车手比肩。"[15]18 年后，英国才出现另一位参加环法自行车赛的运动员。

但在英国人再次登上环法自行车赛赛场的时候，情况却有了一些变化。回首 1933 年，NCU 选派了一位名叫珀西·斯托拉德的外部人员代表英国参加世界自行车巡回赛，还邀请这位国家队历史上最具颠覆性的运动员入会。斯托拉德的品质跟俱乐部的入会条件完全相反。偏执、自信、坚定，他不喜欢在摩托车赛道上或者偶尔在马恩岛上举办集体出发自行车赛的理念。但他热爱这个比赛项目，这也是他的强项，然而英国一直标榜跟世界其他国家不同，他们觉得在开放式公路上举行集体出发自行车赛会为所有骑自行车的人带来灭顶之灾，但他却觉得这未免太可笑了。

经过跟政府的多年周旋，1942 年斯托拉德终于感到厌倦，终于受够了这一切。他在伍尔弗汉普敦找了一份不用服兵役的工作（一名自行车技工——请注意当时自行车对大后方的重要意义），但也让他有一种英雄无用武之地的沮丧感。他一直郁郁不得志，没有什么比赛机会，经常举行比赛的机场也大多因为战争被征用了。最重要的是他面对着战时突然安静下来的街道，失落感油然而生，他想到的是这要是用来比赛多好啊。

于是，斯托拉德自己组织了一场集体出发公路自行车赛，没有官方赞助，除了本地警察也不用向其他部门报备。他告诉警察，这种比赛在欧洲大陆到处都是，而且通常畅通无阻。警察们说他们非常开心能帮到忙。自行车赛事的革命开始了。1942 年 6 月 7 日，斯托拉德组织了一场从兰戈伦到伍尔弗汉普敦的自行车赛，"……承蒙登比郡、什罗普郡、斯塔福德郡和伍尔弗汉普敦郡警察局长惠准"。很好，天也没有塌下来。这场比赛取得了巨大成功。参赛选手喜欢它，站在终点线的观众也喜欢它，这次比赛的所得收益全部捐献给了慈善机构。获胜者是来自伍尔弗汉普敦自行车公路赛俱乐部的 E. A. 普赖斯（E. A. Price），秉承本次比赛的精神，他也把奖金全部捐给了慈善机构。

然而，NCU 对"本次比赛的精神"有不同的解读。他们取消了斯托拉德的会籍，还禁止他参加 NCU 组织的所有比赛，而这正为他成立独立管理机构创造了必要条件。此外，NCU 还秉承当时的精神，向所有参加这场比赛的运动员和所有挂名参加这次比

赛相关事宜的工作人员发出了禁赛令。好吧，这样一来，斯托拉德的新机构都不用发愁招募新会员和工作人员的问题了。[16]

NCU 太低估斯托拉德了。NCU 的许多工作人员预见了自行车运动会变成工人阶级的竞技运动，并且很可能因为阶级势利或其他原因，对伍尔弗汉普敦骑行者存在判断错误。虽说从斯托拉德日常写给他们的书信中可以看出他的字还有待改进，但你不是靠书法来组织自行车比赛的。这是 NCU 犯的第一个错误。第二个错误是 NCU 完全没有意识到自行车赛参赛者的诉求正在发生变化。保密计时赛，身穿黑色骑行服，这画风好像一群神出鬼没的间谍，已经无法再满足参赛者的需求。第三个错误是 NCU 没能预料到从战争中归来的人根本就没心情听一群未参战人员、退役的自行车运动员和记者来告诉他该怎么做，特别是没有更好的理由说服他们放弃原来熟悉的比赛形式，而选择这种比赛形式。

在这种情况下，英国自行车运动员联盟（British League of Racing Gyclists，简称 BLRC）成立了，其目标是促进集体出发自行车赛的发展。这立即在英国自行车界引发了内战，你不可能同时成为两个不同机构的成员。你甚至不能两个都不参加，安安静静地做一名骑行者，只要你跟一个组织内的一名或多名骑行者存在着*丝丝缕缕*的关联，另一个组织就会立刻对你发出禁赛令。含糊其词更不行，可能存在被两个组织同时禁赛的风险。

即使是珀西·斯托拉德，1943 年也因为吐槽赛事组织问题被自己所在的联盟禁赛了[17]［据说吐槽太过犀利。当时的联盟成员、后来担任《自行车运动》编辑的皮特·布莱恩（Peter Bryan）解释说，斯托拉德被内部禁赛是不可避免的，斯托拉德疯狂的自信跟他惊人的树敌能力成正比[18]）。

这次争论有其可爱的一面，一群集体骑行的联盟成员看到一群 NCU 骑行者就喊："加油联盟！"而对方就会喊回来："去他妈的联盟！"[19] 然而，也有不可爱的一面，众多俱乐部因为成员的观念分歧而四分五裂，昔日老友反目成仇，毫不夸张地说，他们甚至很多年都没跟对方说话。

这不仅是比赛，更是一种文化。NCU 的主力队员是跟弗兰克·索夏尔一样的人。而联盟的主力队员都是像福斯托·科皮那样的人（我说"像福斯托·科皮一样的人"，当然没人能跟福斯托·科皮相提并论，但是你应该能懂我的意思）。NCU 的骑行者和工作人员都经历过非黑即白的年代，而联盟成员直率克制。他们都戴着太阳镜，穿着色彩斑斓的骑行服。他们会买法国运动报纸《疾速镜报》（*Miroir-Sprint*），只要能找到就会买，也不管能不能看懂法语，就是坐在咖啡馆里看看图片也挺好。即使现在在英国也经常能看到这样的骑行者，只是时过境迁。要是当时有 Rapha 骑行服，他们一定会统一购买。

这场争论引起的恩怨也是空前的。多年前，那时我还年轻，还是一名大学讲师，系主任就曾跟我说："学术政治很容易被人用来达到各种险恶的目的，毕竟代价太小了。"这也是自行车界内战的一方面原因。但直到现在我才敢提这一点，不过即使这样我也已经比大多还在世的亲历者们强了。

关于这场自行车界内战的全面描述即冗长又让人眼花缭乱。

这是一场激烈的、混乱的闹剧，完整准确地描述它是不可能的。索赔与反索赔的漩涡，热情的宣传和赤裸的欺骗，即使放在今天，也会让人觉得前路不堪重负。联盟的一位老成员称，作为联盟的工作人员，他们承受着最直接的压力，后来他用了两年时间身体才得到恢复，曾经经历过的人肯定都会感同身受。[20]我觉得现在不可能再有这样的战斗，因为没人会花钱请你来做这些，并且志愿者也没有这个空闲时间。

有些地方，在禁令全都撤销后，结果几乎立即又恢复实施。BLRC 终于有精力把内部斗争列入议程。《自行车运动》杂志宣布将开始公布 BLRC 的成绩，但事实证明他们这么做，只是为了能跟计时赛组织在最佳全能运动员评选上抗衡，通过这个小冲突来牵制它，争取更大的利益。这件事感觉跟"二战"后的劳工冲突有点像，一下持续了数十年，导致冲突不断激化，由不满上升为仇恨。显然，制造仇恨是珀西·斯托拉德的特长。

最终结果是经过这场内战，NCU 和 BLRC 都元气大伤，差点破产。双方因资金紧张被迫和解，并于 1958 年同意合并成立英国自行车运动联合会（British Cycling Federation）。实际上双方都已山穷水尽，别无选择，而斯托拉德却一直对背叛耿耿于怀。他在做体育行政工作时作风凌厉，不惜一切代价夺取胜利，这跟他第一次参加集体出发自行车赛的时候一模一样。多年后，他仍然认为，即使两个组织之间没有什么可争论的了，他们也应该跟以前一样相互独立，拼个你死我活。[21]

我们很难猜测如果没发生内战，会发生什么。虽然内战具有分裂性和毁灭性，但它至少促使英国与世界接轨。诚然，我们是晚了50年，否则谁知道英国自行车赛还会被困在19世纪的时间扭曲中多久呢？严格地说，可能会再多几十年，甚至到现在都还没有与世界接轨。到了20世纪50年代，随着道路上车流量的增加，双方更没必要争论这个问题了，毕竟警察的办事态度也不可能跟1942年一样宽松。珀西·斯托拉德只是一个脾气暴躁的老家伙，但没有了他，英国的自行车赛肯定会是另一番景象。

从国际角度来看，虽然BLRC骑行者不具备国际预选赛的资格——仍由NCU决定——但他们会尽量与一些承办机构打好关系，尤其是在华约国家的承办机构。这些承办机构会承办友谊赛，也就是东欧的大环赛。友谊赛从1948年一直举办到2006年，大多数主要面向苏联的硬核"业余运动员"，他们可以在一天一餐，只摄入卷心菜和类固醇的情况下骑行200公里，积累了丰富的比赛经验。

出乎众人所料，1952年的友谊赛由联盟会员、苏格兰人伊恩·斯地尔（Ian Steel）折桂。这是自20世纪20年代以来，英国第一次在国际公路赛中获得胜利，也是自19世纪以来第一次获得集体出发自行车赛冠军。同样值得祝贺的是，BLRC骑行者获得了团体赛冠军。这是两项非常了不起的成就，但直到现在也没有得到应有的关注——通俗历史一直几乎是以环法自行车赛和世界自行车锦标赛的比赛成绩作为衡量成就的标准。通过从华沙到柏林再到布拉格的比赛去挑战并战胜东欧人，这才是真正实力的体现。

然而，事情到这里还没完。NCU 很快就看清了风向，1953年取消了 BLRC 骑行者参加国际赛事预选赛的限制。若不取消，就会面临很大的风险：BLRC 会取代 NCU 成为众望所归的英国自行车运动管理机构，同时对于这个自行车界的后起之秀来讲，若真的胜利了，就会让 NCU 永远都翻不了身。[22]友谊赛上斯地尔的胜利是一个伟大的转折点，自此以后，英国自行车手就能以职业运动员的身份参加环法自行车赛等国际性赛事了。这是 2012年环法自行车赛中威金斯获得冠军的又一块踏板。

与此同时，让我们再来看看英国国内，BLRC 创办了英国自行车巡回赛，也就是牛奶道业余自行车赛（Milk Race）的前身，后来演变成现代的环英自行车赛，也就是现在的环英赛，幸运的是，环英自行车赛一路走来没有一点跟环法自行车赛相似的地方。它就这样悄无声息地更迭发展。它起源于南部大奖赛（Southern Grand Prix），其英国第一分赛段于 1944 年 8 月银行休假日期间举办。这次比赛中，第一赛段的起始点是伦敦东南部的刘易舍姆——"二战"后期德国飞弹因推力不足，没飞到伦敦就落在这里了。在拟定的出发时间，刘易舍姆刚好有一颗飞弹坠落，还燃烧得很厉害。官方将整个比赛的赛程沿着原定路线向前平移了几英里，并且稍微调整了骑行路线，典礼官也不得不骑车赶到新的起始点，尽可能在比赛开始之前能准时赶到那里。珀西·斯托拉德赢得了英国第一次分段计时赛第一赛段的胜利，虽然这种比赛还没有得到广泛的接受，但时机已经成熟。[23]

在第二赛段比赛过程中，一枚飞弹几乎贴着参赛选手头顶飞过，随后被英国皇家空军战斗机击落，比赛也因此受到了干扰。飞弹发生巨大爆炸，燃烧的碎片散落在公路赛主车群四周，一名运动员试探地问，为什么他们要选择在战区举行比赛，难道不是应该待在防空洞里避难吗？一般会认为这样有悖赛事的精神。比赛继续进行，选手们在巨响、爆炸、小震动和一缕缕浓烟中快速骑行。[24] 在绕过通布里奇镇（Tonbridge）外围时，还有欢呼的人群。但是，接下来的街道就完全没有人烟了，只有站岗的皇家空军士兵。再后来的一段路，解除警报的声音响起之后，人们又都涌了出来。晚上的时候，选手们就休息在一个大帐篷里，还要时刻保持清醒，担心会有炸弹落下来。三个赛段之后，获胜者是来自曼彻斯特的莱斯·普卢姆（Les Plume），就是在第二赛段的时候想去皇家空军防空洞避难的那位选手。

第二年，为了庆祝战争结束，BLRC再接再厉又举办了一场五天业余自行车赛。比赛路线是从布莱顿到格拉斯哥，主办方甚至还想尽办法邀请了一些法国自行车运动员（也是来自一个独立管理机构）参赛，想借高卢人的光提高比赛的格调。比赛仍有点简陋，因为之前没人组织过，或者在很大程度上甚至没人看过这么有挑战性的比赛，也没有人知道它到底应该如何运作。比赛的规则比较奇怪，比如，城郊或村庄路段，不计入比赛成绩，同时参赛选手必须排成一排骑行。在比赛前几周，工作人员就忙着为支持车辆和运动员打包配给券，用于辅助车辆的加油和为选手购买食物。尽管如此，仍有2万名位观众前来观看比赛，他们目送92名参赛选手从布莱顿出发，去面对各种未知的考验。

总的来说，这是一场秩序与混乱交织的比赛。在以伦敦为起始点的第二赛段开始之前，主办方前往白金汉宫向国王递交了《表忠书》。接下来，在伦敦市举办了正式的主办方官员招待会。与此同时，参赛选手们则感到很无聊，因为他们要站在凄风冷雨中等待工作人员各就各位，举旗发令，才能开始第二赛段的比赛。主办方官员一路上手忙脚乱地追赶他们的步伐，直到抵达伍尔弗汉普顿的终点。

比赛中这种自求多福的情况肯定不是最后一次——第四赛段是从布拉德福德到纽卡斯尔，选手们出发后便没人管了，于是他们一天里的大多数时间都在找路，而组织者则坐着火车去了终点等候，希望在选手到达纽卡斯尔时有人计时（幸好有人来了）。到了那里之后，选手们不得不传帽子凑钱，看能不能凑够钱，好让比赛继续下去。紧接着又是一场需着盛装出席的市民见面会。[25]

这场比赛给人很突出的感觉就是没有组织和不停修补。在比赛过程中，参赛选手拼尽全力还有一个原因，那就是在赛段经过的城镇，主办方并没有安排住宿。如果到得早，就可以选城里的寄宿公寓，当然前提是到达终点后庆祝的时候不要耽搁太长时间。如果到得晚了，就只能睡谷仓了。若到得很晚并且又没那么幸运的话，则只能睡在树篱下边。食品供应也没有那么充足。如果只是实力平平，那么这一周会过得非常艰难。

这次赛事有五个主办方，但他们在赛前根本就没有碰过头。大多数赛段也没有经过提前骑行测试，主办方经常连自己都搞不清楚组织这次比赛的目的是什么。另外，赛段通常都比赛程上写的距离长许多英里。例如，最后一个赛段，从纽卡斯尔到格拉斯哥，官方公布的距离是 100 英里，而实际骑行距离有 150 英里。这不是细微的差别，特别是选手根据比赛路线骑到两地交界处时，才发现原定路线上居然有相当一段距离没有路。一个预计用时 5 小时的赛段实际上用时差不多 8 小时。最后一个赛段的冠军和总冠军获得者是法国人罗伯特·贝托特（Robert Batot）。他和他的团队几乎整个比赛过程中都在威胁要退出，理由是太缺乏组织性了。

尽管有诸多不足，但赛事仍在成长。1947 年，这项赛事获得了《世界新闻报》（*News of the World*）的赞助，但一年后他们就因为 BLRC 内部无休止的争吵而退出。1951 年《每日快报》（*Daily Express*）接手赞助，1953 年退出，跟《世界新闻报》退出的原因一样。[26] 无奈之下，BLRC 找到了牛奶营销委员会（Milk Marketing Board），后来便有了牛奶道业余赛。这是一个完美组合，双方的赞助合作关系维持了整整 35 年（1958—1993）。它也产生了强大的品牌效应，就在近一两年里，我见过的非骑行者居然认为它还在继续举行。

我第一次直接接触的正规自行车赛就是牛奶道赛。我在达勒姆上学时第一次听说这项赛事——这里是一个赛段的起始点，从这里出发沿着东北部骑行大约 200 公里，终点设在桑德兰，不过我并不在意。可能是比赛当天上午阴沉的天气，或者是比赛挡了我去听讲座的路，虽然我后来的确成了职业运动员，但在最初邂

近那一刻，它并没有让我动心。许多参赛选手骨瘦如柴，头上还戴着样子看起来很滑稽的帽子。他们骑着那个时代特有的细钢管公路自行车，无论它们的功能有多现代，但在当时就觉得很老土。对这项运动了解得越少，这种想法就越强烈，更何况当时的我对此根本就一无所知。当这个赛段的比赛开始后，我还低声骂着比赛和参赛者们，祈望此后余生都不再看到这么血腥的自行车赛。那一刻我一定是灵魂出窍了。

相比其他赛事，牛奶道赛为英国集体出发自行车赛正常化做出的贡献更大。这项赛事非常受欢迎，影响力也非常大。所以，人们根本不可能再执着于"二战"前的观念，不再认为它会毁掉英国自行车运动。

成立英国自行车运动联合会是 NCU 和 BLRC 双方休战的条件之一，现在已更名为英国自行车会（British Cycling）。过去也好，现在也罢，英国自行车会都免不了要经历历史的阵痛，但相比 1942—1958 年，它们对英国自行车骑行者的日常生活影响并不大。割裂情感留下的伤疤需要更长的时间才能慢慢愈合。英国的自行车赛仍分为计时赛和集体出发公路赛，大多由不同的组织（如果是合作的话）负责管理。

作为一名骑行者，从一个比赛项目转到另一个比赛项目很容易。然而，在我 20 世纪 90 年代开始参加比赛时，还是能感觉到空气里那种剑拔弩张的气息。许多老联盟会员感觉他们被 NCU 接管了，而并非两个组织合并。这也不是不可能，联盟作为一个管理实体，即使在明显赢了这场内战的情况下，召开的委员会会议也跟血腥运动没什么两样。反观原 NCU，即使不认同其他组织，也至少有时候能自我认同。

从文化角度来看，联盟会员通常没注意到的是，他们的赛事品牌不费吹灰之力就赢得了人心。自弗兰克·索夏尔时代起，自行车运动世家的孩子都不会把长大后成为英国计时赛冠军作为个人理想。1955 年，英国派代表团参加环法自行车赛，这是英国第一支功能完备的自行车队，BLRC 的成立为这支车队的组建奠定了坚实的基础。联盟的成立改变了一切，要说影响有多大，那就是在 20 世纪 90 年代前，你如果成了一名计时赛运动员，那你就不再是一个酷小孩儿了。

《自行车运动周刊》还跟以往一样对国内计时赛进行充满深情的报道。在综述报道中报道集体出发自行车赛时，开场白都是这样的："与此同时，在群体性比赛中……"仍营造出"这类比赛有点离经叛道"的感觉。但其他人可不这么想。

2001 年，珀西·斯托拉德去世。然而，他仍被媒体报道为对任何事都冷血暴躁的人。

* * *

这时就出现一个问题，继 NCU 和 BLRC、查尔斯·霍兰德和伊恩·斯地尔之后，女子自行车运动有没有发展？毕竟，在 19世纪 90 年代，正是女性对自行车的选择把自行车推向了时尚的顶峰，并且自行车也的确推动了早期女权主义政治运动。过去出

现过泰西·雷诺兹、美国小姐，而在 19 世纪 70 年代，有许多有点变态的法国人，喜欢盯着女性选手看。那么女子自行车赛有什么发展吗？我可以直截了当地说：不是很大。

在两次世界大战间隔期，有些女性也想参加比赛，为了迎合这种需求，出现了多家女子俱乐部，比如 1922 年在埃塞克斯成立的罗斯林女子自行车俱乐部（Rosslyn Ladies' Cycling Club，直到今天仍很繁荣）。虽说到 1922 年，女性骑自行车这件事不再会引起流言蜚语，不过若太过前卫，也很快就可以将女子自行车运动变成另一个风暴中心。在这个时期，男性若看到有女性骑行速度有失稳重，就会朝她们扔小石子，这是稀松平常的事。令人难以置信的是，就在几年前，《自行车运动》的"读者来信"版面还上演了一场并不明显带有讽刺意味的辩论，主题是女性骑车是不是也应该限速，"以便我们能更好地欣赏她们的魅力"[27]。

但罗斯林女子自行车俱乐部没有轻易气馁，还承办了一些早期的赛事。1924 年的第一次女子 12 小时计时赛和 1927 年赫恩山赛车场的第一次女性自行车赛都是这家俱乐部的作品。[28] 这只是因为当时的女性跟现在一样有能力参加比赛，但并不说明女子赛事得到了官方的大力支持。当然，不单英国一个国家这样，直到 1958 年，也就是 BLRC 和 NCU 合并的同年，女子世界自行车锦标赛才第一次举办。这次赛事之所以能举办，很大程度上要归功于另一位英国女赛车手：艾琳·格雷（Eileen Gray）。即便如此，主办方还是想尽办法在 1959 年世界锦标赛上组织了一次不允许女性参加的正式宴会。1984 年以前，奥林匹克运动会一直没有设立女子自行车项目。没错，在 1984 年，也只是设立了一个简单的短距离自行车项目。而第一次奥运会女子自行车场地赛要等到 1988 年。

在英国，第二次世界大战以后，情况确实有了一点改善。虽说 BLRC 不会格外重视女子自行车赛（成立女子自行车赛分委会的想法可能会让他们崩溃），但自 20 世纪 40 年代中期以后，计时赛赛事大多分为女子和男子两大类别。1949 年，女子自行车赛联合会（Women's Cycle Racing Association）成立，并在 1956 年举办了第一次全国集体出发自行车锦标赛。

好的方面，当时的杂志跟现在一样非常重视女子自行车赛——事实上，可能比现在更重视。另外，当时跟现在一样关注女子冲击纪录的尝试。鉴于自行车运动媒体在其他各方面的保守程度，这似乎是一种受欢迎的变化。

有的骑行者资质甚佳，遗憾的是缺少机会。比如艾琳·谢里丹（Eileen Sheridan），显然她应该成为自行车运动的超级巨星。20 世纪 40 年代末，身为业余运动员的她已经把所有荣誉收入囊中，之后她转为职业运动员多次冲击公路赛纪录——就像 25 年前的弗兰克·索夏尔。事实上，以简单粗暴著称的索夏尔后来成了她的经纪人。她在业余运动员生涯中，打破了当时的所有纪录。[29]1954 年创造的 1000 英里纪录直到 2002 年才被人打破。但是，她的才华没有得到更好的施展。

贝丽尔·伯顿（Beryl Burton）所处的时代更晚一点，自然也就更幸运一些。在非自行车运动员圈里一直都流传着她的传说，

艾琳·谢里丹（1920—2015）

但现在她的大名可能比过去更响亮了——她的名气随着自行车运动的繁荣而水涨船高，我想说的是从来没有人像她一样因为深不可测而获得这么多的关注。不管你觉得她有多强，她都能一次次刷新你的认知。她刷遍了国内所有荣誉，一次又一次地在比赛中折桂。她自 1959 年开始一直到 1983 年连续 25 年包揽了最佳全能运动员奖，第一次获得该奖项的时候年仅 22 岁，而最后一次的时候已经 47 岁。[30] 她累计获得了 97 次国内计时赛冠军——迄今为止，将男女运动员都算在内，成就能跟她相媲美的也只有五六位。她不仅体能好，而且跨越了运动项目、时间和空间的限制，成为史上最强大的运动员之一。

1967 年，麦克·迈克纳马拉（Mike McNamara）创造了英国男子 12 小时赛的纪录，但是这一荣誉却有点黯然失色——比赛过程中伯顿超过他，以领先将近 1 英里的成绩冲过终点，创造了女子 12 小时赛纪录。在与迈克纳马拉擦身而过的时候，伯顿还给了他一颗糖果，因为她实在不知道要说什么安慰他，这成为自行车运动史上的一段佳话。后来，他把那颗糖吃掉了。在《自行车运动周刊》担任过多年漫画师的约翰尼·赫尔姆斯（Johnny Helms）说，他应该把这颗糖保存起来，放在昏暗的房间里展出，供那些手下败将顶礼膜拜。[31] 50 年后，她仍保持着这项纪录，目前也看不到被打破的迹象。

伯顿的成就超越了谢里丹，最起码她是最早在国际赛场上开疆扩土的运动员。1959—1967 年间，她曾 7 次获得世界锦标赛冠军，还夺得了多枚其他赛事的奖牌和多项荣誉。但是，她参加的终究不是职业比赛，她本可以把这种天分充分转化为名利。相反，她效力于当地的莫利自行车俱乐部（Morley Cycling Club），整个运动生涯都是以业余选手的身份参赛，而主业是蔬菜种植。多年来，一想到英国最伟大的自行车运动员居然大多数时间都在约克郡大黄三角区（Rhubarb Triangle）种大黄，人们就会禁不住感慨这样太大材小用了。

一年里，伯顿只有为数不多的机会去国外参加比赛，也正是因为这样，人们对伯顿称霸国内赛场的事迹更加记忆犹新。但是

我们很容易忽略一点——在当时，参加国内自行车赛（不管男子还是女子比赛）会带来许多荣耀，肯定比现在多得多。在这项运动中，NCU 和其他机构还带着两次世界大战间隔期遗留下来的强烈的孤立主义色彩，相比狡诈的国外比赛，传统的英国计时赛更能真实地检验最正直的英国选手的实力（要知道，在这个时代，《自行车运动》仍经常用三个跨页报道帕斯路 100 英里自行车赛，而环法自行车赛一般只在背面的"国外自行车赛事"栏目中一带而过）。

相比于伯顿的各种传说，人们确实更关注当时她取得的成就。她在这项运动中的地位至少能跟汤姆·辛普森比肩。《自行车运动小金书》破天荒用了两页的篇幅列述她的个人成就。她曾三次获得比德莱克奖——该奖项用于奖励那些对自行车运动做出过突出贡献的人，这也是一项无人超越的成就。她每次参加比赛都会引起杂志和报纸的狂欢。只要有她参加的比赛，冠军就不会旁落，我认识的一些跟她同时代的计时赛运动员（无论男女）都说在被她超越的时候就好像在被她施圣水。

伯顿的问题就在于女子自行车赛对她来说格局太小。就算把这项运动的所有荣誉加在一起，在她的实力面前也得黯然失色。我想现在这项运动的格局仍然太小。到了现代，自行车运动员都要拍定妆照或者帮赞助商站台，我无法想象伯顿要是这样做会是什么样子。她只想骑自行车，或者更确切地说赢一场比赛。这些比赛对她来说远远不够。

12 我们的人民从来没有过这么好的生活
   1957

在 1893—1952 年的近 60 年里,《自行车运动》杂志每周发行一期, 每期至少搭配一张弗兰克·帕特森(Frank Patterson)画的插画。通常会搭配多张插画——整版大幅插画大多是为旅人或骑行帮的文章配的。帕特森的插画不需要艺术评论家鉴别, 一眼就能看出来:黑白相间, 使用非常细的铅笔绘制, 阴影和深色部分都是用最细的排线密实填充, 而不是用交叉排线或浓淡处理实现的。你完全没必要去找不知道签在什么地方的落款, 他通常不会跟别的画一样落款在前景的树叶或路面上, 而是隐藏在最底层的线条之间。

值得注意的是, 帕特森作品的主题具有非常明显的连贯性。画面大都是典型的自行车运动场景, 或者至少是某种自行车运动的经典场景。同时, 大多数情况下都是形单影只的骑行者骑行在一条荒无人烟的小路上;或者正在经过一个村庄, 读者通过背景里熟悉的教堂或旅馆可以认出他所在的地方;又或者只是穿行在

SWITCHBACK

弗兰克·帕特森的插画

20世纪初英国的田野或树林中。插画的主人公通常穿着七分或九分灯笼裤，上身穿一件旅行夹克，戴着帽子，后座上驮着一个挂包。主人公偶尔也会是计时赛的参赛选手，但如果他参加计时赛的话，只要改变着装和态度就可以了。他依然独自骑行在路上。帕特森笔下的骑行者身旁几乎没有出现过路人。

他从来没有画过一群骑行者，或者俱乐部骑行活动，或者（当然不会）集体出发自行车赛。虽说有时候双人自行车上有两名骑行者，或者一对夫妻正在支起帐篷在野外过夜，但他们的自行车都整整齐齐地靠在树下，并没有体现他们之间那种相互陪伴的感觉。当然更没有幽默感了。这些插画刻画的是自行车运动机构所欣赏的那类骑行者——低调谨慎但意志坚定，他们外出体会乡间的小乐趣，在旅店或（后来）咖啡馆稍做停留，然后按时骑车回家睡觉，星期一早上再投入工作中去。

帕特森的作品非常受欢迎。这是因为他的作品恰恰向骑自行车的人展示了他们最值得骄傲的地方：他们能在空旷的路上连续骑行无数英里，能欣赏沿途风景，都有充分的自立能力。帕特森用简单随意的风格将这些呈现在骑行者眼前。他笔下的场景人们都很熟悉，很容易将自己代入到帕特森的插画中，似乎就站在旁边感受着轮胎碾在路面上和阳光洒在脸上的感觉。就算现在车道和风景不再是昔日的模样，也不会觉得很难代入其中。

当然，讽刺的是帕特森自己并不是骑行者。他也不是唯一关注这个主题的人——雷克斯·科利（Rex Coley）是杂志社最后一批旅行记者中的一位，他的旅行报道通常不是坐着火车完成的，

尤其是在他快退休的时候。帕特森跟他插画里的骑行者很像，都过着形单影只的生活，他和家人一起住在萨塞克斯郡一座几乎与世隔绝的农场里，介于自给自足和生存主义之间。他可能对自行车运动的意境抱有特别的情怀，但他本人对自行车运动却一点兴趣也没有，也根本没兴趣去跟骑行者或者粉丝见面。他很少离开农场，作品完全取材于杂志社工作人员收集后寄给他的明信片和照片。他再以此为基础进行再创作，在画面上加一位骑行者，之后再封起来寄回伦敦。[1]

现在，大部分原作已无法找到——艺术评论家蒂姆·希尔顿（Tim Hilton）估计总数可能达到 26000 幅。[2] 希尔顿表示，有一些可能在第二次世界大战的时候被焚毁了。而其他的极有可能在杂志社的几次搬迁中被遗弃了，通过跟前员工聊天了解到，剩下为数不多的几幅被一位持有档案室通行证的"研究人员"偷走了。

从某种程度上说，帕特森的作品悄然失踪或许是最好的归宿。社会阶层不同，时尚轮回，但他的作品却几十年如一日地以一种运动形式为主题。帕特森笔下流淌的是俱乐部活动、骑行和业余计时赛漫长的黄金时代，他认为这是一位赛车手的终极理想。对于现在的很多人来说，他的作品是了解这项运动形式的唯一途径。1952 年帕特森去世，标志着一个时代最终无声无息地落幕了。

若你想找一位能自然融入帕特森插画的主人公，肯定没有比雷·布蒂（Ray Booty）更合适的人选了，就算他们的那个时代就

228

要远去。1956 年 8 月 6 日，星期一，正值银行休息日，在帕斯路的赛道上，雷·布蒂成为 100 英里往返计时赛项目第一个成绩进入 4 小时以内的运动员。他当时的成绩是 3 小时 58 分 28 秒。

这个速度在计时赛中相当于 4 分钟骑行 1 英里，布蒂体形修长，温文尔雅，性格也很随和，跟罗杰·班尼斯特（Roger Bannister）很像。即使 60 年后，布蒂创造的 100 英里纪录仍是所有计时赛纪录里最让人津津乐道的，熟悉这项运动的人都听说过他的大名。在当时，一些报纸对他的这次壮举进行了报道，只是在民众关于计时赛的记忆中没那么突出。原因在于，虽然布蒂是位巨星，但 1956 年的时候，比赛一边保留着 NCU 的保密传统，一边承受着 BLRC 的内讧，因此，即使是他这样的巨星，也几乎被主流体育媒体忽略了。[3]

多年后，我见到布蒂的时候，感觉他就是谦逊、稳重的化身。他看起来当然没什么怨言，但实际上凭他取得的成就，若不是管理这么变态的体育项目，他早就跟罗杰·班尼斯特一样家喻户晓了。他为人和蔼，还为我提供了一些比赛方面的建议——在他刷新 100 英里纪录的 47 年后，我在 2003 年创造了 100 英里的新纪录，但只保持了几个月的时间。这个纪录甚至连对手都几乎没有注意到，但却没逃过他的眼睛。

布蒂代表着最后一批带有索夏尔甚至约恩·基斯－福尔克纳遗风的赛车手。他是业余自行车运动员，也是真正的自行车爱好者。实际上，在破纪录的那次比赛的前一周，他就去了比赛场地附近的雷丁，但周五晚上他还是骑车回了位于诺丁汉的家，因为

雷·布蒂（1932—2012）

天气预报说天气很好，所以他不想错过跟俱乐部成员一起愉快骑
行的机会。比赛前的星期天晚上，他又骑了 100 英里从诺丁汉回
到雷丁，住宿和早餐一共付了 10 先令。在他十分艰难地骑完全程
后，回家的时候先搭便车到了纽尼顿镇，这样离家还有 40 英里，
他再骑车回家，会放松很多。他一直骑着比赛时的自行车。在我
见到他的时候，他说那辆自行车仍然保存着，偶尔还会骑一骑。

他本可以成为一名职业运动员，但他对这没什么兴趣。1958年，他赢得了大英帝国和联邦运动会（集体出发）公路赛冠军，随后便淡出各种比赛。尽管他拥有惊人的天赋，但很难把他当成职业运动员。通常，他去比赛的时候，都会用绑在自行车上的挂包装一个炉子，这样就可以在比赛结束后为想喝茶的人泡上一杯热茶，这样的场面并不稀奇。喜欢这样的，不止他一个人。若在史诗般的帕斯路 100 英里比赛结束之后，他拿出个炉子来泡茶，那会是怎样的场面，我无法想象——他住过的含早餐旅馆可能比长距离比赛的宿营条件好，所以炉子就没什么必要带了。但是，我非常希望他带着，英国新纪录保持者将为大家泡茶以作庆祝，我喜欢这个想法。这可以成为这项比赛和这类运动员的标志性特征。

除了因斗争而分裂的赛车政治，20 世纪 40 年代末 50 年代初，英国的自行车界再次拾起"二战"前没有决出输赢的争论。国家重新竖起了路标，这样游客就不会经常迷路了。你可以再回到海边，在战争期间这里大多数地方都被列为军事禁区，或者至少是某些人的禁区，比如"骑车经过雷区"的人，类似的事情会破坏骑车的兴致。定量配给结束后，甚至还会为骑行者提供糖，喝茶的时候放上一点。

尽管实际上算不上什么"美好"时代，但最起码比过去强多了。人们都很乐观——20 世纪 40 年代末，就在参赛选手争吵不休的时候，CTC 会员人数从 34000 人一下增加到 50000 人。[4] 自行车运动媒体预测说，自行车的繁荣时期就要来了。《自行车运

231

动》更是宣称："随着自行车运动越来越普及，会达到饱和点，终有一天不会再有不骑自行车的人。"[5] 所以说，自行车运动永远都不会停滞不前。

要真是那样就好了。20 世纪 50 年代初，自行车销售量开始下滑。业内人士抱怨说，《兵役条例》从自行车运动挖走了许多年轻人。自行车要按 33% 缴纳营业税，但这也没起什么作用。[6] 于是社会上滋生了某种绝望情绪。看看大街上就能更直观地理解饱和点这个词的意思。

但是，相对于自行车运动中即将爆炸的原子弹，这些都不过是轻量级的武器。1957 年，哈罗德·麦克米伦（Harold Macmilan）在贝德福德保守党集会上站起来说"我们的人民从来没有过这么好的生活"，但这句话到了英国人民耳朵里就变成了"买辆车吧，赶快买。这是你应该做的。整个岛就变成加利福尼亚了。听到了吗？我说买车吧！"如果你分析下整个 20 世纪英国汽车拥有率的统计曲线图，就会发现 50 年代中期之前除了增长速度有点慢之外没有发生什么特别的波动。之后，曲线开始极速抬升，一直停留在较高的数值范围内。英国汽车拥有量从 0 到 400 万辆用了近 60 年的时间。但是，只用了 6 年时间就从 400 万辆激增到 1000 万辆。在 20 世纪 50 年代初，只有不到 20% 的家庭拥有汽车。而到了 1965 年，这一数字增长到 50%。[7]

难道都是那些骑自行车旅行的人买的？好吧，这就是我们要讨论的问题。几十年来，骑行者们一直都自豪地认为自己骑车的目的，就是单纯为了向人类最伟大的发明致敬，就是想感受凭自己的汗水去丈量天地之宽的荣耀感。但事实证明，他们对骑车并没那么大的兴趣。他们想做的无非就是走出家门，去别的地方转转。若能开着莫里斯（Morris Minor）*去，那不是更好吗。我的意思是说，这样的话他们就可以一边听广播，一边野餐，孩子也不用再坐在用包装箱改装的侧车里。

从来没人预见到这一点，但他们应该预见到。自"二战"前开始，汽车的一部分需求被抑制了，比如因为担心被政府征用而没有买车的家庭。"二战"后，被抑制的需求、繁荣的经济和便宜好看的微型汽车，让汽车市场一下子繁荣起来。1958年，第一条高速公路开通，到20世纪60年代初，全国上下都开始出现交通拥堵的状况。在不到10年的时间里，英国的交通状况已然变得面目全非。

CTC会员减少到18000人。英国的自行车骑行总英里数从1951年的120亿降到70年代初的20亿。[8]自行车被自己全然没放在眼里的汽车完败，简直溃不成军，因为当时每个人都在说服自己，骑行者不需要车，就算能买也不买。这是一种典型的阶级畏缩想法——汽车是属于上流社会的，并不只是能不能买得起的问题。

彼得·霍普金斯（Peter Hopkins）是一名来自斯塔福德郡的骑行者，他在1958年重新组建了牛津大学自行车俱乐部——该俱乐部从"二战"前开始暂停运营，因为牛津的那些人早已不是

---

* 莫里斯是20世纪50年代风靡英国的经济型家庭轿车，由英国莫里斯汽车公司开发生产。

喜欢骑自行车的年轻人了。彼得来自一个工人家庭，他得益于"二战"后的《教育法案》，从英国中部的文法学校考入牛津大学。他就是那种喜欢跟家人，跟俱乐部的朋友一样骑自行车回家的年轻人。

彼得千方百计地召集了一批志同道合的文法学校男孩，重新启动俱乐部运营。1958 年，一个全部由牛津大学在校生组成的俱乐部仍然有骑行活动：每个星期天早上 9 点在烈士纪念亭集合，赶到班伯里吃午饭，在奇平诺顿吃下午茶。俱乐部也有赛车手——他们比赛后会跟骑行的人会合。大家都知道骑行路线。雷·布蒂应该能跟大家相处融洽。这是那种感觉随时会消失的俱乐部。

我问彼得后来怎么样了，也就是 20 世纪 50 年代末 60 年代初的时候，他说："那对自行车运动来说真是一个很糟糕的年代。原来这些人喜爱自行车运动就是一个谎言。只是在'二战'刚结束的那几年，大家没别的选择而已。我买了一辆汽车，但是我仍然骑自行车，那是因为我喜欢骑。但许多人跟我不一样。所以许多自行车骑行者突然就消失不见了。"

许多平常的自行车运动也逐渐消失了。骑车旅行风餐露宿，但人们却想当然地认为俱乐部生活都是这样的。彼得说："综合性俱乐部没有了。在我去牛津的时候，俱乐部规模都很大，成员有纯骑行的人、赛车手及两者皆是的人。比赛结束后，参赛选手们会在午餐休息时间去跟骑行的人会合。但是，这一切都停下了脚步。所有的俱乐部骑行活动都变成了那种我曾经以为只有赛车手才会做的训练活动。"甚至连自行车运动的样子也发生了变化。彼得指出："骑行的人习惯穿着平常穿的衣服，所以你在骑行的时候看到有队员打着领带也不奇怪。但后来骑行越来越向赛车靠拢，不管是不是比赛，骑行者都要穿戴比赛专用的服装。"

确实，骑行者与骑行服的关系也发生了变化。几年前我参加过一次复古自行车骑行活动，主办方鼓励穿着复古骑行服。所以，当天许多人都是复古骑行装束亮相——羊毛无袖汗衫和短裤——但大多数穿的还是看起来比较正常的复古骑行套装，有的穿着七分灯笼裤，也算为参加这项运动做出了最大妥协。他们完全照搬了老照片上骑行者的造型，同时还参考了古老的手册和杂志建议："浆过的衬衫不适合运动""赛璐珞硬领衬衫在俱乐部骑行活动中经常穿""西装便服不够透气"等等。其中一本书甚至提出了非常中肯但又有点怪异的建议："皮制高尔夫夹克不太适合骑行穿。"[9]

彼得说："骑自行车的人越来越少。它后来成了主要面向低收入消费者的工具。这真的很势利。20 世纪 60 年代，我妻子带着自行车，开车去参加工作会议，这样她到了那里后就可以骑车了。但是酒店经理让她把自行车藏起来，他担心会被其他房客看到。当时就是这样一种情况。"

英国能从一场战争中全身而退，完全依靠创新科技。在经过最艰难的几年后，伊丽莎白二世时代的英国人都希望向前看，而不是总往后看，他们预见的将来会是技术决定一切：喷气式

飞机、速度更快的汽车、高速公路、气垫船、太空旅行。当时国家正在认真考虑夷平大片城市区域，用于修建高架公路。仅限首字母为"M"的工具通行；而以小写字母"b"开头的自行车禁止通行。但现在它们不再适用，它们太简单粗暴，且太主观。

如果你看看 20 世纪 60 年代的高速公路和城市规划图，很明显，人们的假设是随着社会不断繁荣，自行车将会逐渐消失，至少不再是重要的交通工具。路越修越多，只是因为随着新增开车者越来越多，对道路的需求越来越大。[10]1963 年，英国政府撰写的一份官方报告中，甚至建议全面禁止自行车在公路干线上通行。[11]

弗兰克·帕特森的黑白世界——画中穿着七分灯笼裤绕着乡村教堂墓地漫步的骑行队员和骑着送货自行车的送货男孩——早已成了过去。如果一名自行车骑行者在经历了这一切之后仍坚持骑车，就说明他是发自内心地热爱自行车，自行车带给他的收获是其他东西不可替代的。在一个满大街都是自行车骑行者的时代做一名骑行者，是一回事；而在一个到处都是微型汽车和小莫里斯的时代做一名自行车骑行者，则是另一回事。

退休前，彼得·霍普金斯是一名英语教师。他有一个叫肯·普莱兹（Ken Platts）的学生是我的骑友。肯后来成了一名英国国际自行车赛车手，而他正是通过参加彼得组织的校园骑行活动才接触到这项运动的。肯在 1970 年考入剑桥大学时，还只参加过骑行活动，从来没参加过比赛。他告诉我说："我还是穿着花呢七分灯笼裤、长筒袜还有外套。当然不光我一个人这样。有的俱乐部仍会组织一些正规的骑行活动，我以前也经常投宿青年旅店——苏格兰北部和北威尔士——会碰到一些五六十岁的骑行者，他们在'二战'前就开始参加这种骑行活动了。我也加入了他们的队伍，反正一样都是在骑行。但世界变化太快了。这种骑行活动越来越向竞技比赛靠拢，到 20 世纪 60 年代末和 70 年代，刚开始参加自行车骑行活动的年轻人对它的初体验就是自行车赛，根本就不是彼得组织的那种骑行活动。"

"青年旅馆开始逐渐失去了踪迹，道路上汽车越来越多，这让骑行少了很多乐趣。我还记得在 20 世纪 60 年代中期的时候，骑行途中都不会有车辆经过。但短短几年内，这一切就都变了。70 年代，我参加过一次骑行活动，当我们被一家咖啡馆拒之门外的时候，我惊呆了——他们说要准备午餐，不能让我们进去，但很显然他们拒绝的理由是我们骑的自行车。我过去经常骑车上下班，单程约 12 英里，这种情况在当时几乎是闻所未闻的。我想每个人都令我失望。"

自行车运动开始成为儿童、穷人或奇怪人士的专属。这种美好的消遣方式已经死去。你就是觉得它可能就这么一去不回了也可以理解。

13 厄格雷的状况
1960—1990

神奇的是，自行车运动没有就此一蹶不振。经历过 20 世纪六七十年代技术、社会和政治格局巨变的洗礼后，虽然还是微不足道，但它毕竟还存在，甚至还有一些耀眼的高光时刻。1965 年，汤姆·辛普森夺得世界锦标赛冠军，并且凭借这一成绩荣膺备受瞩目的 BBC 年度体育人物奖。辛普森击败吉姆·克拉克（Jim Clark）获得了这一奖项，当然克拉克的成就也很辉煌，他获得了世界一级方程式锦标赛和印第安纳波利斯 500 英里大奖赛的冠军。贝丽尔·伯顿也获得了世界锦标赛的冠军，两年后获得 BBC 年度体育人物奖第二名。但跟那个时代自行车运动出现的少数几次小高潮一样，只在公众的记忆中留下了极短的印象。

在很大程度上，自行车运动又回到了那种默默无闻的状态，这也是全国自行车骑行者联合会长久以来所期望的状态。但讽刺的是，联合会渐渐地不再享受这种状态了。20 世纪 60 年代中期，在大多数人眼里，骑自行车的人往坏了说就是个流浪汉，往好了说也是个勒德分子*。所以，如果骑行者再退缩，就离秘密社团不远了。

在这个时期，自行车运动也没有完全失去踪迹。20 世纪 90 年代后期，我参加了一项名为厄格雷男子公路赛（Ugley Men's Road Race）的比赛，并获得了冠军。这个比赛的名字是以埃塞克斯郡一个名为 Ugley（厄格雷）的小村子命名的，由于它跟 ugly（丑陋）读音相同，所以总会碰到同音双关的情况。但实际上，厄格雷是一座非常美丽的村庄，这里的人都很淳朴，他们对双关语都已经习以为常了。

另外，你会发现有许多风格古老的平房，整齐地分布在 M11 高速公路与伦敦 - 剑桥铁路线中间的长条地带上，这有点破坏了厄格雷的美。这些都是俱乐部的临时营地，归属于约 30 英里外的伦敦东部的不同俱乐部。这些营地大致可以追溯到 20 世纪 60 年代，它们所在的地块根据《规划法》相关规定，只能用作"体育项目宿舍"，并且只允许在星期五、星期六和星期天晚上占用。在自行车运动的早期，富裕的俱乐部同时拥有乡村大本营和城市俱乐部活动室的情况也不少见，临时营地是 20 世纪中期的新风尚。

厄格雷男子公路赛就在其中的一处临时营地举行——但具体是哪个我也记不清了。可能是利河谷自行车俱乐部（Lea Valley CC），或者沙夫茨伯里俱乐部（Shaftesbury），又或者是伊斯特

利俱乐部（Easterly）。不，我觉得也可能是维多利亚（Victoria）、老鹰（Eagle），或者羽冠（Crest）俱乐部。我已经完全忘记了，因为以这些临时营地作为起点的比赛太多。它经济又便利——临时营地作为比赛大本营和更衣室，可以降低赛事主办方的成本，同时我们也都熟悉路线。在不同季节，基本上每个星期天早上9点或者9点半，你都会看见依制站在路边的60位骑行者，他们一边听着比赛简讯，一边等人到齐了出发去起点。

临时营地里配有上下铺、厨房和起居室，墙上贴着最近20年著名自行车运动员的海报，还放着许多旧杂志。里边摆放的家具都是别人捐赠的，从没有磨破的地方可以看出地毯上的印花。60位焦虑的自行车赛车手，洗手间也很紧张，所以气味肯定没那么愉快。如果你要参加比赛，除了报名费，还要另交4英镑，这样你就可以在这里住一晚。但我没有住过，前一晚太安逸，然后第二天天刚亮就要早起做赛前拉伸活动，这样会感觉落差太大。有一次厄格雷自行车赛，在距终点还有大约3公里时，我跟另一名选手就开始加速，拉开了跟车群的距离，他冲我喊："嗨，赶快加速，兄弟。我不会追你的。我要是冲刺，怕会吐出来。"原来前一天晚上，他在营地里一个人喝了两瓶红酒，还拒绝了所有要帮忙的人。在这种情况下，居然还能参加比赛，也是了不起。

其实临时营地就相当于收容所。有一些营地早已经替换了之前的木质结构。这里可能还保留着一丝老号角营地的气息，在这个远离各种喧嚣的乡村，骑行者就是骑行者。当地人早就习以为常了，埃塞克斯郡－剑桥郡－赫特福德郡交界处很适合骑行，即使是在对自行车运动充满敌意的年代，这里也没人站出来要求骑行者道歉。

大多数营地现在还都保留着。但也有一些已经卖掉了，计划用于其他用途。现存的营地都是原来创始人的孙辈在使用，但大多数时候都处于荒废状态。俱乐部成员仍会在星期五晚上骑车（有时候开车）到这里，住上一两晚，沿着多年的老路线骑骑车。在 20 年的赛车生涯中，我自己也记不清到底参加过多少次以这些营地作为起点的比赛了——不过都很低调，也很友好，并且还带着自行车运动一路荆棘中有幸得以延续下来的昔日传统，就跟这些营地一样。如果你骑着碳纤维自行车来这里，总会觉得有点格格不入。如果说哪里迫切需要一辆由来自斯托克的斯坦手工制作的老式钢架自行车（为了轻便起见钢架上钻满了孔）和全套 Campagnolo 套件的话，那肯定是这些临时营地了。[1]

20 世纪 60 年代，比赛是自行车运动的核心。当然，也组织过一些骑行活动，但 10 年过去了，自行车运动越来越偏向竞技化。杂志对骑行文章进行了精简，关于骑行挂包的测评文章也变得越来越少，不过都越来越深刻。反观英国自行车赛，详细报道接踵而来——不管是计时赛还是集体出发赛。另外，还会提供许多训练建议、饮食结构信息，以及对参赛自行车和简易工具包的评测报告。记者采访的时候不再问骑行选手最喜欢哪次骑行，而是改问他们"一周的训练情况"。多年来，《自行车运动》杂志会刊登一系列冬季专题报道，报道计时赛最佳全能运动员奖评比中

排在前 12 位的选手的训练情况。就算是在那个时候,我也很难觉得这些报道有什么意思("我妻子在一个面包房工作,所以每天晚上训练前我都会吃一大堆面包。然后我就可以拼尽全力骑完 40 英里。我从 10 月到第二年 4 月一直都是这样过来的。4 月的时候,我把训练强度增加到 45 英里")。

媒体只是为了迎合大众。赛事并没有真正发展——但现在至少由统一的机构来组织——而其他东西却几近消失。运动员对这项运动的忠诚度远高于骑车旅行的人。大多数真正喜欢自行车的运动员都喜欢为这项运动付出汗水,对他们来说这种付出就是一种享受。毕竟你不能骑摩托车参加自行车赛。

发展前景仍然很渺茫。现在,媒体每年都会对本国选手在环法自行车赛上夺冠抱有一线希望,而它也不再仅仅是无关的"国外自行车赛"了。此外,媒体也会对世界锦标赛进行报道。但是除此之外呢?权威机构下属的《自行车运动》杂志用一页又一页的篇幅报道英国俱乐部组织、英国国内业余运动员跟职业运动员参加的比赛。即使到了 20 世纪 80 年代,当时杂志社有位新来的记者提出,他可以自掏腰包加班去报道比利时根特-韦弗尔海姆古典自行车赛,但得到的答复是不可以去。[2] 尽管在众多欧洲大陆举办的赛事中,英国赛车手——比如汤姆·辛普森和巴里·霍本(Barry Hoban)——有望夺冠,但仍无法改变这种状况。

其他杂志则轮番试探用更开放的视角来看待这个问题。1955年,《自行车运动员》(*Sporting Cyclist*)为了尽量避免被卷入

NCU 与 BLRC 旷日持久的论战中，他们开始带着极大的热情，凭借丰富的知识对欧洲赛事进行报道。相比《自行车运动》杂志，它给人的感觉更接近现代。但该杂志从来没有赢利过，因此也未能安然度过 20 世纪 60 年代的经济低谷期——1968 年与《自行车运动》杂志合并。若搜索那个时代参加欧洲大陆比赛的英籍运动员的相关信息，这个杂志社的新闻报道是个正确选择，因为它实际上明白在做什么，也明白这样做的结果是什么。但在当时，《自行车运动员》杂志就像是一个异类。

实际上，几十年过去了，尽管 BLRC 取得了最后的胜利，但英国自行车运动圈内还是更乐于关注本土明星及本土赛事，于是出现了一种矛盾又协调的另类世界观：既"相信英国自行车赛是世界上最优秀的"，同时也"承认英国自行车运动员一般很难在国际赛场上占有一席之地"。

就算国内集体出发自行车赛得到认可，也没有从根本上改变这种观念。荣获大英帝国官佐勋章的伊恩·埃默森（Ian Emmerson）曾经是英国最著名、最多产的赛事组织者之一，自从 1963 年 19 岁的他接手组织林肯大奖赛之后便一发不可收拾。此后 50 多年的时间里，他一直致力于组织这项赛事，在他手上，林肯大奖赛成为英国一年当中规模最大的单日赛。他跟我说："英国自行车赛沉寂了许多年。你也许可以在一些地方看到关于环法自行车赛的报道，但那时没有电视转播，所以你无法看到比赛实况。英国本土自行车赛的优势是，你可以去现场观看。虽说英国的自行车运动规模很小，但国内赛事的规模却很大。"

"在现代林肯大奖赛上，现场观众可达 10000 人。因此，制定观众管理方案就成了我们的当务之急。我找到了一些 20 世纪 60 年代以后比赛终点的老照片，在终点观看比赛的人数也就有 50 人。他们来自各行各业——20 世纪 60 年代的大多数观众都骑自行车来看比赛，他们把自行车停在路边，穿着骑行服。但是，现在的观众主要是为了看他们听说过和在报纸上看到过的赛车手。"

只是那时候，他们听说过的赛车手都隐身于与世隔绝的英国自行车界。名气大的自行车队都不是职业车队，而是俱乐部，比如曼彻斯特自行车俱乐部，该俱乐部的赛车手几乎包揽了林肯大奖赛和其他赛事的冠军。该俱乐部也组织普通的俱乐部骑行活动，每周还在酒吧组织聚会。即使是国内的职业运动员，也会用大量时间参加俱乐部组织的一些不起眼的比赛。

这种比赛好的一点是道路上更清净，组织一次低调的体育赛事，主办方的工作很简单。埃默森告诉我说，到了他开始组织比赛的时候，只需把申请表提交警察局，当场就能拿到批准函。筹办过程中只需雇几名管家，到时他就能把一切都安排好。他还说："现在组织一场比赛要用 18 个月的时间，中间还需要一场接一场没完没了地开会。"[3]

老派的简单粗暴至少意味着会组织许多这种独立的自行车赛。戴维·泰勒（David Taylor）是一名从业多年的自行车运动领域的记者。跟许多人一样，他也是因为看了一场环本地公园的自行车赛之后才开始对自行车运动产生兴趣，他看的是在伦敦北部芬斯伯里区举办的一场比赛。20世纪50年代，他加入了邻区伊斯灵顿的BLRC俱乐部："我们大概有70位成员，在每个周末会分成不同的车队，参加6项不同的集体出发自行车赛——当然，从赛事数量大幅增加最起码可以看出自行车运动发展得还不错。我们还经常去莱奇沃思、罗伊斯顿参加比赛……我们有一次在斯泰普尔福德托尼机场的跑道上比赛，即使有飞机起飞也不会中止比赛。这感觉就好像战争还没结束。"

这种比赛具有区域性的特征，主要面向业余运动员，但也不是特别轻松。比如，埃塞克斯巡回赛，它的整个赛程是：星期六215公里分段赛；星期天上午40公里计时赛，下午144公里分段赛。而所有这些又都基于这样一个事实：差不多所有参赛队员都是从伦敦出发骑车到赛场的，单程就有30公里——这样算的话，两天的总骑行距离绝不比现在的环法自行车赛轻松。泰勒说："还跟20世纪20年代一样，一点都没变。比赛前一晚如果没钱住酒店，就只能住谷仓。比赛终点跟起点是完全分开的，假如你掉队了，就可能完全不知道自己在什么地方。这可能会带给你挫败感，但我记得在我骑行服的口袋里装了张地图，这样就算掉队，我最起码知道怎么回家。"4

这种比赛很好，并且数量也很多。无论是著名运动员、送水队成员还是来自全国各地的掉队选手，在那一刻肯定都很懊恼，出发前应该更充分地考虑到各种突发状况，那样的话他们可能就会带上地图了。

职业比赛的发展也还可以，1966年在英国自行车运动联合

会注册的英国职业自行车运动员有 66 人，为了留住职业运动员，职业赛领域组织了足够多的国内比赛。[5]可问题的根源在于这个圈子在不断缩小，外界甚至都没人知道它的存在。英国的职业运动员只是偶尔跟欧洲的职业运动员接触。一般情况下，他们也只是比赛中的对手。

那些参加国际比赛的职业车手，通常不是像意大利或法国的车手那样单纯靠狂刷业余积分排名来吸引职业自行车队的注意。20 世纪六七十年代甚至 80 年代，英国参加国际比赛的职业运动员通常也都是这样做的，但这是英国赛车的一个方面，不是他们赛车的理由。[6]从 20 世纪 50 年代末的汤姆·辛普森到 20 世纪 80 年代初的肖恩·耶茨（Sean Yates），他们都带上自己的行李和自行车去法国或比利时参加比赛。他们干净利落地跟国内比赛一刀两断，一切从头开始。大多数人都想先在有实力的业余自行车队站住脚，比如巴黎豪门 ACBB（Athlétic Club de Boulogne-Billan court，布洛涅比扬古体育俱乐部）就是一支运动员们挤破头都想去的队伍，且这支车队有个传统，接收说英语的自行车运动员。肖恩·耶茨、保罗·舍温（Paul Sherwen）、史蒂芬·罗奇（Stephen Roche）、菲尔·安德森（Phil Anderson）、罗伯特·米勒（Robert Millar）、保罗·基马吉（Paul Kimmage）和格拉汉姆·琼斯（Graham Jones）都曾"毕业于"ACBB。他们在这里就跟本土运动员一样一步步奋斗。[7]

这是一所残酷的学校。他们在国内取得的成就到了这里全部失效。一个人住在没有暖气的房间，因语言不通遭到孤立，为了吃饱饭被迫参加大量比赛，如此种种，几乎所有运动员都曾经历过。1959 年，汤姆·辛普森搬到了法国，他在家书里每每跟家人说的都是具体的奖金金额，而不是得了多少个冠军。比起其他人，辛普森更迫切地要搬到法国去，因为这样他就不用服兵役了。如果他当时回家，肯定会被逮捕的。[8]

运动员们只有咬牙坚持，熬到签职业运动员合同。赢得比赛对双方都有利——不仅有钱吃饭，而且还可以吸引职业自行车队的注意。没赢得比赛的话，就只能在角落里挨饿，没有谁会关心你。大多数情况下，在 ACBB 一类俱乐部奋战的外籍自行车运动员要么很快拿到合同，要么就一文不值。许多人顶着"一文不值"的头衔，战败归来。他们有的会重新回归国内赛场，但也有人就此完全淡出这项运动。毕竟，他们一开始选择离开的最主要原因就是他们不满于英国自行车赛的现状，而且在体验过其他国家的比赛之后，国内赛场在他们眼里就更狭隘了。到英吉利海峡对岸的法国碰运气的骑行者们，不管他们成功还是失败，都已经同以前不一样了。

这种状况一直在持续。20 世纪 80 年代，出现了一小股运动员赴法的热潮，原因是政府对社会保障政策进行了改革，他们无法再领取职业运动员失业救济金——全职参加比赛，同时申领失业救济金——于是一部分人就决定到海峡对岸去赌一把。但他们中的大多数人最后还是两手空空地返回国内。[9]当时，盛传法国自行车赛就是要榨干车手的每一滴血汗，再一脚把他们踢开，自从赴法运动员回国后，这个传言就更盛了。

英国自行车赛成功地从傲慢自大驱动的孤立主义无缝过渡到自卑情结驱动的孤立主义，却从来没有经历过正常的发展历程。在评判那些有决心和信心在重大时刻力挽狂澜的人所取得的成就时，这是一个必须要考虑的背景。

然而，仅仅因为20世纪60—80年代是自行车运动有史以来最糟糕的大萧条时期，尤其是对于非竞技性消遣活动，并不意味着不存在乐观情绪的爆发。实际上，每三个星期乐观情绪就会爆发一次。乐观情绪永远能让人重拾信心，不管这个月的销量有多低，都会想这一定是最低点，往后只会越来越好。这种世界观能更敏感地依据实际环境调整情绪，认为现在已经是最坏的情况，不可能更坏。

保持这种信仰的人都坚信，只要他们能找到新的途径来宣传自行车，那么一切问题都会迎刃而解。例如，小轮自行车。第一辆小轮自行车是亚历克斯·莫尔顿（Alex Moulton）设计的，其设计的巧妙之处在于针对骑行艰难的情境为小轮自行车搭载了补偿式悬架系统。

这个概念是兰令公司最先想到的。莫尔顿的想法是小轮自行车的轮子越小，那么重量越小，空气动力就越大。兰令市场营销部门的营销理念是小轮自行车会"很好玩"。而在实践中，莫尔顿为了保持自行车功能正常专门设计了一套悬架系统，而兰令的自行车因为没有搭载悬架系统，只能靠更有弹性的大号轮胎来减轻道路不平带来的颠簸感，否则从鼻子往下都会被震麻了。这样的设计产生了一定的连锁反应，速度慢和不舒适成为小轮车最主要

小轮自行车发明者亚历克斯·莫尔顿（1920—2012）

的问题。但是，事后诸葛说起来容易——许多自行车的主要问题就是形象，所以改变形象最重要。[10] 这也不是一点效果都没有——兰令虽然没有压倒汽车，但他们也确实卖了不少小轮自行车。

尽管如此，另外有一种改变自行车形象的方法在世界其他地区收效不错。20 世纪 60 年代末 70 年代初，美国的自行车销量出现了大幅增长。这种设计最初出现在儿童和青少年自行车中，比如施文（Schwinn）Stingray 自行车，兰令当时就抄袭了这款自行车的设计原理，随后推出了在 20 世纪 70 年代孩子们做梦都想拥

有的单车——Chopper自行车。

相比Chopper自行车，20世纪60年代的小轮自行车在功能方面更胜一筹。Chopper的重心太靠后，车座容易擦伤皮肤，猿臂车把看起来有点笨重，坦率地说，9岁的时候我不可能收到这样一件圣诞节礼物。相反，我收到一辆温蒂克（Vindec）Viking自行车，这是山寨车中的山寨车，在颜值方面真是一无是处。很明显，这就是一辆普通的女孩骑的自行车，矮小的前轮，盲目跟风的装饰，直接仿照伦敦塔制成的车座，涂了一层橙红色油漆，但又不能完全遮住铁锈色的车身，不到6个月油漆就开始脱落，然后露出下面的本色。最重要的是，这辆自行车非常不稳，遇到这么一个会杀人于无形的物件，没被它害死，我觉得自己真是幸运。

但是，在美国，Stingray产生了非常大的影响。它成功地将自行车从"儿童玩具"变成了"青少年玩具"——它们成为一种常用的上下学交通工具。它的款式设计甚至还吸引了到处寻找新玩具的成年人。彼得·霍普金斯——他曾经倡导重建了牛津大学自行车俱乐部——回忆说，20世纪60年代末，他遇到一个骑车旅行的美国人，"骑着一辆非常不可思议的自行车，外形看起来就像摩托车，还带着一个装饰性的汽油箱。这辆车总重量肯定得有1吨了"[11]。Stingray系列增加了成人十速赛车——1969—1973年，该款自行车在美国的销售量从60万辆飙升到800万辆，这也是自19世纪90年代以来美国销售量最多的成人自行车。[12]

然而，美国的这波繁荣并没有持续多久。20世纪70年代，石油危机爆发，油价发生大震荡，对可支配收入产生了重要影响，连带这波自行车繁荣景象也戛然而止。1977年，自行车销售量急转直下，跌了一半以上。如果想了解自行车的演变轨迹，你就要知道，当时英国油价飞涨对自行车来说是一个天大的好消息。自行车历史学家安德鲁·里奇说："现在是20世纪70年代，内燃机看起来正在逐渐走向末路。世界范围内自行车蓬勃发展。所以它的未来必将一片光明。对于自行车骑行者来说，过去那种独立的自豪感依然存在，他们在思考即将到来的交通运输革命，同时也在思考另一种可能性——政府认识到自行车的价值，并欣赏它的理性化和人性化。" [13]

　　许多人也都表达了同样激动的心情。但是他们错了，而且错了两次。这只是自行车骑行者又一次无法抑制的盲目乐观和决裂般的断然否定——内燃机并没有迎来厄运，即使是短期内，它的问题对自行车业来说也算不上好事。有了美国的前车之鉴，多少有点经验可循——自行车与交通运输没有多大瓜葛。现在，自行车的功能与汽车的功能不再对等，也就跟音乐中心、视频游戏和电视差不多。相比汽车，自行车运动跟跑步、徒步或钓鱼等活动更相似。自行车运动悄然之间变得越来越受欢迎，但至少在一定程度上是因为自行车不再跟实用性相挂钩。至此，自行车运动的发展方向发生了根本性变化。

　　但如果我们不是回过头来看，也很难发现。在英国，人们仍然有决心要让自行车运动重新回到原来的轨道。继20世纪

60 年代小轮自行车大火之后，又有人蠢蠢欲动，想重新改造适合太空时代的自行车，并得到了一些活动家的支持，他们一直关注斜躺自行车，特别是带有封闭式整流罩的人力驱动躺车（Human-Powered Vehick，简称 HPV）工具。人力驱动躺车比直立自行车快得多，至少在平地上是这样。它们具有一定的防水效果，但其主要吸引力来自光滑的空气动力学轮廓设计和满满的现代时尚感。它们拥有科幻的外形，就好像 *Blake's 7* 里的东西跑到了现实中来。

论及 20 世纪七八十年代自行车骑行者的标准手册资料，当属理查德·巴兰坦（Richard Ballantine）的《自行车全书》（*Bicycle Book*）——华丽地融合了宣传辩论、车间工作手册及不利路况骑行实用指南等多方面内容。例如，第一版甚至包括了如何用自行车打气筒杀死恶犬的应急处置指南。[14] 巴兰坦本人是人力驱动躺车的忠实拥趸，所以他对其优势了如指掌。20 世纪 80 年代看过他的书之后，我非常想自己骑着人力驱动躺车去上学。但人力驱动躺车仍然是在自行车基础上进行的现代化改良，希望能跟汽车一较高下，自行车跟汽车之间的较量持续了很多年。然而从骑车开始，除了在展览会上或者在冲击纪录的时候，我根本没见过人力驱动躺车。

变革即将到来，但却不是以高科技为依托的变革。自行车还会大体上保持原样。实际上改变的是谁来骑自行车，以及为什么会发生变化，相比 20 世纪 50 年代初的英国，我们从 70 年代初的美国能更准确地预见未来的发展趋势（但不够精确）。

14 博彩时代
1992—2016

我从 20 世纪 90 年代中期开始参加自行车赛。不久之后，这项运动便迎来了自 19 世纪 90 年代以来最鼎盛的繁荣期。这前后两件事最多就是个巧合，之所以同时提到它们，只是想说明，下面要讲的这段最近 20 年的历史，我也有幸参与其中，如果要说一点不受个人经历的影响，客观公正地讲述历史，那未免有点自欺欺人。

我参加的是复古自行车赛，它经过百年风雨得以延续下来。每当有人指责我是因为中产阶级创新人士都热衷于自行车所以才成为一名自行车运动员时，我都会严肃地告诉他们，20 世纪 90 年代，我穿上了第一件奇差无比的莱卡运动衫，照当时的情况，无疑是登上了一艘正在沉没的破船。我跟他们说："当时不管跟谁说我是名骑行者，他们都是会问我：'你的意思是摩托车骑行者？'我说不是，然后他们就会用那种很尴尬的眼神看着我。"

它甚至根本没能体现传统时尚的侧面。英国集体性自行车赛

不是我的菜。我起初参加的是比不入流还不入流的比赛，于是成了一名计时赛运动员。复古自行车赛对我有种天然的吸引力，最重要的是我在这方面极具天赋。弗雷德里克·托马斯·比德莱克一定会跟我惺惺相惜。弗兰克·索夏尔一定能理解我为什么会喜欢清晨空旷的马路。查尔斯·霍兰德一定会觉得我确实有那么点实力，但为人太古板。珀西·斯托拉德只会默默地把我加到他长长的白痴对手名单上。

BLRC 和 NCU 之间的那场战争已经过去 40 年，但公路赛运动员和计时赛运动员之间仍存在分歧。尽管实际上大多数运动员都有资格选择参加这两个项目的比赛，但最终身上只能背负一个标签，也就是只能两者选其一。这个问题有一部分要归因于《自行车运动周刊》的推波助澜，在其报道中计时赛仍占据主导地位。我很快扩大了征战范围，同时参加两个项目的比赛，虽说如此，但我永远都是一名优秀的计时赛选手——每到周末，都会详细统计像我一样的选手的战绩，就是我们参加的在平坦笔直的主赛道上举行的长距离公路计时赛。有一次，他们赠送了一张我个人的双面海报，我居然没有礼貌地表示一下难为情。

在 20 世纪 90 年代的时候，自行车运动是具有包容性的。由于想参加比赛的人数非常少，所以只要报名就不会被拒之门外。当然，这项运动也没有鲜明的等级划分，没有一级级的进阶标准。你可以凭借非常一般的实力和决心，参加国内的一些大型赛事，这意味着对于一名新手来说，在还不知道选谁当偶像的情况下，就可以跟偶像同场竞技。

然而，除了有着跟老特拉福德球场和白鹿巷球场一样历史地位的乡村营地网络外，在别的地方也无法实现。国际职业自行车赛是另外一种风景，但跟我们无关，也就羡慕一下。你通过电视唯一能看到的比赛就是环法自行车赛，每晚的 30 分钟体育要闻节目中，好的时候会有 15 分钟现场视频。我们对此感激涕零。

即使在 20 世纪 90 年代，欧洲大陆的比赛还是被不容置疑地归入国外比赛一栏中——叫不上名字、皮肤黝黑的欧洲车手，都有赞助商支持，虽然大多数我们都没听说过。20 世纪 90 年代，摩托罗拉的电子产品在英国有许多粉丝，一方面可能因为这是美国品牌，但主要还是因为我们至少听说过摩托罗拉这个公司。但 Banesto？ Polti？ Mercatone Uno？ GAN？ Le Groupement？ 没听说过（原来第一个是银行，后边的依次是吸尘器、超市、保险公司和一个花里胡哨的传销计划）。是否能区分一套又一套设计诡异的骑行服，是否知道车队的名字怎么念，就跟是否能说一门外语一样。20 世纪 50 年代，同样是这种带有异国情调的魅力，吸引着人们加入 BLRC。比如，在职业运动员来英国参加像保诚集团自行车巡回赛（Pru Tour，环英赛改名前短暂地叫过这个名字）这样的赛事时，我们去现场看了比赛，都想一睹职业运动员的风采。

我们也希望能成为像他们一样的人，但自从 20 世纪 50 年代以后，要想实现这个愿望，唯一途径就是放弃英国的事业，然后带上自行车搬到法国去。但很可能的结局是住在狭窄的自行车店楼上没有暖气的房间里饿死。我知道许多天才自行车运动员，他

们跟前辈一样在纠结是不是应该去赌一把。但他们大多数人到最后都没去，他们被法国菜吓跑了，另外也有点忌惮传说中凶残的法国赛车界，害怕被孤立，甚至担心到了那还得说着蹩脚的外语去自助洗衣店打工。

我没有搬到法国，所以至少我不用穿着一个月没换洗的内裤饿死。我去了伦敦，最起码内衣一尘不染，但在这里骑自行车就好像在做极限运动。当时在伦敦骑自行车，就是为了彰显自己的与众不同。有个人每天都会骑着便士法新上下班。他穿着正装，带着马球棒，等红灯的时候可以用它支撑身体，或是偶尔报复性地刺穿汽车天窗。他只是比我们其他人古怪一点。道路非常拥挤，自行车道是不存在的，骑车时保证安全的唯一方法就是速度够快，胆子够大，在路上跟机动车保持相同的速度。在某种程度上，我觉得很有意思，并且我也有能力保证不会摔下来，但这只是一个适合体能不错的年轻人的游戏——却不再是交通工具了。

简言之，20世纪90年代中期的自行车运动仍沿着几十年来的轨迹发展。证明它没有消亡的唯一方法就是，如果它真的消失了，那早就一点影子都没有了。但我们一直在低谷徘徊。自行车不是一种所有人都喜欢的竞技运动或休闲活动；它是一种你天生就喜欢或者无意中发现自己很喜欢的东西。

后来，一切都变了。2005—2015年，英国自行车会成员从15000人增加到100000人——只增长了600%而已。骑行总距离从2005年的25亿英里增加到2015年的35亿英里。英国自行车市场体量增长了50%以上。截至2016年，在伦敦交通高峰时段，每小时累计有 8000 名骑行者骑车经过黑衣修士桥——占交通流量的 71%。[1]

在比赛方面，英国自行车队成为奥林匹克运动会场地自行车赛上主要的奖牌得主，并且还成立了世界著名的国际公路赛自行车队——天空车队（Team Sky），在短短几年时间里，车队运动员从法国巡回赛的失意者变成了这项赛事的一方霸主。

这完全不需要数据，只要看看你身边的变化。一项过去经常隐形，且即使你能发现它但也不成功的运动，现在已经成为一种潮流。作为一种兴趣爱好，它把整整一代人从高尔夫的创伤中拯救出来。作为一种交通手段，它再次成为城市规划的重要考虑因素，或者至少在伦敦和一两个其他城市是这样。

若你一直骑自行车，就会对这一切更深有体会。最近 10 年才刚开始骑自行车的人可能会认为它一直都在，并且一直都是这样。不，它在变，或者它就是一个轮回。现在仍留有过去的传统，尤其是现在星期天早上骑车离开城市去乡间的这份期待，跟 19 世纪 80 年代的便士法新骑行者和 20 世纪 30 年代的俱乐部骑行活动非常相似。阶级定位也再度逆转，自行车重回高端市场。现在再看威尔斯笔下的胡普德赖弗，他在被人误认为是贵族时无言的骄傲，似乎也不再像 20 世纪晚期那么可笑了。

没有倒退的是骑行者星期天骑行的动力。对于大多数自行车爱好者来说，骑行路线上的一些地方不再代表着冒险，而是健身和运动。多年来冒险的程度也发生了变化。19 世纪七八十年代，人们更关注在保证人身安全的前提下骑在自行车上能做什么危险

而新奇的花样，后来花花公子们在巴特西公园学骑自行车这种相对比较安全但能让人肾上腺素激增的活动，再到20世纪中期的骑车旅行。对于后者来说，用"冒险"这个词有点小题大做，但他们骑车旅行的动力仍然是好奇心，他们渴望去探索未知的地方。

对于周末骑行的现代人来说，就算不是大多数，也有许多人骑行的动力就是不断突破自己，看看能获得什么成就。他们不参加正式比赛，至少在大部分情况下不会。相比一人骑行或者跟三两好友一起骑行，这种情况通常更个人化，他们就想尝试突破极限，从中获得满足感。"磨难"（Suffering）是他们普遍使用的一个词，并且经常使用。不经历磨难，就没有欢愉。人们热爱自行车竞技运动，崇拜这项运动的伟大运动员，并且也想去探究功成名就背后的付出与坚持，以便更好地了解他们。

根据你的立场，现代自行车联谊会要么是贵族受虐狂兄弟会，要么是大龄儿童兄弟会，他们只想一直骑到筋疲力尽，喘着粗气躺在地上，大脑放空地看着天空。无论是哪种，自行车运动早已今非昔比，它不再是星期天当地俱乐部的骑行活动——把孩子放进胶合板侧车里，然后7小时骑行80英里。总而言之，不同的人因为不同的原因用它做不同的事，而且正在做很多。

到底发生了什么？为什么各种形式的自行车运动从奄奄一息突然就再度迸发生机了呢？说来话长，我们就从1992年巴塞罗那奥运会说起。显然，我现在要以克里斯·博德曼为例，他成为时隔72年之后英国第一个获得奥运会自行车项目冠军的英国运动员。

他获得冠军出乎所有人的意料。至少有一半的注意力都集中在他骑的自行车上，这辆自行车是碳纤维风洞自行车的雏形，这是它第一次走入大众视野。据博德曼自己说，这辆自行车是勉强支撑到终点的，但对我们这些旁观者来说，它就像是通过传送门从 21 世纪中叶传送过来的一样。黑色、整体曲线，看起来就像是在风的作用下自然雕琢出来的一样。其他人的自行车瞬间成了支架导管堆叠起来的废物。

博德曼的自行车骑上去看起来很性感。但是，这对巴塞罗那奥运会来说并不重要，现在重要的是通过巧妙公关让人们不再把它想象成鸭舌帽或赛狗。这对博德曼接下来取得的个人成就无关紧要，他缔造了继汤姆·辛普森之后英国最辉煌的赛车职业生涯，当然这显然也不会带来伤害。不，他赢得比赛的最关键因素可能是他的教练——彼得·基恩（Peter Keen）。

基恩对于那个时代来说是一位非典型的教练。不用说，全职教练几乎都默默无闻，而大多兼职教练都是老赛车手，这跟 19 世纪职业运动员的教练一样，他们的职责就是管制队员不要去酒吧，让他们有足够的时间去训练。画面是一个精瘦结实的中年男子用北方口音大声地发号施令，他们的教练当年怎么勉励他们，他们就用同样的传统训练方法来勉励队员。

反观基恩，他是一位大学体育科学讲师，他执教的方式跟你想象中青年学者的执教风格完全一样。媒体曾公布过一组博德曼在实验室一辆静态自行车上训练的照片，基恩站在他身边，手里

拿着一个带夹子的笔记本，周围围了一群穿着白大褂的助手，他们在电脑前忙来忙去，一边制作图表，一边紧张地看着指示灯闪烁的机器。

以前其他体育运动都用这样的训练方式，但自行车运动一直都比较保守，坦白地说，资金上也比较拮据，所以对我们来说，这是一种全新的训练方式。如果说存在一定的怀疑，那就大大低估了普通赛车界许多甚至大多数运动员对这件事的振奋程度。自行车运动非常艰苦，却又十分简单。这个时代的训练逻辑仍然是，你想骑得更快，就只能最大限度地增加训练强度，最后在比赛过程中浴血拼搏。如果骑得不够快，就增加训练强度。穿着白大褂指导自行车运动员训练，就好比穿着舞会礼服下矿井一样。你不得不承认，这会让人们笑到啤酒从鼻子里喷出来。

实际上，当时有一个人采用的训练方法跟基恩和博德曼正好相反，那就是格莱姆·奥布里（Graeme Obree）。如果说基恩和博德曼代表的是新式自行车运动，那么奥布里代表的更像是复古自行车运动。他是苏格兰人，自己训练、自我勉励，他就用从家里洗衣机上拆下来的滚珠轴承和偶尔在路边发现的金属片自己制造自行车。据传闻，他在比赛中拼得非常凶猛，甚至到了咳血的地步。他没有在实验室里训练过；他就凭直觉在埃尔郡海岸边阴雨连绵的山间训练，饿了就吃果酱三明治。《自行车运动周刊》前编辑罗伯特·加伯特（Robert Garbutt）说奥布里是"一位时间旅行者——他一定是从1910年穿越过来的。不管是冒险方式还是发明，许多地方都跟那时候很像"[2]。

讽刺的是，所谓人不可貌相，奥布里虽然身体条件一般，但他在创新性上确实更胜一筹——他能吸收各种天马行空的想法，并且能凭本能理解工程学与生理学的关系。他发明了符合空气动力学的骑行姿势，为此世界体坛监管机构不得不制定新规则对他进行约束。但是表面的新旧文化冲突却将他与博德曼放在了对抗的两端，博德曼非常清楚这位竞争对手给他制造的麻烦，即他和基恩一直尽力摆脱的那种训练模式，而这位竞争对手却恰好手到擒来（博德曼后来承认，奥布里才是更有创造性的骑行者——他称其为"天才"[3]）。

尽管如此，基恩才是接下来发展中的关键人物。在执教博德曼变得小有名气后，他于1997年申请担任英国自行车队主教练。那时候，车队的资金已经足够为大多数国际车手买队服了。不过也就只到这个水平。此外，他们骑的是自己的自行车，穿的是自己买的短裤，经常还要自己承担差旅费。机械师经常是某个自行车店的志愿者，据说他们下班后会去酒吧喝一晚上啤酒，而运动员还留在原地清理自己的自行车。一位以前的车手说，在20世纪70年代波兰友谊赛上，在结束漫长、艰苦又泥泞的赛程后，他把自行车交给了机械师，机械师却跟他说："我不负责清理自行车，太脏了，自己动手吧。"

在基恩接手之后，英国体坛迎来了国家彩票公司的投资。这个穿着白大褂、说话轻声细语的人突然间有了250万英镑可以自由支配，预算一下子增加了5000%。当时，甚至没有可利用这

笔资金的基础设施，所以他只能建一个，于是就非常快地建了一个，另外还要保证能赢得奥运会金牌，这也是彩票公司唯一感兴趣的东西。

基恩做了一名科学工作者都会做的事，他开始分析研究哪种方法能最高效地把现金变成奖牌。他很快得出结论，场地自行车赛金牌比公路赛金牌"便宜"，这是因为自行车界大部分人对场地自行车赛不是很上心。国际职业公路赛已经成为一个成熟的行业，不仅有几百万英镑的预算，还有一大批顶尖运动员。场地赛是在业余比赛的基础上发展而来的，有点随便应付的意思，一般资金紧缺，显然为有资金、有野心的车队提供了机会。

如果觉得这还不够有说服力，那么再说一点，奥运会全部18个自行车项目中有12项是场地赛，但竞争的激烈程度却比不上4项公路赛。从历届奥运会金牌分布来看，英国有6枚金牌是在计时赛项目中获得的，比如博德曼在1992年获得的追逐赛金牌，其特点是不需要战略战术，而是纯粹速度的较量。他们特别愿意按照基恩喜欢的科学方法训练。他们被列为重点受训对象。

刚刚落成的曼彻斯特自行车馆给车队增加了底气，车队更没有包袱地做出了专攻场地赛的决定。说起这座场馆的修建，至少部分要归功于博德曼在巴塞罗那奥运会上夺得的那枚金牌，它激起了人们对这项运动潮水般的热情。[4] 在那里筹建一个项目会带来非常可观的附加效益，就相当于建了一个供自行车队训练用的统一训练基地。整个组织、运动员、教练和辅助工作人员都在同一个屋檐下办公，也就是说所有人的一言一行都在基恩眼皮子底下。当然，这也减少了现任教练强行介入的可能性，基恩不可能不把这当作一种边际效益。

作为一个单纯的经济问题，这虽不是一个很难理解的决定，但却不是那么让人开心的决定。这完全不是大家所期望的。基恩仍然像是穿着晚礼服下矿一样。鉴于场地赛的传统，它曾是贵族们的运动形式，公路赛才是属于大众的比赛形式，他们很乐意用50枚场地赛金牌换几个环法自行车赛的赛段冠军。但事实上，不管是现在还是当时根本都不存在这种交易，即使彩票公司直接派发现金，也不会被打动。事实上，就算告诉他们要在环法自行车赛上获得冠军，最有效的方法就是从投资建场地、赢得奖牌、获取更多资金、再投资等方面入手，他们肯定也不会喜欢。所以公路赛最重要，场地赛没那么重要，这就是他们得出的结论。

同样，反对者既不喜欢这种集体性项目，也不喜欢负责组织这种项目的新式科研型教练。英国自行车会参加组织自行车赛的工作人员从3人突增到34人。前全国职业自行车赛冠军得主锡德·巴拉斯（Sid Barras），吐槽英国自行车会的"教练比华莱士·阿诺德（Wallace Arnold）公交车还要多"，这句话巧妙地抓住了人们的心理，所以这句话在他说后20年，在英国获得该项目第一枚奥运会金牌后17年，甚至在华莱士·阿诺德公交车公司从公路上消失后12年，人们还总是喜欢重复说它。[5]

对于彼得·基恩来说，可喜的是他的计划成功了。时隔3年，在2000年悉尼奥运会上，杰森·奎利（Jason Queally）获得了1公里计时赛金牌。更引人注目的是，这是英国在这届奥运会上获

得的第一枚金牌。这正是基恩瞄准的可控性场地赛，而奎利在几年前才开始接触自行车运动，不过他正是基恩的项目想要开发的人才。其他几个目标项目中也获得了 3 枚奖牌。当时，英国体育界对奥运奖牌总数的想法是"随意就好"，但自行车项目却一鸣惊人。

这不仅是场地赛的变革，"除非你赢得奖牌，否则没有现金奖励"的文化标志着这个制度的残酷性达到了新高度。这里我可以说一点自己的看法，毕竟我了解它比较隐晦的一面。21 世纪初的时候，我在英国国内算是小有名气的车手。就在悉尼奥运会刚结束不久，我被征召跟国家队一起训练，可能想派我参加 2004 年雅典奥运会自行车追逐赛的角逐。

我敢打赌，要是在 10 年前，我一定能成为车队的正式队员，之所以这么自信是因为当时我在国内的成绩远超其他人，这就是说，不管多震撼的大型比赛，我都拥有直接参赛权。前几年，我的一两个对手去参加世界锦标赛，结果都遭遇惨败，然后只好跟那些带给他们奇耻大辱的著名运动员索要亲笔签名，回家后再穿着这件队服四处晃悠，告诉人们他见过"兰斯"（Lance）*。

然而，这对我来说是一个全新的项目，在熟悉场地赛规则后，他们又加减乘除一通算，根据当前世界纪录为我设定了一个指标，但我没有达到这个指标要求。很快，我就站在了曼彻斯特自由车馆外边，站在曼彻斯特东区的雨里，手里还推着我的自

---

* 即兰斯·阿姆斯特朗（1971— ），美国前职业公路自行车赛车手。他通过服用违禁药物获得了 1999—2005 年连续七届的环法自行车赛总冠军。

行车。

选拔不再是一个运动员的努力拼搏和国内成绩能换来什么的问题，而是"这个毛茸茸的肉袋子能骑上自行车为我们赢得奖牌吗？"如果答案是不能，其他一切都没有意义。如果答案是能，他们就会绞尽脑汁、千方百计地让这个毛茸茸的肉袋子骑得更快。区别就是如此之大。

21 世纪仍在延续这一方法。彩票公司资金与奖牌之间形成了一个良性循环。到 2015 年，英国自行车会的年度预算超过 750 万英镑。[6] 自行车队在彼得·基恩继任者戴夫·布雷斯福德爵士（Sir Dave Brailsford）的带领下，更有野心，并且沿用了基恩首创的分析方法，让运动员能够适应更复杂的集体比赛和短距离比赛。他们成功培养出了克里斯·霍伊爵士（Sir Chris Hoy）[*]和维多利亚·彭德尔顿等优秀运动员，经过多次奥运会自行车赛的洗礼之后，他们都已成为世界著名运动员。不管人们现在怎么评价外在的"明星素质"，但对我们这些在 21 世纪初跟他们一起坐在赛场下的人来说，这确实不是我们所期望的样子。

对于进入自行车队的队员来说，最根本的是彩票公司提供的资金可以让他们继续从事这项运动，可以给他们充足的时间去提高成绩，之前他们之所以会退出这项运动，经常是因为不甘贫穷。最深层的原因是彩票公司用资金来保证整个科学团队正常运作——以克里斯·博德曼为首——他们在风洞里一待几个小时，

---

* 克里斯·霍伊（1976— ），苏格兰自行车运动员，2008 年奥运会三枚金牌获得者。

只为了能设计出符合空气动力学原理的紧身衣和头盔。果然，场地赛正如基恩预测的那样全面开花。几乎没有哪个现代人能这么不留情面地击败批评他的人们。

男子职业公路赛团队——天空车队采用的方法大体相同，该车队于2009年由布雷斯福德创建。[7]他们的目标就是在5年内摘得环法自行车赛冠军。但他们仅用了3年时间，2012年威金斯在环法自行车赛中获得了冠军，后来克里斯·弗鲁姆在2013年、2015年和2016年3次夺冠。

在不到20年的时间里，英国从国际自行车赛的常败大户一跃成为该项目的夺冠热门。截至2016年，两名车手获得了4次环法自行车赛冠军，另外还包括25次奥运会冠军，46枚奥运会奖牌，无数次男子和女子世界锦标赛冠军。1868年的一个春日午后，詹姆斯·摩尔用几分钟就宣布赢得了所有自行车赛的冠军，可以说自此之后英国自行车赛再也没有这么繁荣过。

这一伟大复兴的另一面——我们可以称之为大狂热（Great General Enthusiasm）——则不那么简单。它跟这项运动成功与否的关系无法得到充分证明，但也很难说二者之间没有关系。实际上，二者之间的关系非常紧密，只是巧合的可能性太小，参加周末骑行活动的骑行者，从他们身上穿的天空车队统一队服到他们骑的自行车，很难把这些视为无关紧要的时尚搭配而完全无视。但很显然，这又不只是高调的成功——否则中产阶级中年人在星期天上午可能会开着他们的游艇出海，还可能去练舞。

我问了克里斯·博德曼这个问题。他现在是英国自行车会的政策顾问，更是该组织的媒体负责人。他说："只是所有东西碰巧赶在了一起。就看备战程度与个人能力哪个更重要。1994年环法自行车赛来到英国南部，吸引了数百万人观看。即使他们喜爱这项运动，即使他们深受鼓舞，他们也没什么可做的。但当2007年环法自行车赛再次来到伦敦的时候，当英国自行车队在北京奥运会上横扫对手的时候，就产生了一种效应。现在他们终于有事可做了。"[8]

这里的"事"是指sportive自行车赛[*]。sportive在很大程度上成就了自行车运动的繁荣。这很好理解。公路赛道需要设计并树立路标——一般情况下，赛道越艰险，大家就越有成就感。一般赛程是50—100英里，都是选在车辆较少的道路和赛道上，同时主办方还会尽量设计坡路多的路线。补给站零星分布在比赛途中，还会提供一些备用零部件。无论是几百人（比如骑行伦敦自行车赛）还是26000人，全部按小组出发。这种比赛非常简单，并且参赛也很方便。参赛选手不要求具备赛车执照，基本上没有壁垒性规定，只需网上报名即可，甚至不需要是某个俱乐部成员。只需注册，支付报名费，然后到场参赛，就可以了。

这不是比赛。好吧，不算是严格意义上的比赛。如果是记录成绩并产生了冠军的正规比赛，那么不仅要遵守关于在高速公路上举办自行车赛的多项法律法规，而且要获得警方正式公告文件，承担警务成本，封闭道路，遵守比赛规则，还要对组织这样

---

[*]　全称cyclosportive，简称sportive，是一种长距离的公路自行车比赛，参加人数通常较多，并在一条有标志的路线上骑行，竞争性不强，类似于马拉松赛。

一场参赛者众多的比赛的各个方面进行统筹。一场 sportive 被设定为一项挑战——主办方通常会为金银铜牌设定对应的时间标准（或者类似的东西），让参赛选手有的放矢，而不是简单地给登上领奖台的选手颁奖。

当然，赛后主办方会公布完赛选手名单及其所用时间，这个名单最终会按照速度顺序进行重新排列，这一点是不可避免的。比赛就肯定会决出优胜者，大多数情况下获胜者会很乐意忽略技术细节，他们在介绍自己的时候也会这样，有时候还会向本地报纸发送新闻稿。

这类赛事通常会使用微芯片按行计时，而不是按到达终点的先后顺序确定谁胜谁负。所以即使你起步慢了也不一定就会处于劣势——只有越过出发线，你自己的计时器才会开始计时。当时比较讽刺的是，说起 sportive 自行车赛基本上就等同于计时赛，只不过 sportive 的规则比较宽松，允许与其他选手组成车群骑行几英里。这与 19 世纪早期有着惊人的相似之处，只是运动员们在赛场上通常一条线地排列开来，极少出现一群人"组团"骑行的情况。

在 sportive 自行车赛刚出现的时候，人们就把矛头指向了它，指责它四不像。传统赛车界不满地说，sportive 赛不是正规的比赛形式，它只是用会员费来美化俱乐部骑行活动的。但这明显没抓住问题的关键——一千个人眼里有一千个哈姆雷特，sportive 自行车赛亦如是。从传统自行车赛角度来看，sportive 自行车赛一端是比赛，另一端应该是骑车旅行，而中间的应该是参加俱乐部骑行活动的人。然而，他们全部是在相同的地方做着相同的事情，只是速度和骑车理由稍有不同而已，但他们的目标都是以最省心的方式得到自己最想要的东西。

另一个发生改变的是参与者。一夜之间，自行车不再是与工人阶级骑行者相提并论的"廉价"运动，而是摇身一变成了"富裕"的职业人士的运动。"自行车是新时代高尔夫"这句话成了我们所有人不得不接受的事实，而且你可以通过他们在说这句话时眼神里流露出来的是赞同还是疲倦悲哀来更深入地了解一个人。最开始自行车骑行者都来自社会底层，短短几年内，英国资深保守党政治家埃里克·皮克尔斯（Eric Pickles）就因为自行车是"精英"阶层喜爱的运动抨击剑桥市议会推广普及自行车。[9]

（我觉得应该这么说，开始埃里克·皮克尔斯嘲笑自行车是工人阶级的工具，后来自行车成为精英阶级的工具后他也嘲笑，实际上就没有他赞同的时候，他到底认为自行车应该属于哪个阶级呢。这就说明对自行车的敌视及其与阶级制度的关系比自行车刚出现的时候要复杂得多。或者，当然，这只是说明有的人不喜欢自行车，当他们想攻击自行车的时候，肯定是张口就来。）

* * *

若说高调的成功推动了再发明，那么让博德曼"备战状况"达到各项要求的，则是更默默无闻、更水到渠成的东西。没有发

明能一蹴而就。在相当长的一段时间里，人们一直在悄悄地骑自行车（或者，在大多数情况下，又重新开始骑自行车）。

彼得·霍普金斯说，他觉得这次复兴可以追溯到 20 世纪 70 年代。他说，在绝望的谷底，开始看到自己的同龄人陆陆续续地又回归自行车。那时他们都买了小莫里斯汽车，自行车放在车棚里都结了蜘蛛网。他们养活着一家子人，从事着特定的职业，后来又买了几辆车，忽然有一天他们意识到好像有十来年没看到自己的脚了。于是他们开始跑步，但又讨厌跑步，然后才想起来他们过去是经常骑自行车的。

正如我们放弃冒险而转向健身的想法一样，动力来源就是健康。这并不罕见，在 20 世纪 70 年代末，许多人都这样——这也许是这一代人在经历了 20 世纪 40 年代和 50 年代初的恐慌和紧缩之后，开始肆意享受随之而来的社会保障和经济繁荣，大吃大喝，吸烟无度，因此出现了咳嗽，说话结结巴巴，肥胖等问题，这或许是这一代人第一次面临重大的健康问题。例如，当时出现了一阵跑步热，后来还因此举办了伦敦马拉松赛（以及许多其他马拉松比赛和群众参与性赛事），同时还成立了许多至今仍在活跃的跑步俱乐部。自行车运动在当时并没有产生群聚效应，几乎可以断定是因为阶级问题，但它们有着一样的目的。

但是，事情远不止如此。20 世纪 80 年代末，自行车运动又发生了一次重大变革，如果不是《自行车运动周刊》前编辑指出来，我会尽量忽略这一点。罗伯特·加伯特说："在 80 年代，山地自行车运动非常火爆。一度每售出 10 辆自行车有 9 辆是山地自行车。"根据加伯特的说法，参加山地自行车运动的人并不是公路自行车骑行者。他们是自行车界的新人。此外，最重要的是，他们原来都从事过非常酷炫的运动，比如帆板、攀岩或者悬挂式滑翔等，但现在他们都转向了自行车。这些20世纪80年代的运动铁汉，他们的眼睛下面都涂着金色高光以及一层淡黄色防晒霜。

这些我有印象——20世纪80年代中期，我大概十二三岁，参加过帆板比赛。帆板运动杂志上满是关于山地自行车运动的文章，以及各种各样帮你提高帆板运动水平的方法。此外，他们还很清楚，山地自行车不能跟公路自行车混为一谈，更重要的是，不能将山地自行车骑行者与公路自行车骑行者相提并论。

与此同时，在伦敦，自行车速递成为一种时尚标志。年轻、健康、帅气，他们对伦敦考文特花园周围的六条街道了如指掌，他们骑着山地自行车走街串巷——尽管实际上公路自行车相对来说更实用。

我被宣传鼓动了，最后攒钱买了一辆山地车。我买的时候比较早，周围的朋友都还不知道这是什么东西。当时他们还在骑小轮自行车，膝盖绕过耳朵，想象自己是这条街上最靓的仔，但就算他们使出浑身解数，也比不上我令人难以置信的发型和防晒霜。

我甚至还参加过几场在家门口森林里举办的山地车比赛。直到最近我才意识到，这跟我10年后作为收入来源的赛车没什么差别。虽然我从未把这两者联系在一起，但我肯定这正是山地自

行车运动想要的结果。

关于山地自行车运动的另一件事，至少在早期的时候，比赛是不正规的。你可以在星期六早上去买自己的第一辆山地车，下午的时候就骑着它去参加比赛。"山地自行车运动吸引了新人群的关注，"加伯特说，"而他们恰恰就是那些对传统公路自行车不感兴趣的人们。当时有几年冬天的天气不太好。谨慎一点的山地自行车骑行者为了保持健康，又买了公路自行车，于是这两项运动开始有了交叉点。"

这里顺带讲一个关于山地自行车运动发明者的小故事，主要是因为自行车越野也有着悠久的历史。《自行车运动》的专栏作家旅人就以撰写越野自行车运动报道而广为人知。骑行者旅行俱乐部的成员们一点也不反感在赛道、小路和田间骑车，1955 年，一个名为荒野骑行联合会（Rough Stuff Fellowship）的组织在英国成立，并专门以此为宗旨。[10] 但有一种共识是，我们现在所知道的山地自行车，以及席卷了像我这样的人的这股热潮，来自 20世纪 70 年代中期沿着加利福尼亚州马林县（Marin County）一条陡峭的护林道进行降速比赛的一群人。这条路就是著名的"雷派克路"（Repack road），因为倒蹬闸过热，导致润滑油溢出轮毂，必须在每次降速之前重新加注。这种自行车后来进化成了早期的山地车，有节轮胎、扁条、悬臂刹车和非常复杂的车架。

跟自行车运动的历史走势大体一样，山地自行车的繁荣也是短暂的。但是，它给了很多人去骑车的理由，并且是跟一群不同的人一起去骑车（或者更可能的是对不同人群的看法）。简单快

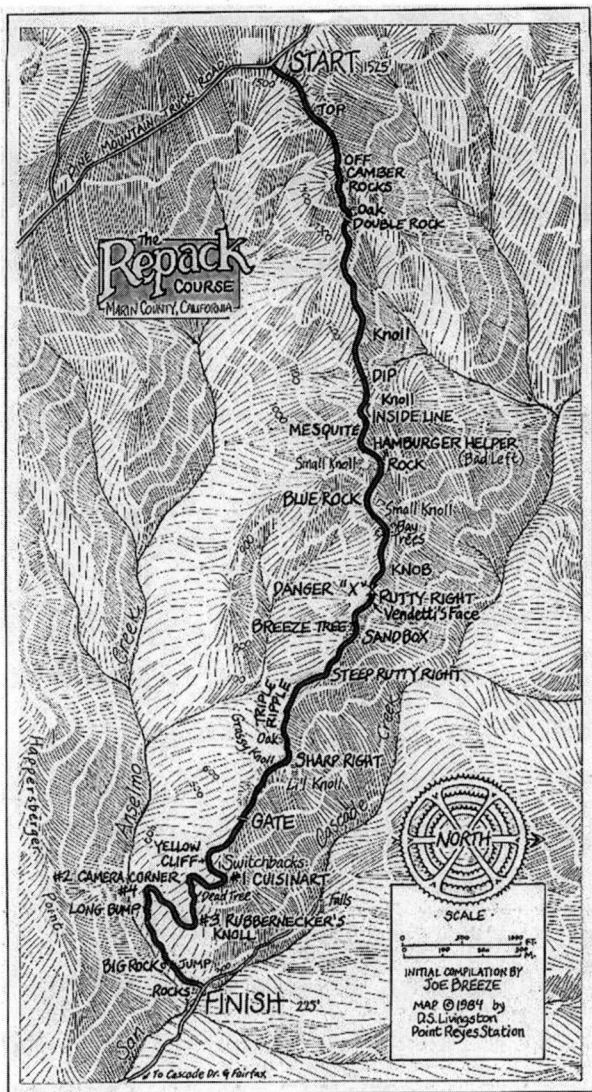

加州 Repack 自行车越野赛线路图

乐，再穿插一点混乱，就像是极限运动的极端版。这项运动没有规则，没有成熟的约束机制，比赛很随意，随随便便就能演变成几百人参加的大型自行车赛。

这不是唯一由北美开创的事情。组织严密的"世纪骑行"（Centuryride）比赛只是一项简单的非竞技性的挑战赛，即在一天内骑行100英里。最早的赛事还包括：1962年开始的俄亥俄州赛欧托河谷巡回赛（Tour of the Scioto River Valley）；1972年的加拿大里多湖巡回赛（Rideau Lakes Cycle Tour）；1974年的密歇根苹果酒世纪号自行车赛（Apple Cider Century）。这几项赛事都迅速发展壮大，参赛选手达到几千人，沿途还设置补给站，安排机械故障支持等服务。所以说这种想法这么好，岂有不照搬来为我所用之理。再来看看大西洋另一端的英国，20世纪90年代初到中期，CTC组织了一系列深受欢迎的年度世纪骑行赛。《自行车运动周刊》也大约在同一时间对这些活动进行了宣传，翻下杂志你会发现，每次比赛的参赛人数能轻松达到两三千人，这对一项新型赛事来说，人数算是相当可观。

加伯特说："这些比赛都非常成功。所以对于我们来说，一般情况下不会再举办这类赛事，而是去挖掘发展没那么好，让我们可以施展作为的东西。但在某些方面，根本不是那么回事——最初我们想这只是交报名费就可以参加的俱乐部骑行活动——但很明显，这些比赛正好带给人们一直渴望的东西。传统俱乐部骑行的衰落就意味着人们无法再一群人一起骑行了。所以他们参加比赛可能就只是想在这天跟一些骑友一起骑车。"

但世纪骑行算不上是 sportive 自行车赛。主办方会公布完赛人员名单，但没有时间标准，没有参赛选手的个人骑行数据。这类骑行比赛更倾向于骑车旅行，风格不够活泼。第一项真正的 sportive 自行车赛是 1997 年的肯特巡回赛（Circuit of Kent）。参加这场比赛的还是同一批选手，但比赛在很大程度上是按照欧洲大陆 cyclosportive 自行车赛的模式组织的。[11] 这次比赛的主办方是双子星自行车俱乐部（Gemini Bicycle Club），他们有队员参加过欧洲 cyclosportive 自行车赛，比如多洛米蒂公路自行车马拉松赛（Maratona dles Dolomites），或者环法挑战赛全球总决赛（L'étape du Tour）。

欧洲自行车赛和肯特自行车巡回赛的主要区别在于，欧洲赛事是正规的竞技性比赛。不管是过去还是现在，他们都会公布所有参赛选手的成绩，并为选手准备奖金。此外，鉴于英国肯特没有适合比赛的山地，所以肯特巡回赛秉承了一个非常巧妙的理念，将世纪骑行的旅游型挑战赛概念与欧洲赛事的竞技体育元素融合在一起。显然，这是一个非常有市场前景的理念。对于想参加比赛的骑行者来说，参加肯特巡回赛比精神高度紧张的公路赛要更容易一点。因为参加公路赛有两个要求：一是要求参赛选手必须拥有比赛执照；二是要够快并且有好胜心，这样即使是非常强壮的新人也很难跟着车群骑行几英里。对于人们来说，参加肯特巡回赛这样的赛事，不仅能让他们在原本不可能找到的路线上骑行，也能让他们觉得自己有点像在参加环法自行车赛，以平稳的速度疾驰而过。

2016 年，英国举办了将近 800 场 sportive 赛，每场比赛都有几百到几千名选手报名参加。现在各项赛事的参赛人数还在不断攀升。对于那些直到 1997 年才出现的东西，以及作为人人都觉得比复苏更可期的一个活动项目，sportive 赛获得了空前成功。

由于孤立主义是英国 20 世纪自行车骑行的主题，所以让人觉得讽刺的是，sportive 自行车赛的巨大成功跟狭义上正规的自行车比赛并没有真正地关联起来。因为在英国你不能大张旗鼓地"赢得"一场 sportive 自行车赛，你不能把自己都没概念的东西当成职业。非竞技性赛事看起来有点格格不入，这表明不管多受欢迎，单靠 sportive 自行车赛是无法培养出自行车界的下一代领军人物的。

为此，你必须要回归到传统比赛中来。幸运的是，即使这样也取得了很好的发展。集体出发公路赛也好（珀西·斯托拉德夺得冠军），场地赛也罢，现在都要求参赛选手拥有比赛执照，这就是说，你可以查下历年比赛数据——2010—2015 年，英国自行车会颁发的正式比赛执照数量从 16891 个增加到 28985 个，增加幅度达到 71%。[12] 附属俱乐部的数量也增加了——同期从 1672 个增加到 2200 个。

这是一个非常大的惊喜，因为本土比赛在英国几乎是隐形的。它在集体参与的 sportive 自行车赛与环法自行车赛或奥运会等国际赛事之间的夹缝中挣扎生存。这虽然说起来有点伤感，但也不可避免。让英国自行车赛与国际接轨有一个缺点：规模变了。现在在英国只有最大型赛事才能吸引足够的关注度，甚至是环英国自行车赛都变得没那么重要了，主流体育媒体也都全力以赴地去报道规模更大的国际赛事。

但最起码最后还是找到了一条适合英国有潜力的职业赛车手的发展道路。最终我们形成了这样一种运动员成长模式，最初只是有点天赋的少年，通过参加本地巡回赛或者场地赛，逐渐成为顶级运动员，不需要人生豪赌，也不需要对一个以能跟贫困抗争多久来定义的职业逆来顺受。终于，在珀西·斯托拉德开启现代化改革80年后，英国的自行车赛跟世界接轨了。

与此同时，反观最原始、最经典的英国自行车赛——计时赛，它的发展道路略有不同。那时候差不多正好是我20年前开始参加计时赛的时候。参赛选手人数非常稳定，赛事的数量稍有减少，但总体来说没有太大改变。计时赛仍是一种美好又单纯的自行车赛形式，但是作为自行车运动的独立组成部分，其主办方也有别于英国其他赛事的管理机构，它没能借助整个行业繁荣的东风来推动自身的发展。也许没人想费这个劲。总之，他们所做的不过是尊重计时赛一直以来谦逊和隐秘的传统（管理机构——自行车计时赛——没有单个参赛选手单独计时的措施，所以数据只能靠估算。活跃的计时赛现役参赛选手数量一直保持在10000名左右）。

弗雷德里克·托马斯·比德莱克一定会很欣慰，他开创的比赛项目一直都严格地遵守着他在19世纪末设定的规则，但他也会对其他事情感到惊奇：方兴未艾的集体出发赛；一群人风驰电

掣地横扫乡间小路的大型 sportive 自行车赛；奥运会职业自行车赛。我很难想象，他会怎么看待人们成群结队地在封闭的道路两旁为环英赛或约克郡巡回赛加油助威的情景。经过 75 年漫长又艰难的岁月，珀西·斯托拉德最终大获全胜。

15 骑行前景展望

　　根据骑行的历史传统，在这里我认为将来一定是属于自行车骑行者的。嗯，我们以后再从头细说。

　　积极向上的结尾是惯例，不要奇怪。骑行的历史不是由胜利者书写的，而是由乐观主义者书写的。这样的例子有很多。这是因为自行车将人类带入局中。在不同人的眼里它是不同的存在，但无论如何它也只是"自行车"。在过去 200 年里，骑自行车曾经是一项极限运动，后来逐渐成为普通运动、家庭度假方式、联谊焦点、政治工具、健身热潮、战斗方式、国家自豪感的载体、妇女解放运动的工具、制造业革命的刺激因素，甚至还有一点小变态（嗯，比如在巴黎）。当然，书中肯定还有许多内容没有讲到。

　　骑行仍具有上述功能，对于某些地方的某些人来说还有更多其他功能。骑行的功能实在太多了，但实际上人们唯一可以做的事情就是看着它潮起又潮落。就在人们以为骑行可能会就这么消

失的时候，它存活了下来，甚至比原来更繁荣，这不仅是在向自行车的辉煌历史致敬，更是向所有喜爱自行车的人致敬，人们之所以热爱它不只是因为能用它做什么，还有一个更简单直接的原因：它是什么。

骑行的发展现状超乎所有人的预期。不管你怎么仔细地梳理乐观的文章，都找不到谁曾经预测过 21 世纪的骑行发展趋势。骑行一直都不是按部就班地发展，无法预测，蕴含着无限可能，即使是现在这种不确定性也不会比以前少。

我认为可能有一个人预测了我们的发展方向，他就是西蒙·莫特拉姆（Simon Mottram），他在 2004 年创建了高端自行车运动服饰品牌"Rapha"。我还记得 Rapha 的第一篇新闻通稿和第一份不可思议的报价单。我很可能穿着一件奇丑无比又五彩缤纷的聚酯材料比赛服，当时只能买到这样的，想到谁会花那么多钱买 Rapha 骑行服时，我忍不住笑出声来。虽说 Rapha 的整套装备非常漂亮，但肯定没人会在比赛服上花太多钱。然而事实证明我大错特错。Rapha 成为新时代骑行的一个标志。

莫特拉姆跟我说，他多希望这是他远见卓识的结果，但不得不说运气占了绝大部分。他说："80% 的运气，20% 的决断。我们实际上比预想的早了两三年。我只是因为想设计自己喜欢的衣服才创办了这家公司，市面上的骑行服实在是太难看了。"

让他感到奇怪的是在第一个产品系列推出的时候，居然来了那么多人："以前我们从来没见过的形形色色的人都来了，他们手里推着复古梅花自行车，穿着复古骑行服，诸如此类。他们中有建筑师、创意人员，还有所有热爱自行车和自行车文化的人。我觉得他们一直都在，只是因为'自行车是失败者的象征'的想法让他们隐藏了起来。"跟许多现代骑行者一样，他们并没有接受过传统俱乐部的文化熏陶。他们都是独立的骑行者，或者只跟一些志同道合的朋友一起骑行。此外，对莫特拉姆来说，很高兴他出售的衣服正好满足了他们的需求。

自行车文化的理念非常重要。莫特拉姆的创意人员喜欢的大多是"二战"后欧洲大陆的比赛和赛车手——雅克·恩奎蒂尔（Jacques Anquetil）、艾迪·莫克斯、雷蒙·布里多（Raymond Poulidor）和汤姆·辛普森。它跟 BLRC 的雄心壮志不谋而合，且 Rapha 的设计灵感也一般都是来自当时的赛车服，所以说这并不是巧合。过去很酷，现在依然很酷。现在的复古热正意味着相比这种比赛所处的年代，在现代它的爱好者数量可能更多。

其他车手是效仿跟他们时代比较接近的前辈们。布拉德利·威金斯爵士不只让人们喜欢上骑自行车，更让人们深深爱上自行车运动。比如像环法自行车赛这样的赛事，它有着非常重要的历史地位：有自己的发展历史，有代表性偶像，有不完美的偶像，也曾经历苦难。尽管他们想买自行车的时候汤姆·辛普森已经去世 40 年，但几乎每个人都知道他是在 1967 年离世的。

20 世纪 90 年代末，许多当代自行车运动——当然是围绕 sportive 自行车赛场景的——作为全新的活动形式，一出现就遭到冷遇，就跟单板滑雪一样。它与二三十年前发生的事情没有直接的因果关系。但是许多骑行者仍觉得这项运动中蕴含着更伟

大、更古老的东西。这就是为什么骑行跟去健身房锻炼不一样，甚至跟跑步和徒步也不同。如果你觉得自己是一名自行车骑行者，那么你很可能会认为自己是自行车历史的一部分。

当然，从某些方面来说，这是中产阶级效仿工人阶级文化的又一例证。20世纪的那些著名车手，比如恩奎蒂尔或者辛普森，几乎一直在骑自行车，否则就得去煤矿或者田地或者工厂。也许他们享受在山中骑车的那种艰辛，但他们肯定无法忍受煤场的苦累。他们对花钱去阿尔卑斯山骑行度假的想法有点困惑，因此你可以复制他们的痛苦。你可以试着说服他们痛苦才是终极的奢侈，但是他们可能会告诉你，他们更喜欢开奔驰车。

言归正传，"二战"后改变了自行车运动的BLRC骑行者们都有着相似的家庭背景，如果没有他们，自行车运动很可能就不是现在我们所见的这幅景象了。实际上，这句话同样适用于那些在20世纪末让骑行得以延续的骑行者。

同样，从年龄较大的骑行者身上，我们很难看出他们因为骑行方式的变化而产生了阶级仇恨。当然，他们对有的变化也存在困惑，甚至还带有一点遗憾，但通常是在更实际的层面上。常见的主题有：远离俱乐部生活；为什么有人愿意在他们免费随便骑车的路上花钱参加体育比赛，诸如此类的困惑越来越深；以及围绕价格成倍飙升进行的大量讨论。但要说这是文化冲突可能有点夸张。这与两代人在其他方面的冲突没有什么不同。但至少能感觉到自行车运动又向前发展了。

确实，有时候两个人想从骑行中得到的东西截然不同。罗伯特·加伯特告诉我他担任伦敦－巴黎自行车赛嘉宾选手的经历，这场比赛是专门为经济条件不错的都市人组织的。他说："真是惨不忍睹。在伊瑟过第一个弯道的时候，一名左撇子选手导致 14 名选手撞车。在萨塞克斯亚士顿森林（Ashdown Forest）里，一名选手摔倒在路边的一个坑里，我是跟在他后边的 20 名选手里第一个没有碰到他的。这场比赛体现了疯狂的侵略性和竞争性。如果你跟人说不要从窄道那边过去，路上有一个洞，他可能会把这当成是人身侮辱，一定要骑过去，用行动证明他们知道的比你多。然而他们都摔倒了，拖累其他 5 个人也无缘比赛，乱作一团。有一些担任车队队长的优秀骑行者，会尽量保证每个人都不摔倒，但管理这些家伙真是一件很辛苦的事情。于是我放弃了多佛站的比赛，直接回了家。这可能是我 40 年里头一次碰到我觉得毫无共同语言的车队。"

我觉得如果杰罗姆·K. 杰罗姆更深入地观察巴特西公园里的那些贵族骑行者，那么这些骑行者很可能会成为他笔下的人物。对他们来说，大多数都市骑行者可能无法理解加伯特去巴黎骑车的想法，也没表现出想通过自行车赛得到什么的迫切愿望。

就所有骑行者而言，他们的共同点比你想象的要多得多。许多俱乐部年纪大点的骑行者参加 sportive 比赛的理由有很多，跟现在的新骑行者参加比赛一样。而且如果你在某个夏天下班后的晚上去参加传统俱乐部计时赛，参赛的选手经常会有从去年才开始骑自行车的新手，他们很开心能成为自行车运动的一分子。

自从骑行出现后，大多数时间里（并不是所有情况下）它都

是具有包容性的，现在不适合拿放大镜去发现根本不存在的分歧。我们还没有强大到可以划分派系的程度，把骑行者界定得太过狭隘比太过宽泛更危险。根据说话人的不同，"他不是真正的骑行者"可以套用到所有人身上。我甚至曾听人这么说过奥运会金牌得主，当然我也听别人这么说过我。

这种情况只会进一步加剧，因为自行车运动面临的最大问题不是内部的分歧。虽说自行车运动有一种有别于其他类似活动的文化，但总的来说，人们都不太愿意接受把它作为日常活动的一部分。尽管人气全面飙升，文化整体复苏，但对于世界上大多数人而言，我们仍然是一群特立独行的怪人。英国距离形成像荷兰或者丹麦那样正常、世俗的自行车文化还有很长的路要走。自行车运动员的"另类"是每天遭遇那么多冷眼的最合理解释。[1]

这也意味着，近年来自行车通勤成为运动和消遣的组成部分。对于 20 世纪三四十年代骑自行车上下班的人来说，大多数人从来都没觉得这样就可以称得上是骑行者。当然，他们在区分自己与行人或乘坐公交车的人时，可能会用骑行者这个词，但这并不是说他们感觉自己跟骑车旅行的人、计时赛运动员、暴风雨中横穿威尔士丘陵的流浪者属于一类人。

但是这种区别一直以来都不是很鲜明。我会尽量保留这种区别，更多地是想讲述那些视自行车为个人身份重要组成部分的人，他们纯粹就是因为喜欢才骑。这个讲述方向只是个人偏好问题，它体现了我个人的一点好奇心，我想知道那些对自行车跟我有相同感触的人，他们有着怎样的人生经历。

但是，无论以前这种区别有多模糊，现在都变得更模糊了。骑自行车去某个地方（不是骑车兜风或者健身）活动的复苏对伦敦这样的城市有着积极影响，但在其他地方是断断续续的，跟伦敦支持者们希望的情形相比不规则性更强。与 70 年前相比，如今的骑行者对自己的身份有了更清晰的认识——这一点也不奇怪，因为骑自行车现在已经成为一种积极的选择，而不再是一种没得选的被动选择。只要看看通勤者通常的穿着，就能看出其中的差别——大多数情况下，他们都穿着赛车服，或者类似赛车服的衣服。

　　通勤者的命运跟整个自行车运动的命运紧密相连。跟自行车其他用途一样，自行车通勤的复苏与赛车的成功息息相关。虽说目前不清楚到底有多少人亲眼见证了布拉德利·威金斯赢得环法自行车赛冠军的激动时刻，并且想过"上帝作证，如果这个基尔伯恩来的大胡子能赢得环法自行车赛，我就骑车去上班"，但威金斯的胜利只是一个为骑行赢得普遍信誉度的事件，这也是政客在拿自行车做文章之前必须了解的事情。

　　无论如何，这就是克里斯·博德曼——现在是长袖善舞的自行车界政治人物——所说的："若运动员夺得奥运会金牌或其他比赛冠军，我就会出现在早餐时段的电视节目里，一起讨论自行车运动。我也可以以此为由去说服伦敦市长。如果没有金牌，鲍里斯·约翰逊（Boris Johnson）会有勇气把自行车运动作为推动伦敦市发展的工具吗？我觉得他没有这个勇气。"艾伯特·波普上校一定会很欣慰，如果他能听到博德曼说："任何形式的宣传都是

好事。你可以把自行车运动跟三次奥运会自行车项目的成功联系在一起，你可以骑着这个伟大的发明成果去上班。你可以获得相关支持来组织类似伦敦骑行节的活动，这样全家人可以通过骑行有所收获"。

这些对各种自行车运动很重要，并且对自行车运动的将来也很重要。如果自行车运动依靠比赛胜利来维持人们对运动骑行、全速比赛和通勤的兴趣，那就说明很多骑自行车的人其实并不是很喜欢骑自行车。但也不尽然。一支职业自行车队，一支国家场地赛车队和6名自行车手就能主宰这一切。博德曼说："英国的自行车运动真的非常脆弱。现在它主要取决于两三件事。它持续的时间越长，根基就会越深厚，投入其中的人也会越多，也就变得越稳固。我们要让骑行超越时尚，因为时尚时刻都在发生变化，而这中间我们只有几年的时间。"

因此，这是非常乐观的结尾。我想，只有傻子才会去预测确定的事情，无论是好还是坏。过去两百年说明骑行领域是一个不可预知的世界。本来就该如此。自行车象征着民主，虽然经过几次勇敢的尝试，但没有人能真正掌控它。自行车运动和自行车骑行者一直为了适应并充分利用不断变化的周围环境而不断改变和调整。简单看看自行车黄金时代的数据——19世纪90年代、20世纪30年代和50年代初，以及现在——不同的人群出于不同的原因用自行车做着不同的事情，但他们都把自己叫作骑行者。

我时常会想，在19世纪80年代骑着便士法新的人俨然就是街头一霸。当然，我心情有点复杂，即使我出生在那个时代，我仍然是一个懦夫，甚至不敢尝试去骑那种自行车。但是，抛开这些不谈，对我来说，自行车运动就是跟一群俱乐部同伴在一条条古老的街道上骑行，穿行在透着厚重的历史气息的景色中间，虽然道路坑坑洼洼，还有点危险，但那简直就是天堂。

但是，我真的希望能穿越时空去经历这两百年。我可以跟半人马一起穿过山谷，或者至少能在冬天的晚上跟他一起坐在村屋大厅里，听他讲他自己的经历，然后像追星族一样结结巴巴地跟他聊天。或者，一起去参加俱乐部骑行活动，就是那种爸爸妈妈和睡在吊床上的孩子——当骑行活动变成向着村庄路标的集体冲刺活动时，最起码能增加我的胜算。我甚至希望能参加 20 世纪六七十年代的自行车比赛，你很清楚谁跟你一伙，谁跟你不是一伙。

自行车和骑行者都有着无限的适应能力，就像一股清泉贯穿着整个自行车运动，找准属于自己的位置，具备能力的时候一飞冲天，艰难的时候忍辱负重。所以许多人发现这么简单的东西居然能带来那么多欢乐，还有那么多用途。

几个月前，我出门骑行了一次。在离家几英里的两条乡道交叉路口，看到一名骑行者。他正在修理扎破的轮胎，他的气泵非常小，所以很久也不见效果，于是我就把我的借给了他。在他给轮胎打好气之后，把轮子装回去，我们支着车撑聊了一会儿。就是平常的聊天：天气多好啊，骑了多远？熟悉弗兰克·帕特森插画的人会一眼认出我们。

在我们准备分开各走各路的时候，他说："从这里到剑桥哪条

路线最合适？”

"最短的路线还是最长的？"我问他，尽管我心里已经知道了答案。

"哦，我是说最长的路线。"

我看着他穿梭在路上，看到他身影的时候就挥挥手。几分钟后，我才想起来他把我的气泵带走了。

注 释

1 火山大爆发

1　Stothers, Richard B. (1984) *The Great Tambora Eruption in 1815 and its Aftermath* Science 224 (4654) 1191–1198.

2　Lessing, Hans-Erhard (2006) *Karl Drais – The New Biography*.

3　Ritchie, Andrew (1975) *King of the Road* p. 17.

4　Lessing, Hans-Erhard (2006) *Karl Drais – The New Biography*.

5　引自：McGurn, James (1987) *On Your Bicycle* p. 17.

6　*Baltimore Telegraph*, 9 July 1819.

7　McGurn, James (1987) *On Your Bicycle* p. 21.

8　Lessing, Hans-Erhard (2006) *Karl Drais – The New Biography*.

9　Ritchie, Andrew (1975) *King of the Road* p. 34.

10　参见：Lessing, Hans-Erhard (1998) *The Evidence against Leonardo's Bicycle*, in *Proceedings of the 8th International Conference on Cycle History*.

11　*Glasgow Argus*, 9 June 1842.

12　Clayton, Nicholas (1987) *The Boneshaker* 113 p. 24.

13　Ritchie, Andrew (2002) *The Velocipede of Alexandre Lefebvre and the problems of Historical Interpretation: a Response to Jacques Graber's 'the Lefebvre Bicycle'* in *Proceedings of the 12th International Conference on Cycle History* pp. 31–43.

14 Graber, Jacques (2002) *And Once Again Lefebvre: Response to Andrew Ritchie's 'The Velocipede of Alexandre Lefebvre and the Problems of Historical Interpretation' in Proceedings of the 12th International Conference on Cycle History* p. 54.

15 Ritchie, Andrew (1975) *King of the Road* p. 55.

16 Ritchie, Andrew (1975) *King of the Road* p. 56.

2 惊世骇俗的巴黎人与第一次世界自行车赛

1 Ritchie, Andrew (1975) *King of the Road* p. 58.

2 *Girl of the Period Miscellany*, May 1869.

3 *Scientific American*, 9 January 1869.

4 Cosdon, Mark (2009) *The Hanlon Brothers: From Daredevil Acrobatics to Spectacle Pantomime, 1833–1931* p. 31.

5 Goddard, J. T. (1869) *The Velocipede, its History, Varieties and Practice.* Quoted in Ritchie, Andrew (1975) *King of the Road* p. 62.

6 McGurn, James (1987) *On Your Bicycle* p. 44.

7 Ritchie, Andrew (1975) *King of the Road* p. 68.

8 Bartleet, H. W. (1931) *Bartleet's Bicycle Book* p. 4.

9 Ritchie, Andrew (1975) *King of the Road* p. 73.

10 Ibid., p. 70, quoting Mayall's later account in *Ixion – a Journal of Velocipeding* (1875).

11 *The Times*, 20 February 1869.

12 *Cycling,* 26 November 1906.

13 *The Times*, 31 March 1869.

14 Clayton, Nick (1991) *The Cycling Career of James Moore* vol35, no 25.

15 Ritchie, Andrew (1975) *King of the Road* p. 60.

16 Bacon, Ellis (2014) *Great British Cycling: the History of British Bike Racing, 1868–2014* p. 11.

17 Petty, Ross (1997) *Women and the Wheel* in *Proceedings of the 7th International Conference on Cycle History.*

18 *Bicycling: a Textbook for Early Riders* (Originally published 1874, reproduced 1970) pp. 34–35.

19 *Petit-Journal*, 2 June 1868.

20 Bacon, Ellis (2014) *Great British Cycling: the History of British Bike Racing, 1868–2014* p.16.

21 参见：Ritchie, Andrew, *The Origins of Bicycle Racing in England 1868–1870* p. 49 in *Proceedings of the 7th International Conference on Cycle History.*

22 *The Field*, 29 May 1869. Quoted in Ritchie, Andrew, *The Origins of Bicycle Racing in England 1868–1870* p. 45 in *Proceedings of the 7th International Conference on Cycle History.*

23 *Liverpool Mercury*, 24 April 1869.

24 *The Field*, 9 June 1869.

25 *Morning Advertiser*, 27 September 1869.

26 Griffin, Brian (2006) *Cycling in Victorian Ireland* p. 178.

3 维多利亚时代俱乐部成员的尊严

1 Ritchie, Andrew, *The Origins of Bicycle Racing in England 1868–1870* p. 49 in *Proceedings of the 7th International Conference on Cycle History.*

2 Clayton, Nick (1996) *Who Invented the Penny-Farthing?* p. 35 in *Proceedings of the 7th International Conference on Cycling History.*

3 Herlihy, David (2004) *Bicycle: the History* p. 173.

4 Sinker, Robert (1890) *Memorials of the Hon. Ion KeithFalconer* p. 33.

5 Lloyd-Jones R. & Lewis M. J. with Eason M. (2000) *Raleigh and the British Bicycle Industry* p. 8.

6 复制于：McGurn, James (1987) *On Your Bicycle* p. 67.

7 McGurn, James (1987) *On Your Bicycle* p. 53.

8 Street, Roger (1979) *Victorian High-Wheelers: the Social Life of the Bicycle Where Dorset Meets Hampshire* p. 56.

9 Street, Roger (1979) *Victorian High-Wheelers: the Social Life of the Bicycle Where Dorset Meets Hampshire* p. 12.

10 Bury and Hillier (1891) *The Badminton Library of Sports and Pastimes*; *Cycling* p. 220.

11 Street, Roger (1979) *Victorian High-Wheelers: the Social Life of the Bicycle Where Dorset Meets Hampshire* p. 45.

12 Bury and Hillier (1891) *The Badminton Library of Sports and Pastimes*;

Cycling p. 190.

13 McGurn, James (1987) *On Your Bicycle* p. 60.

14 引自：McGurn, James (1987) *On Your Bicycle* p. 76.

15 Bartleet, H. W. (1931 – reprinted 1993) *Bartleet's Bicycle Book* p. 6.

16 Ritchie, Andrew (1975) *King of the Road* p. 106.

17 Griffin, Brian (2006) *Cycling in Victorian Ireland* pp. 27–8.

18 Griffin, Brian (2006) *Cycling in Victorian Ireland* p. 29.

4 美国自行车发展和天才艾伯特·波普上校

1 Norcliffe, Glen (1997) *Colonel Albert Pope: His Contribution to Bicycle Manufacture and the Development of Mass Production* in *Proceedings of the 7th International Conference on Cycle History* p. 75.

2 Epperson, Bruce (1999) *Failed Colossus: Albert A. Pope and the Pope Manufacturing Company, 1876–1900* in *Proceedings of the 9th International Conference on Cycle History* p. 94.

3 Norcliffe, Glen (1997) *Colonel Albert Pope: His Contribution to Bicycle Manufacture and the Development of Mass Production* in *Proceedings of the 7th International Conference on Cycle History* p. 75.

4 Epperson, Bruce (1999) *Failed Colossus: Albert A. Pope and the Pope Manufacturing Company, 1876–1900* in *Proceedings of the 9th International Conference on Cycle History* p. 94.

5 Norcliffe, Glen (1997) *Colonel Albert Pope: His Contribution to Bicycle Manufacture and the Development of Mass Production* in *Proceedings of the 7th International Conference on Cycle History* p. 80.

6 Norcliffe, Glen (1997) *Colonel Albert Pope: His Contribution to Bicycle Manufacture and the Development of Mass Production* in *Proceedings of the 7th International Conference on Cycle History* p. 82.

7 McGurn, James (1987) *On Your Bicycle* pp. 68–9.

8 Norcliffe, Glen (1997) *Colonel Albert Pope: His Contribution to Bicycle Manufacture and the Development of Mass Production* in *Proceedings of the 7th International Conference on Cycle History* p. 76.

9 *The Wheel*, 21 May 1897. Quoted in Epperson, Bruce (1999) *Failed*

Colossus: Albert A. Pope and the Pope Manufacturing Company, 1876–1900 in *Proceedings of the 9th International Conference on Cycle History* p. 97.

10　Norcliffe, Glen (1997) *Colonel Albert Pope: His Contribution to Bicycle Manufacture and the Development of Mass Production* in *Proceedings of the 7th International Conference on Cycle History* p. 83.

5　令世人敬仰的约恩·基思－福尔克纳

1　Sinker, Robert (1890) *Memorials of the Hon. Ion KeithFalconer* p. 33.

2　Bury and Hillier (1891) *Cycling* p. 258, also (1874) *Bicycling*（1970 年重印的早期骑行者教科书）.

3　Sinker, Robert (1890) *Memorials of the Hon. Ion KeithFalconer* p. 118.

4　Sinker, Robert (1890) *Memorials of the Hon. Ion KeithFalconer* p. 54.

5　Bury and Hillier (1891) *Cycling* p. 260.

6　*The Times*, 26 April 1880.

7　Bury and Hillier (1891) *Cycling* p. 270.

8　(1874) *Bicycling, a textbook for early riders* reprinted 1970 p. 77.

9　Bury and Hillier (1891) *Cycling* p. 87.

10　(2004) *The Letters of Rudyard Kipling 1920–1930* p. 124.

11　Moore, Gerry (2012) *The Little Black Bottle: Choppy Warburton, the Question of Doping and the Deaths of His Bicycle Racers* p. 38.

6　安全自行车与极限运动

1　Ritchie, Andrew (1975) *On Your Bicycle* p. 125.

2　(1931) *Bartleet's Bicycle Book* p. 67.

3　Bury and Hillier (1891) *Cycling* p. 117.

4　(1931) *Bartleet's Bicycle Book* p. 68 *et seq.*

5　Griffin, Brian (2006) *Cycling in Victorian Ireland* p. 44.

6　(1931) *Bartleet's Bicycle Book* p. 74.

7　Griffin, Brian (2006) *Cycling in Victorian Ireland* p. 45.

8　Moore, Gerry (2012) *The Little Black Bottle: Choppy Warburton, the Question of Doping and the Deaths of His Bicycle Racers* p. 99.

9 Westland, Les *Cycling Plus* magazine, January 2000. *New York Times*, 18 February 1950.

10 Rabenstein, Rüdiger (1999) *Sensational Bicycling Acts Around 1900* in *Proceedings of the 9th International Cycling History Conference* p. 67.

11 参见：Radford, Peter (2001) *The Celebrated Captain Barclay: Sport, Money and Fame in Regency Britain.*

12 Redmond, Patrick (2014) *The Irish and the Making of American Sport 1835–1920* p. 43.

13 McGurn, James (1987) *On Your Bicycle* pp. 65–6.

14 McGurn, James (1987) *On Your Bicycle* p. 136.

15 均引自：Meinert, Charles (1997) *Single Sixes in Madison Square Garden* in *Proceedings of the 7th International Cycle History Conference* p. 59.

16 Meinert, Charles (1997) *Single Sixes in Madison Square Garden* in *Proceedings of the 7th International Cycle History Conference* p. 59.

17 关于 1896 年奥运会自行车比赛项目，可参见：allechinsky, David and Loucky, Jamie (2012) *The Complete Book of the Olympics.* 不过这里要提醒一句，这本书看了会让人停不下来。

18 Bury and Hillier (1891) *Cycling* p. 99.

7 风起云涌的全民自行车热潮

1 Petty, Ross (1997) *Women and the Wheel* in *Proceedings of the 7th International Conference on Cycling History* p. 118.

2 Petty, Ross (1997) *Women and the Wheel* in *Proceedings of the 7th International Conference on Cycling History* p. 115.

3 1958 年 CTC 前主席乔治·赫伯特·斯坦瑟（George Herbert Stancer）发表了一次演讲，他作为历史参与者回顾了 80 年来自行车运动的发展历程。*Cycling* magazine, 20 August 1958.

4 Jerome, Jerome K. (1926) *My Life and Times* p. 89.

5 McGurn, James (1987) *On Your Bicycle* p. 116.

6 Griffin, Brian (2006) *Cycling in Victorian Ireland* p. 65.

7 *Irish Wheelman*, 15 June 1897.

8 McGurn, James (1987) *On Your Bicycle* p. 118.

9   McGurn, James (1987) *On Your Bicycle* p. 118.

10   McGurn, James (1987) *On Your Bicycle* p. 121.

11   Bury and Hillier (1891) *Cycling* p. 10.

12   Bury and Hillier (1891) *Cycling* pp. 10–11.

13   Griffin, Brian (2006) *Cycling in Victorian Ireland* p. 93.

14   Griffin, Brian (2006) *Cycling in Victorian Ireland* p. 39.

15   Lloyd-Jones and Lewis (2000) *Raleigh and the British Bicycle Industry* p. 77.

16   Lloyd-Jones and Lewis (2000) *Raleigh and the British Bicycle Industry* p. 33.

17   Lloyd-Jones and Lewis (2000) *Raleigh and the British Bicycle Industry* p. 76–7.

18   *Social Review*, 16 January 1897.

19   *National Review*, 1 February 1897.

20   Petty, Ross (1997) *Women and the Wheel* in *Proceedings of the 7th International Conference on Cycling History* p. 118

21   Wells, H. G. (1896) *The Wheels of Chance* chapter 5.

22   Ritchie, Andrew (1975) *King of the Road* p. 156.

23   *Cycling*, 16 September 1893.

24   Helvenston Gray, S. and Peteu, M. C. (2006) *Women's Cycling Attire* in *Proceedings of the 16th International Conference on Cycling History* p. 89.

25   参见：Helvenston Gray and Peteu (2006) *Women's Cycling Attire* in *Proceedings of the 16th International Conference on Cycling History*.

26   Griffin, Brian (2006) *Cycling in Victorian Ireland* p. 133.

27   Oakley, William (1977) *The Winged Wheel* p. 14.

28   参见：Bowerman, Les (1997) *The Long March of the 'Bloomer Brigade'* in *Proceedings of the 8th International Conference on Cycling History*.

29   Bowerman, Les (1997) *The Long March of the 'Bloomer Brigade'* in *Proceedings of the 8th International Conference on Cycling History* p. 75.

30   Reid, Carlton (2014) *Roads Were Not Built for Cars* p. 28.

8　自行车赛与孤独的计时赛运动员

1   Messenger, Chas (1998) *Ride and be Damned* p. 3. Also Woodland, Les

(2005) *This Island Race* p. 21.

2　Woodland, Les (2005) *This Island Race* p. 23.

3　Wallechinsky and Loucky (2008) *The Complete Book of the Olympics* p. 521.

4　Woodland, Les (2005) *This Island Race* p. 25.

5　Underwood, Peter (2013) *Dennis Horn, Racing for an English Rose* p. 18.

9　自行车与机动车

1　*The Hub*, August 1896. Quoted in McGurn, James (1987) *On Your Bicycle* p. 119.

2　McGurn, James (1987) *On Your Bicycle* p. 138.

3　Lacy and Hillier (1891) *Cycling* p. 38.

4　Reid, Carlton (2014) *Roads Were Not Built for Cars* p. 226.

5　参见：Reid, Carlton (2014) *Roads Were Not Built for Cars* chapter 2.

6　Oakley, William (1977) *The Winged Wheel* p. 20.

7　Lloyd-Jones and Lewis (2000) *Raleigh and the British Bicycle Industry* p. 27 and p. 36.

8　Lloyd-Jones and Lewis (2000) *Raleigh and the British Bicycle Industry* p. 77.

9　Hilton, Tim (2004) *One More Kilometre and We're in the Showers* p. 43.

10　McGurn, James (1987) *On Your Bicycle* p. 135.

11　Pye, Dennis (2014) *Fellowship is Life: the story of the National Clarion Cycling Club* p. 24.

12　McGurn, James (1987) *On Your Bicycle* p. 135.

13　Pye, Dennis (2014) *Fellowship is Life: the story of the National Clarion Cycling Club* p. 28.

14　Jones, Stephen (1991) *Sport, Politics and the Working Class* p. 33.

15　Batchford, Robert (1940) Introduction to *What's all this?*

16　Pye, Dennis (2014) *Fellowship is Life: the story of the National Clarion Cycling Club* p. 34.

17　Hilton, Tim (2004) *One More Kilometre and We're in the Showers* p. 46.

18　Fitzpatrick, Jim (2011) *The Bicycle in Wartime* pp. 86–7.

19　Fitzpatrick, Jim (2011) *The Bicycle in Wartime* p. 91.

20 Fitzpatrick, Jim (2011) *The Bicycle in Wartime* p. 30 *et seq.*

21 *Regiment*, 24 October 1896.

22 Fitzpatrick, Jim (2011) *The Bicycle in Wartime* p. 153.

23 Fitzpatrick, Jim (2011) *The Bicycle in Wartime* p. 134.

10 自行车巡回赛

1 Lloyd-Jones and Lewis (2000) *Raleigh and the British Bicycle Industry* p. 113.

2 Kuklos (William Fitzwater Wray) (1923) *The Modern Cyclist, a Handbook* p. 8.

3 汇总了多期杂志，最后一个刊登于：*Cycling*, 20 January 1921.

4 *Cycling*, 10 February 1921.

5 *Cycling*, 16 September 1932.

6 Oakley, Dennis (1977) *The Winged Wheel* pp. 121–2.

7 *Cycling*, 16 November 1934.

8 引自：Reid, Carlton (2014) *Roads Were Not Built for Cars* p. 115.

9 Law, Michael John (2014) *The Experience of Suburban Modernity* p. 176.

10 *Cycling*, 23 November 1934.

11 Hodites (Neville Whall) *Cycling*, 16 September 1932.

12 Oakley, William (1977) *The Winged Wheel* p. 29.

13 Oakley, William (1977) *The Winged Wheel* p. 62, 以及这本书的其他大部分。

14 Oakley, William (1977) *The Winged Wheel* p. 78.

11 英国自行车运动员联盟

1 Quoted in Woodland, Les (2005) *This Island Race* p. 40.

2 *Cycling*, 12 August 1932.

3 *Cycling*, 5 February 1932.

4 参见：*Cycling*, 10 August 1928.

5 Messenger, Chas (1998) *Ride and be Damned, Chas Messenger's Glory Years of the British League of Racing Cyclists* p. 6.

6 *Cycling*, 12 August 1932.

7   Woodland, Les (2005) *This Island Race* p. 41.

8   引自：Messenger, Chas (1998) *Ride and be Damned, Chas Messenger's Glory Years of the British League of Racing Cyclists* p. 6.

9   Woodland, Les (2005) *This Island Race* p. 43.

10   Holland, Frances (2007) *Dancing Uphill: the Cycling Adventures of Charles Holland, the First English Rider in the Tour de France* p. 97.

11   *Cycling*, 3 August 1922.

12   *Cycling*, 3 August 1922.

13   *Cycling*, 28 July 1937.

14   Woodland, Les (2007) *The Yellow Jersey Companion to the Tour de France* p. 188.

15   *Cycling*, 28 July 1937.

16   Hilton, Tim (2004) *One More Kilometre and We're in the Showers* p. 52.

17   *Guardian*, 15 August 2001.

18   Woodland, Les (2005) *This Island Race* p. 49.

19   Bacon, Ellis (2014) *Great British Cycling: the History of British Bike Racing, 1868–2014* p. 36.

20   Woodland, Les (2005) *This Island Race* p. 49.

21   Woodland, Les (2005) *This Island Race* p. 51.

22   Woodland, Les (2005) *This Island Race* p. 86.

23   Messenger, Chas (1998) *Ride and be Damned: Chas Messenger's Glory Years of the British League of Racing Cyclists* p. 29.

24   Messenger, Chas (1998) *Ride and be Damned: Chas Messenger's Glory Years of the British League of Racing Cyclists* p. 30.

25   Messenger, Chas (1998) *Ride and be Damned: Chas Messenger's Glory Years of the British League of Racing Cyclists* p. 46.

26   Bacon, Ellis (2014), *Great British Cycling: the History of British Bike Racing, 1868–2014* p. 40.

27   *Cycling*, through much of June and July 2015.

28   *Cycling Weekly*, 24 November 2015.

29   Woodland, Les (2005) *This Island Race* p. 170.

30   *Cycling Time Trials Handbook 2016*.

31   Woodland, Les (2005) *This Island Race* p. 174.

12 我们的人民从来没有过这么好的生活

1 Hilton, Tim (2004) *One More Kilometre and We're in the Showers* pp. 81–6.

2 Hilton, Tim (2004) *One More Kilometre and We're in the Showers* p. 81.

3 1956 年《新闻纪事报》封底。另外还有其他地方的一些小段文章。

4 Oakley, William (1977) *The Winged Wheel* p. 66.

5 *Cycling*, 24 January 1941. 20 世纪 40 年代大部分时间里，经常会出现类似的预测。

6 Lloyd-Jones and Lewis (2000) *Raleigh and the British Bicycle Industry* p. 202.

7 例如可以参见：Thompson, Hawkins, Dar and Taylor (2012) *Olympic Britain: Social and Economic Changes Since the 1908 and 1948 Olympic Games* published by the House of Commons Library p. 137.

8 Department for Transport table TRA0101, *Road Traffic (Vehicle Miles) by Vehicle Type in Great Britain*.

9 例如可以参见：Camm, F. J. (1936) *Every Cyclist's Handbook* pp. 28 *et seq*, and the *Cycling Manual* of 1919, published by *Cycling* magazine, pp. 41–2.

10 Oakley, William (1977) *The Winged Wheel* p. 85.

11 Buchanan Report *Traffic in Towns* (1963) see Oakley, William (1977) *The Winged Wheel* p. 180.

13 厄格雷的状况

1 关于厄格雷临时营地的详细信息，请参见：*Cycling Weekly*, 28 August 2014.

2 摘自戴维·泰勒的单独采访记录，他 1982 年加入杂志社。

3 摘自大英帝国官佐勋章获得者伊恩·埃默森的单独采访记录。

4 摘自戴维·泰勒的单独采访记录。

5 Henderson, N. G. (1977) *Centenary '78, the story of 100 years of Organised British Cycle Racing* p. 105.

6 Henderson, N. G. (1977) *Centenary '78, the story of 100 years of*

Organised British Cycle Racing p. 111.

7 Bacon, Ellis (2014) *Great British Cycling: the History of British Bike Racing, 1868–2014* p. 166.

8 Fotheringham, William (2003) *Put Me Back on My Bike: in Search of Tom Simpson* pp. 59–60.

9 Fotheringham, William (2010) *Roule Britannia: a History of Britons in the Tour de France* p. 151.

10 McGurn, James (1987) *On Your Bicycle* p. 165.

11 Private interview with Peter Hopkins.

12 Berto, Frank (1990) *The Great American Bicycle Boom* in *Proceedings of the 10th International Cycling History Conference.*

13 Ritchie, Andrew (1977) *King of the Road* p. 12.

14 Ballantine, Richard (1972) *Richard's Bicycle Book.*

14 博彩时代

1 来自英国自行车会、骑行英国和交通运输部年度道路交通统计数据。

2 摘自罗伯特·加伯特的单独采访记录。

3 摘自克里斯·博德曼的单独采访记录。

4 Boardman, Chris (2016) *Triumphs and Turbulence: My Autobiography* p. 171. 另外，摘自大英帝国官佐勋章获得者伊恩·埃默森的单独采访记录。

5 *Guardian*, 18 September 2000.

6 *Guardian*, 17 August 2016.

7 天空车队成立早年的情况，可参见：Moore, Richard (2012) *Sky's the Limit.*

8 摘自克里斯·博德曼的单独采访。

9 *Cambridge News*, 30 August 2013.

10 Oakley, William (1977) *The Winged Wheel* p. 31.

11 *Cycling Weekly*, 9 August 2007.

12 数据由英国自行车会提供。

15 骑行前景展望

1 *Guardian*, 1 July 2015.

致　谢

骑行者把复古自行车借给我，还不厌其烦地回答我一个又一个问题，在俱乐部档案室和家庭相册中，为我找那些非常古老的文件和照片，另外还为我推荐了几条新的骑行路线。我在这里要衷心地感谢他们在写作过程中给予我的支持。

在这里还要特别感谢基思·宾汉（Keith Bingham）、大英帝国员佐勋章获得者克里斯·博德曼、斯科特·杜戈尔（Scott Dougal）、大英帝国官佐勋章获得者伊恩·埃莫森、罗伯特·加伯特、彼得·霍普金斯、卡蒂·贾格尔（Kati Jagger）、雷·米勒（Ray Miller）、西蒙·莫特拉姆、肯·普莱兹、托尼·皮克林（Tony Pickering）、戴夫·普里斯、汉娜·雷诺兹（Hannah Reynolds）、戴维·泰勒、保罗·托赫（Paul Tuohy）及彼得·安德伍德（Peter Underwood）。还要感谢参加本森复古自行车赛（Benson vintage cycle run）的骑行者们给我如此热烈的欢迎。

我非常感谢西蒙·理查森（Simon Richardson）和《自行车

运动周刊》的员工们，让我能够在他们的档案室中查阅资料，感谢他们为我准备了那么多茶水，比我以前给他们准备的茶水多太多了。我还要感谢剑桥大学图书馆的员工们。

在最后冲刺阶段，要感谢伊恩·普里斯（Ian Preece）的手稿审稿工作。

没有代理人大卫·戈德温（David Godwin）及大卫·戈德温联合会的同事们，这本书可能还没开始写，没有布鲁姆斯伯里出版集团优秀的编辑夏洛特·艾泰奥（Charlotte Atyeo），这本书就没有办法顺利出版。

图书在版编目(CIP)数据

骑行200年：车轮上的社会史 / (英) 迈克尔·哈钦
森 (Michael Hutchinson) 著；孔德艳译. -- 北京：
社会科学文献出版社，2020.10 (2022.6重印)
　　书名原文: Re:Cyclists: 200 Years on Two Wheels
　　ISBN 978-7-5201-7115-1

　　Ⅰ. ①骑…　Ⅱ. ①迈…　②孔…　Ⅲ. ①自行车工业-
工业史-世界　Ⅳ. ①F416.47

中国版本图书馆CIP数据核字（2020）第152022号

骑行200年
车轮上的社会史

著　　者 / 〔英〕迈克尔·哈钦森（Michael Hutchinson）
译　　者 / 孔德艳

出 版 人 / 王利民
责任编辑 / 杨　轩　王　雪
责任印制 / 王京美

出　　版 / 社会科学文献出版社·（010）59367069
　　　　　　地址：北京市北三环中路甲29号院华龙大厦　邮编：100029
　　　　　　网址：www.ssap.com.cn
发　　行 / 社会科学文献出版社（010）59367028
印　　装 / 三河市东方印刷有限公司

规　　格 / 开　本：889mm×1194mm 1/32
　　　　　　印　张：9.75　字　数：210千字
版　　次 / 2020年10月第1版　2022年6月第2次印刷
书　　号 / ISBN 978-7-5201-7115-1
著作权合同
登 记 号 / 图字01-2019-1373号
定　　价 / 69.00元

读者服务电话：4008918866